零起点
基金投资
手把手教你买基金

木 大 ◎著

中国铁道出版社有限公司
CHINA RAILWAY PUBLISHING HOUSE CO., LTD.

图书在版编目（CIP）数据

零起点基金投资：手把手教你买基金/木大著. —北京：
中国铁道出版社有限公司，2024.6
 ISBN 978-7-113-30888-9

Ⅰ.①零… Ⅱ.①木… Ⅲ.①基金-投资-基本知识
Ⅳ.①F830.59

中国国家版本馆 CIP 数据核字（2024）第 101714 号

书　　名：	**零起点基金投资——手把手教你买基金** LINGQIDIAN JIJIN TOUZI：SHOUBASHOU JIAO NI MAI JIJIN
作　　者：	木　大
责任编辑：	张　明
封面设计：	仙　境
责任校对：	苗　丹
责任印制：	赵星辰

出版发行：中国铁道出版社有限公司（100054，北京市西城区右安门西街 8 号）
网　　址：http://www.tdpress.com
印　　刷：北京联兴盛业印刷股份有限公司
版　　次：2024 年 6 月第 1 版　2024 年 6 月第 1 次印刷
开　　本：710 mm×1 000 mm　1/16　印张：14.75　字数：261 千
书　　号：ISBN 978-7-113-30888-9
定　　价：79.00 元

版权所有　侵权必究

凡购买铁道版图书，如有印刷质量问题，请与本社读者服务部联系调换。电话：（010）51873174
打击盗版举报电话：（010）63549461

推荐序

初识木大，源于我最初在"菜头日记"公众号写文期间的一次跨界职业咨询。由于公众号开通了付费咨询通道，木大便是其中一位咨询者。不同的是，木大咨询我的不是股票和投资方面的问题，而是关于职业的迷惘。

按照菜头的一贯作风，在听完木大的描述之后，就劝说他去研究基金了。这样一来，便有了"木木基基"这个公众号的诞生，也就是大家后来看到的木大所"耕耘"出来的数十万文字。

至于本书的写作，则是机缘巧合。在一年多以前，菜头收到几家出版社的约稿，希望能将散落在"菜头日记"里的文字结集出版，终究因为折腾创业而耽搁了，才有了继续劝说木大来完成这份工作的私心。

很显然，这是一件非常有价值和意义的事情。

我建议木大按照自己的亲身经历与理解，站在一个普通人的视角，去探究基金这个既被大众熟悉又不真正熟知的投资工具背后的逻辑和道理。从财富配置这个角度来讲，这些知识就如同我们每天需要吃饭补充营养一样，是必需品。

在菜头看来，人们对于这些理所当然的必需品却并不完全认可。在多数时间里，人们对于基金的认识多多少少存在一些误解。更重要的是，如果没有一条合理且正确的学习渠道，这些误解和偏见将会在财富增长的路上给我们带来不必要的损失。因此，也可以说，投资基金是一件看上去门槛较低但实际上需要一定专业知识的事情。

市场上有各种各样专业的基金类书籍，但是菜头相信，以木大的研究精力、阅历及独特的写作视角，将会给大家带来不一样的新知识。这些知识将成为大家财富增长道路上的必要营养成分。

那么，我们就从这里开始吧。

菜　头
2024 年 1 月 10 日于长沙

前　　言

每个人都有自己的投资启蒙老师。

我对股票最初的印象，来自小时候跟父亲抢夺电脑的使用权，我要打游戏，而他要用《同花顺》炒股。我第一次买股票的操作，也是在父亲的指导下，按下了六个数字，在懵懂间买入了人生中的第一只股票。

真正的启蒙，来自博多·舍费尔的《财务自由之路》。

很多人关注的是书中总结的多条投资股票和基金的基本法则，但是对我来说，阅读这本书的重点不在于学习投资方法，而在于学习正确的投资态度。书中有一句话令我印象深刻："大多数人高估了他们在一年内能实现的目标，而低估了他们在十年里能实现的目标。"这句话用来形容大多数人的股票和基金投资，实在是再贴切不过了。

后来我也阅读过大量的投资书籍，既有世界公认的成功投资者写的书，也有各类理论或投资策略的创始人，包括很多熟悉中国市场的国内投资人，甚至是更接地气的"网络投资达人"写的书。无疑，这些书中大多蕴藏着丰富的投资知识，但是迄今为止，我没能找到一本适合基金投资新手阅读的书。

我是在说巴菲特、芒格、约翰·博格、彼得·林奇这些人无法指导新手投资吗？

如果大家关注 NBA，就会发现一种现象，那就是几乎所有的名宿教练都不是"天才型"球员。因为对于天才来说，很多别人需要多年训练才能获得的技能是他们与生俱来的，所以他们很难正确地指导"普通人"。

投资也是如此。尽管上述几位投资者的投资理念十分基础和朴素，但是对于新手来说，由于认知和经验的差别，这些看似平平无奇的基本理论和概念很难给他们留下深刻的印象，相反，他们更容易被精美打包的所谓财富密码和致富秘诀吸引，由投资变成投机，走上一条危险的道路。

因此，成功投资者写的书大多讨论的是投资的"终极真理"，但是要理解这些真理，需要有长期的投资实践经验作为铺垫，对于投资新手来说，这是有一定门槛的，而这道门槛往往是通过不断"犯错"才能跨过的。

我写这本书，就是为了帮助大家以更小的损失跨过那道门槛。

2021年，我认识了菜头（公众号"菜头日记"）——一个股票公众号博主，在某日的聊天中，我们在讨论股票的投资难度时，他提出，相比股票而言，基金投资知识的普及，受益的群体是更加庞大的，因为基金投资的门槛相对更低，而且基金投资的参与度也更高，普及基金投资知识的社会价值要高于讲述复杂的股票投资知识的社会价值。

当然，这不是他一个人的看法。事实上，上面提到的几位投资者都或多或少地在他们的著作中表达类似的观点：相比于股票，基金更适合普通投资者。

在他的鼓励下，我开始了基金公众号"木木基基"的写作，在过去的两年里也算得上笔耕不辍，除了偶尔的广告，基本保持一天一篇的更新速度，累计写出了600多篇原创公众号文章，最重要的驱动力就是希望能够帮助各位投资者早日跨过那道投资门槛。

从事财经自媒体工作的好处之一是可以跟各位读者和投资者及时地、零距离地交流，在这两年的交流中，我深刻地意识到投资门槛的存在。我反复地分享着成功投资者口中最重要的投资法则，却很难改变绝大多数人的投资行为，就像我们从小听到大的人生道理一样，知道却做不到。

毕竟，只通过分享公众号文章难以真正地教授"知识"，况且用短视频一般碎片化的知识很难搭建起一个完整的体系，最终公众号从知识分享变成了插科打诨，与我的初衷南辕北辙。

就是在这样的心境下，我开始了本书的创作。

在我看来，一本适合新手的基金投资书籍应该具有以下几个特点：语言通俗、内容简洁、上手容易、操作性强。

人们都说，投资是一门艺术，但我认为这句话被曲解成了投资只需要艺术家天马行空的想象力。事实上，舞蹈也好，绘画也罢，任何一种艺术形式都有极其深厚的基本功要求，在某种程度上，只有当上升到很高的层次时，才需要"艺术"和"天赋"，而在到达那个层次之前，技术和基本功才是最重要的。

写作本书的主要目的就在于此，艺术的部分就交给成功的投资者去讨论，而我希望做的就是帮各位刚进入投资世界的新手练好基本功，从心理和技术两个层面来学习基金知识，手把手地教你买基金。

本书共有三部分内容，分别回答了三个问题：基金是什么？基金怎么选？基金怎么买？

第一部分内容是股票、基金及整个资本市场的历史。

在大家未来的投资生涯里，会反复听到对资本市场公平性和有效性的质疑，只有在了解了股票和基金的历史及发展历程之后，才能以从容的心态面对这些充斥在社交媒体和市场上的噪声。

第二部分内容是指数基金和主动基金的选择方法。

新手投资者在基金投资中一般都会遇到两个基本问题：一是怎么看懂一只基金；二是怎么选择一只基金。很多人都是在亲朋好友或者投资顾问的建议下购买第一只基金的，但是，当他们在拿到一只基金，或者开始自主选择基金的时候，就不知道该怎么下手了。这部分内容就是要帮助大家解决这两个问题，即拿到一只基金后到底应该关注什么，以及如何判断一只指数基金或主动基金是不是适合长期投资。

第三部分内容是基金买卖的方法、仓位配置及资产配置。

简单来说，就是在不同的经济形势及市场行情下如何分配自己的资金。这部分内容是很多投资类书籍都选择避开的话题，因为每个人的财务状况、资金状况都不同，投资策略也不同，分配多少资金在不同基金上因人而异。但选择投资策略和进行仓位配置，就是为了克服人性的弱点，就是要用机器人般对策略的执行力来避免人性对自己投资选择的干扰。从这个角度来说，第三部分内容是本书中最重要也是大家最需要掌握的。

诚如前面所说，成功投资者用他们的智慧和经验提炼出了一条条投资的真理，也把投资带到了艺术的高度。艺术由他们来教授，在这里，我只想把基金投资作为一门技术教给投资者，只有熟练掌握了技术，作为普通投资者的我们才终有一天可以窥见投资中艺术的那部分。

最后，感谢所有阅读本书的读者朋友，木大也会将自己的理论通过实盘的形式，每周固定在微信公众号"木木基基"进行公开分享，因为实践是检验真理的唯一标准。诚然，关注木大的微信公众号是与我近距离交流的最佳途径，而交流和观点碰撞所产生的价值可能要远大于本书所分享的知识。

木 大
2024 年 1 月 30 日

目　录

第一部分　什么是股票，什么是基金

第1章　A股现状 / 3
　1.1　常年守3 000点 / 3
　1.2　基金的抱团 / 4

第2章　你好,我叫基金 / 7
　2.1　重新认识基金 / 7
　　2.1.1　基金常识 / 7
　　2.1.2　是买股票还是买基金 / 19
　2.2　买基金能挣钱吗 / 21
　　2.2.1　买基金能挣多少钱 / 21
　　2.2.2　基金挣钱的秘密 / 24
　　2.2.3　长期投资，长期赚钱 / 28

第二部分　基金怎么选

第3章　基金的重要指标 / 33
　3.1　10分钟了解你的基金 / 33
　3.2　60分钟弄懂你的基金 / 39
　　3.2.1　投资风格 / 40
　　3.2.2　基金的收益和回撤 / 45
　　3.2.3　基金的隐藏费用 / 47

第 4 章　指数基金怎么选 / 49

4.1　指数基金分类 / 50
- 4.1.1　宽基指数 / 50
- 4.1.2　窄基指数 / 60
- 4.1.3　策略型指数 / 61
- 4.1.4　指数增强 / 64

4.2　选哪个指数 / 66
- 4.2.1　选宽基指数 / 66
- 4.2.2　选行业指数 / 73

4.3　选哪只基金 / 78
4.4　基金的择时 / 91

第 5 章　主动基金怎么选 / 100

5.1　主动基金的历史业绩 / 100
5.2　主动基金怎么选 / 104
- 5.2.1　先选基金公司 / 104
- 5.2.2　小心明星光环 / 109
- 5.2.3　7 步选基金 / 114

第三部分　基金怎么买

第 6 章　管理你的基金 / 137

6.1　投资组合 / 137
6.2　主动还是被动 / 145
6.3　仓位管理 / 150
6.4　增量资金 / 163

第 7 章　管理你的钱 / 168

7.1　投资的目的 / 168
7.2　钱怎么管 / 171
7.3　应该赚多少钱 / 175
- 7.3.1　三个小目标 / 176
- 7.3.2　韩梅梅的小目标 / 181

第 8 章　手把手的实例教学 / 185

8.1　几个问题 / 186

8.2　做好准备 / 188

8.3　基金筛选实例 / 193

　　8.3.1　筛选指数基金 / 193

　　8.3.2　筛选主动基金 / 198

　　8.3.3　筛选行业基金 / 204

　　8.3.4　筛选境外基金 / 210

　　8.3.5　筛选债券型基金和货币基金 / 216

8.4　基金买卖实例 / 218

后　　记 / 222

第一部分

什么是股票，什么是基金

在讲解如何选基金和买卖基金前，木大想先给各位读者讲一个故事，一个关于股票和资本市场从何而来的故事。

很多人不在意股票和基金的历史，很多基金投资者甚至都没有股票账户，这虽然不会影响他们买卖基金，但是木大认为，没有股票账户没有问题，不了解股票和基金的历史知识可就大有问题了。

近两年，随着公募基金的不断发展，在资本市场中涌入了许多年轻的基金投资者，这些投资者在同事、朋友、短视频博主的"鼓励"下，拿着自己省吃俭用的钱进入基金市场，2020年兴许赚了点"牛市尾巴"的钱（上证指数全年上涨13.88%），从2021年开始不大赚钱（上证指数全年上涨4.8%），2022年则大幅亏钱（上证指数全年下跌15.13%）。有的人由此认为基金就是骗钱的，伤心过度，从此远离基金投资；有的人不肯认亏继续硬扛；有的人继续补仓却一直等不来希望。

其实，如果你熟悉证券市场的历史，就会明白，无论是美股市场还是A股市场，暴涨暴跌、先涨后跌、牛短熊长都是极为正常的现象。事实上，以A股市场为例，2010年之前A股市场上多次出现半年内上证指数跌去20%的情况，2010年以后市场已经相对稳定，但2015年依然出现了"千股跌停"的情况。如果我们了解这些历史，就会发现，跟过去30年的行情相比，2018—2022年的行情已经友好了很多。

然而，很多新入场的投资者没见过这种场面，在媒体的渲染下，上证指数下跌2%就可以被推上热搜，基金一年业绩回撤较大就会引得投资者破口大骂。如果只是宣泄情绪也还好，然而，很多人在情绪的作用下开始心态失衡，操作也变得情绪化起来，而就像愤怒的时候口不择言一样，情绪化的操作往往带来的是"灾难"。

我们无法真正回到过去去亲身经历那些令人"闻风丧胆"的大起大落，那样就可以学到深入骨髓的经验教训。因此，我们退而求其次，通过学习和思考那段历史来补上这宝贵的一课。

不只是大起大落，了解资本市场的起源、发迹及在中国的发展历程，事实上是在了解你我即将（或者已经）参与的投资市场的规则。石头、剪刀、布的规则很简单，但是也需要知道"布能包住石头"这样的规则才能参与。而投资市场中又有各种各样或浅或深、似真似假的规则，我们需要付出更多的努力和时间去学习和分辨这些规则，这样才真正具备参与的资格。换句话说，掌握了第一部分内容相当于拿到了参与基金投资的"入场券"。

第 1 章　A 股现状

1.1　常年守 3 000 点

每天都有新股上市的中国证券市场看起来有 5 000 余只股票，但事实上，资金并不是均匀地分配在每一只股票上，资金其实基本都集中在"头部公司"，如贵州茅台、工商银行等。

贵州茅台市值高的主要原因是 2016 年以后的股价大涨，即使扣除分红，贵州茅台的股价也已经从 204 元/股涨到 2 575.58 元/股。工商银行即使在 2018 年的股价巅峰时刻也只有 6.03 元/股，近年来股价也基本在 4~5 元/股波动，但在其 3 564.06 亿股的总股本加持下，股价在 4~5 元/股的工商银行依然是 A 股的市值前三之一。

其实，不只是工商银行，如果将 A 股各家公司的股本数量排序，前十中除了中石油、中石化和中国联通外，均是我国的国有银行，股本数量排名前二十中，除京东方外均为国有控股企业。

再来看上证指数，这么多年过去了，上证指数依然没超过 3 000 点。

多年不过 3 000 点，跟高股本、高市值的公司有关系。上证指数的编制规则如下：

$$报告期指数 = \frac{报告期样本总市值}{基期股票市值总值} \times 100$$

根据上证指数的编制规则，指数多少点取决于报告期样本的总市值除以基期股票市值总值，基期股票市值总值一般比较稳定，除非出现新股上市和旧股退市等情况需要对指数进行修正，而在大多数情况下，主要是分母在变。

看到上面的公式，为什么指数一直不过 3 000 点就很清楚了，这一个简单的除法中，分子的减少和分母的增大都会导致结果变小。

为什么总市值会变小呢？

高市值和高股本的国有银行有一个特点，高分红。如 A 股总市值第三高的工商银行，过去每股税前派息都在 0.20 元上下，累计派息 10 364.76 亿元，农业银行累计派息6 566.64亿元，中国银行累计派息6 287.25亿元，中石油累计派息4 720.74亿元，中石化累计派息4 134.75亿元。这意味着，这些权重极高的大盘股，把很大一部分的利润以分红的方式分了出去，如工商银行2010—2021年累计净利润为32 766亿元，近三分之一的利润用于分红。去除因为情绪而产生的溢价，股价的上涨主要依靠企业净资产的增长和盈利能力的增长，净资产由于分红无法快速增长，盈利能力又在逐年下降，于是就有了这些银行股十年如一日的股价。

股价不变，股本又多，市值依然不变，于是继续在指数权重中占据着重要的位置，保证了指数的"稳定"。

市值在权重的影响下很难发生巨大变化，上市公司却在不断增加，而且速度越来越快。A股上市公司数量达到1 000家用了十年（2000年，1 059家），达到2 000家又用了十年（2010年，2 040家），达到3 000家只用了六年（2016年，3 034家），达到4 000家只用了四年（2020年，4 181家），而从4 000家到5 000家只用了两年时间（2022年，5 069家，含ST）。要知道，美股发展了200多年，上市公司总数也不过7 000多家，这还是在承接了全球科技类公司的不少上市需求后的数字。

上市公司越来越多，但A股却没有完善的退市机制，新股上个不停，IPO不断扩容，垃圾股、问题股却没有清理，于是，在总的资金量没有太大变化的基础上，少量的增量资金却因为越来越多的股票而被稀释，基期股票市值总值因为上市公司增加而提高，市值又因为上市公司过多而无法大幅提高，于是，上证指数只能堪堪守住3 000点，当遇到宏观环境不好，经济预期较差时，部分存量资金离开市场，就会出现连3 000点都守不住的情况。

有人把改变这一情况的希望寄托于注册制，事实上，注册制对于清退垃圾股的作用仅限于降低了壳资源的价值，导致垃圾股被抛弃的速度加快，但并不会直接改善退市进程，真正需要完善的是退市制度本身。如果没有与上市制度相匹配的退市制度，只会把上市公司上市"摊大饼"的效应进一步放大，上市速度进一步加快，退市却依然遥遥无期。

1.2　基金的抱团

2004年，国家明确提出提高社保、养老金和商业保险投入资本市场的比例，此时，"老十家"基金公司业已成立，社保、保险和基金公司作为新一代机构正式加入了A股的投资中。也正是在这一年，A股首次出现了规模超过100亿元的基金，仅2004上半年基金总规模就已经超过3 000亿元，基金行业的发展也开始提速。

2005年，股权分置改革再次被提上日程，有了上次失败的教训，2005年在正式实施股改方案之前就引入了机构投资者，在补偿方案上跟机构达成一致，并且在消息公布的两天前开始大量买入股改企业的股票，确保了第二次股改的顺利实施，基金行业也因为此时的低位买入享受到了2006—2007年的牛市，基金销售也从之前的无人问津变成了门庭若市，公募基金从此成了机构投资者中的中坚力量，A股公募基金净资产从2005年的4 714亿元迅速增长到了2006年的6 220亿元，然后爆发式增长到了2007年的2.23万亿元。

随后几年的市场环境对基金的发展并不友好，市场较弱，基金净值也逐步缩水，一直到2013年，公募基金的总规模才恢复到3万亿元以上（3.12万亿元），2014年的第一波牛市后，公募基金总资产达到了4.20万亿元，2015年后又大幅增长，达到了7.67万亿元，2016年更是直接增长到了8.84万亿元。但是公募基金在这轮牛市和救市风波中到底起了什么作用，已经尘封在岁月中。但有一点毫无疑问，对于2016年总规模只有53.82万亿元的A股来说，此时的公募基金已经具有了举足轻重的地位。

除了在A股几个关键时刻挺身而出外，基金还有另外一个显著的特点，即抱团，有趣的是，上面几个关键节点的成功抱团，也恰好是基金规模大幅增长的时刻。

2006—2007年，基金带头参与"五朵金花"和金融地产的两轮牛市；2009—2012年，抱团大消费板块；2013—2015年，抱团"互联网+"和科技赛道；2018—2021年，抱团医药和消费板块；2019—2022年，抱团新能源板块。

虽然都是抱团，但是本质却有不同，2006—2015年的三次抱团都由政策驱动，可以认为机构只是搭了政策的顺风车，并没有起主导作用。相反，近年的消费、医药抱团，都是受高利润和高增长驱动，也是这么多年来首次由基金启动而不是政策启动的牛市行情，持续时间也远长于"政策牛"。

对于国内资本市场的长期发展来说，机构资金抱团显然不是什么值得称道的事情，相反，抱团的结局往往是把泡沫越吹越大，因为前期的理性选择已被后期的贪婪和疯狂取代，严重脱离股票本身的价值和基本面。

一定程度的抱团是合理的，甚至是必需的，由于机构投资者目前在A股的占比仍然偏低（不足10%），机构要发挥出自己专业投资者的选股、长期持有等优势就需要一定程度的"集中"，以此来撼动规模巨大的资本市场。个人认为，随着机构投资者特别是公募基金规模继续增大，抱团将会常伴A股，但是抱团的同时，公募基金内部也将产生越来越多的特立独行者，我们要做的是承认抱团的存在，利用抱团带来的优势，在市场陷入疯狂的时候远离抱团。

2022年，中国的资本市场又一次走到了一个关键节点。

从规模上看，经过2018—2021年的三年"慢牛"，公募基金的规模已经从2018年的12.89万亿元增长到了2021年的21.82万亿元，位居全球第四，其中，公募基金持有A股的市值已经上升到了8.58%，创下了有公募基金以来的新高。

对于大多数人来说，如何作出投资抉择很重要，若是单纯将钱存在银行里，将承受每年的通货膨胀风险，若选择投资基金/股票，可以获取相对可观的收益，代价是承受更大的风险。

在我看来，从利益最大化角度，选择后者是必然的，资本市场投资将是主流的资产配置方向，而适合绝大多数非专业投资者的方式就是基金。

第2章 你好，我叫基金

我通过观察发现，很多投资者都是"误打误撞"地开始自己的基金投资的，有的人在同事或者朋友的推荐下购买了某只基金，有的人在银行理财顾问的推荐下开始基金投资。周围几乎所有的长辈都买过基金，而且平时勤俭节约的他们会爽快地拿出几万元购买自己不甚了解的东西，只因为听说基金"赚钱很快"。

2.1 重新认识基金

在讲解如何选择基金之前，先为读者介绍基金的基础知识。前半部分主要讲基金常识，包括基金的管理、基金的分类、基金的费用及基金买卖通常会遇到的问题；后半部分着重讨论基金投资的一些基本概念，以及如何建立正确的投资观念和投资收益预期。前半部分内容重在了解，就像驾驶汽车需要了解汽车的工作原理；后半部分内容则需要真正掌握，因为它决定了每个人在投资这条路上能走多远。

2.1.1 基金常识

在前面介绍股票和基金的历史时，为了方便叙述，没有对基金进行详细的区分，基本默认了"基金"就代表"投资股票的基金"。事实上，基金的英文名称为 Fund，有资金、现金储备、存款的意思。

基金是指为了某种目的而设立的一定数量的资金。至于这个目的是什么，决定了基金前面的形容词。如果是将资金交给管理人进行专门的项目投资，则被称为信托基金；如果是为了退休后的生活，则被称为退休基金；如果是为了买房，则被称为公积金；只有替客户买卖股票、债券等投资标的（投资对象，一般包括债券、股票、期货、外汇等投资产品），才是日常所说的基金。所以，在本书后面的内容里，如果不特别说明，那么基金指的就是以股票、债券等权益产品为投资标的的股票型、债券型、货币型及混合型基金。

1. 基金的管理

基金，用最通俗的话来讲，就是大家把钱凑在一起，交给专业的托管人（一般为银行）和管理人（基金公司的基金经理）来投资于股票、债券和货币市场中。把钱交给专业的人管理，目的是获取更多的收益，同时需要支付一定的报酬。

既然基金是大家把钱凑在一起交给某个专业人士（团队）投资，那么彼此之间要有一个约束，他们不能孤注一掷地进行"赌博"式投资，我们也不能在不承受任何损失的情况下随意撤资。在这一点上，基金和股票很相似，大家集资成立了一家公司，都是这家公司的股东（基金持有人），而这家公司恰好是以股票、债券投资为目的的，虽然没有投票权，但是各位持有人享受分红和资产增值的权利。

顺便说一句，因为没有投票权，所以，我国的基金都是契约型基金；而如果直接募集资金成立了投资公司，各位投资者变身为股东，就是美国式的公司型基金。最大的区别是后者按照股份公司的方式运行，投资者购买公司股票后就成了公司股东；而在契约型基金中投资者只是投资者而已。

一只基金成立，里面有三个明确的"人"：持有人、托管人和管理人。其中，持有人就是出钱持有基金的个人投资者或者机构投资者；托管人负责保管基金的资产（现金和有价证券），一般由商业银行来负责；管理人负责对基金的投资组合进行管理，目的是实现投资者收益最大化，即在获得一定收益的情况下承担最低的风险，或者在可接受的风险水平下使投资者获得最大的收益。

为了实现"最大收益"和"最低风险"，进行组合投资时需要做好三件事：规划、执行和反馈。

在规划阶段，基金经理需要先了解目标客户的需求，确认和量化投资者的投资目标和投资限制，然后根据投资目标和投资限制来制订投资政策说明书，最后完成基金战略资产的配置。

由于基金的运行是非公开的，除了定期根据规定披露持仓（每个季度一次），在其他时候，身为持有人的我们只能根据基金净值的变化和一些上市公司增、减持的公告来判断基金经理进行了什么操作。而招募说明书里的承诺加上《中华人民共和国证券法》《中华人民共和国证券投资基金法》中的相关规定就是帮助持有人约束基金经理的，而招募说明书里能起到约束作用的就是"基金的投资"或者"基金投资范围"部分，即投资目标和投资限制。

在招募说明书的"基金的投资"部分，投资范围或投资理念是需要重点关注的，这里面规定了基金经理应该投资哪些权益产品，一般包括股票、存托凭证、债券和其他。如果是专精于某个行业的基金，比如医疗、半导体、新能源，那么这里面将会特别说明投资范围，某只医疗类基金"投资理念"部分的内容如下：

"中国的发展面临人口老龄化、城镇化和疾病谱变化。老龄化将推动医疗消费需求整体增长；城镇化水平推动人均可支配收入的增长，从而拉动人均医疗消费支出；疾病谱变化将推动用药结构转变，医疗保健行业将获得长期成长驱动力。本基金通过主动的投资组合管理以获取医疗保健行业中长期成长的正能量。"

除了规定投资标的，这部分内容还会对投资的比例进行规定，比如，投资于股票和存托凭证的比例不低于基金资产的80%，或者投资于医疗、半导体、单个行业的比例不低于80%等。需要注意的是，根据投资比例可以看出一只基金的类型，例如，如果股票资产的投资比例不低于80%就是股票型基金，而股票和存托凭证的投资比例可以在50%~95%浮动的则是混合型基金。

"基金的投资"部分的其他内容基本都是标准的，需要特别关注的较少，但是投资限制和业绩比较基准的相关内容也是需要了解的。

在投资限制里，除了部分QDII（合格境内投资者），还会明确两件事，一件是一只基金持有一家公司的股票不得超过该基金净资产的10%，另一件是同一基金管理人管理的全部基金持有一家公司发行的证券不得超过该证券的10%。

举个例子帮助大家理解一下。比如甲管理了三只基金A、B、C，规模都是100亿元，那么任何一只基金持有一家公司的股票不得超过该基金净资产的10%，也就是10亿元，这么算来，甲能持有任何一家公司股票的规模就是30亿元（A、B、C公司各10%）。但是这还没完，因为第二个10%的规定，甲管理的所有基金不得超过这家公司流通市值的10%，假设该公司的总市值是300亿元，那么甲的持有额度已经达到上限；如果是200亿元，那么甲管理的所有基金持有该公司股票的规模就不该超过20亿元；如果是1 000亿元，则最高可以持有100亿元。

这样限制的目的，一方面，是分散风险，不让基金经理把过多的资产集中在一只股票上；另一方面，是稳定市场，不让基金经理掌握太多的流通股，以免操纵股价。不过，这也意味着，当基金经理的管理规模达到千亿元级别的时候，市场上适合他投资的股票就非常有限了，因为还有一个5%的举牌规定（举牌，即公布身份，向管理机构和投资者表明自己已经买入5%，且持有至少6个月），即《中华人民共和国证券法》中规定的持有或共同持有上市公司已发行股份达到百分之五时需要在买入起三日内向监管机构作书面报告并且通知上市公司进行公告。

两个10%的规定、举牌规定，再加上基金80%以上的资产需要随时持有股票的规定，就是基金经理的"枷锁"，也是作为基金持有人的我们能得到的最大限度的保障。

放眼整个A股，流通市值超过1 000亿元的公司数量在100家上下浮动，一位千亿元资产管理规模的基金经理，在上面这些限制条件下，能选的标的其实非常有限，小市值的公司一不小心就会在买入时触到5%的举牌线，大市值的公司又有10%的限制。特别是有些专精某个行业的头部基金经理，因为只能买单个行业，基本上该板块里的所有股票他都得买，最后成为一只收取主动管理费的"被动基金"。

除了规划投资策略，基金经理还需要根据规划来具体执行。在此期间，基金经理需要结合上面的这些限制、资本市场的变化，以及自己团队/其他团队分析师的报告来调整自己的投资组合，作出新的决策，然后交给交易部门来执行投资决策。

基金经理所在的基金公司也会为基金提供各类服务。一家基金公司一般会配备投资决策委员会（以下简称"投委会"）、投资部、研究部和交易部来为基金经理服务。

投委会主要负责重大投资活动的管理及方向性的投资策略制订，比如"本季度加大TMT行业的配置"或"降低CXO行业的仓位占比"等指示，一般由基金公司的总经理、分管投资的副总经理及投资总监等成员构成。

投资部主要负责制订具体的投资组合方案，具体到不同证券交易的种类、买卖、交易的价格及交易事件等交易指令，比如"以最高不超过1 600元/股的价格购买贵州茅台"或者"卖出手上仓位10%的宁德时代"。

这些指令除了由基金经理根据自身的判断和研究来完成，还可以参考由研究部提供的资产配置建议。研究部根据宏观经济形势、行业分析及针对上市公司建立的具有投资价值的股票池，向决策部门如投资部和投委会提供相关的报告和决策建议，如"建议增持绝味食品""建议买入兖矿能源"等。

交易部负责基金具体投资决策的审核、执行和反馈。为了提高管理效率，基金公司往往把投资决策和交易执行交由不同的部门负责。交易部主要由交易员组成，一方面，负责执行投资决策，以有利的价格进行证券交易；另一方面，负责向基金经理反馈最新的市场和股价变化。

2. 基金的分类

基金分类的依据往往是其投资标的和不同标的的投资占比，所以，要了解基金的分类，先要知道到底有哪些可以投资的标的。

从大类来说，可以把投资标的分为四类：权益投资、固定收益投资、衍生工具投资和另类投资。

权益投资是指对权益类证券进行投资。权益类证券是公司通过发行股票或置换所有权筹集的资本，主要包括普通股和优先股，还包括存托凭证、可转换债券、权证等。

普通股是股份有限公司发行的获得股息和红利的凭证，用于证明投资者的股东身份和权益。相比于普通股的"不固定股息率但有投票权"，优先股具有固定的股息率但一般无表决权，但在公司盈利和剩余财产分配上优先于普通股。

存托凭证是指一国证券市场上流通的代表外国公司的可转让凭证。

可转换债券是指在一段时间里持有者可以按照约定价格或者比例转换成股票的债券，既具有明确的期限和利率，又具有转换成股票的功能；既享受债券的价值，又享受可转换股权的价值。

权证是持有人按照约定价格在一定时间内向发行人购买的证券，一般分为股权、债权和其他权证，比如上市公司增发新股时可以指定价格购买股票的认股权证，或者按照约定价格卖出约定数量标的资产的认股权证等。

相比于权益类资产更偏向于股权凭证的特征，固定收益类工具更偏向于固定的收益，主要包括债券和货币市场工具。

债券是一种能提供固定数额或固定公式计算现金流的证券，其最大的特点是持有人跟发行人之间是债权关系。债券的类型有很多，大到国家，小到中、小型企业，都可以根据自己的财务状况向社会发行债券，债券根据发行主体可以分为政府债券、企业债券、金融债券等，根据偿还期限可以分为长期债券（10年以上）、中期债券（1~10年）和短期债券（1年以下），根据债券信用等级（风险大小）可以分为高等级债券、低等级债券和垃圾债券，根据计息方式可以分为固定利率债券、浮动利率债券和零息债券。而这些类型的债券的共同特点就是有到期时间，利率固定或浮动，以及有到期偿还本金的承诺。

听起来，债券应该是一种很稳健的投资方式，可按时还本付息，虽然高信用评级的债券利率一般较低，但是贵在安全。就像股票一样，债券也可以在二级市场上交易，这意味着我们手里那张写着"3年到期，每年利息4%，面值100元"的债券是可以"炒"的。

该债券的到期利息是 $100 \times 4\% \times 3 = 12$（元），加上面值100元一共是112元，

如果我们当时花106元购买这张债券，那么我们的收益就是12元，收益率就是$12÷(106×3)×100\%≈3.77\%$。

明明是面值100元的债券，为什么要花106元来购买？

这6元的差距是由市场利率造成的。假设市场上很多具有同样信用评级的公司每年只能支付2元的利息，那么跟市场平均水平相比，4%的债券价值里就有溢价，需要在购买的时候把这个溢价补上，每年2元，3年就是6元。所以，市场利率一旦变化，债券的成交价格就会发生变化，虽然面值还是100元，但是溢价或折价因为市场利率发生了改变。

货币市场工具是指短期内（一般短于一年）具有高流动性的低风险证券，包括银行回购协议、定期存款、商业票据、银行承兑汇票、短期国债、央行票据等，其主要特点是流动性强、本金安全性高及以机构参与的大宗交易为主，主要是为金融机构提供具有一定收益的高流动性产品。

除了主流投资标的，部分基金（以私募基金为主）还可以利用衍生工具和另类投资来获取收益。

衍生工具是指由基础资产（股票、债券、货币、商品等）构成或衍生而来的交易合约，常见的有远期、期货、期权和互换等工具。其主要特点是交易双方根据对价格的预测来约定在未来某个时间或者以某个条件达成交易，换句话说，是对未来价格的"期许"；另一个特点是保证金交易，即支持杠杆交易。另类投资包括上述投资之外的其他产品，如私募股权、不动产、大宗商品，也包括贵金属、碳排放权甚至艺术品和收藏品的投资。

基金基本就是根据投资标的的不同进行分类的，可分为股票型基金、债券型基金、货币型基金和混合型基金。

股票型基金是四种基金中预期收益和风险最高的基金，其最大的特点是股票仓位不得低于基金资产的80%；债券型基金则是指基金资产的80%以上投资于债券的基金；货币型基金是指投资于货币市场工具的基金；而混合型基金则根据风格不同可以部分投资于股票、债券和货币市场等。

股票型基金可以根据选择股票类型的不同分为价值型、成长型、平衡型基金，还可以根据投资股票的市值大小分为小盘（市值小于5亿元）、中盘（市值为5亿~20亿元）和大盘（市值在20亿元以上）基金，也可以根据专精的行业进行分类，比如前面提到过的医疗、半导体、新能源、房地产等行业基金。

债券型基金可以根据债券选择的策略分为纯债基金（短债、中长期债券）和混合债（一级债、二级债、可转债、指数债等）基金。

货币型基金是用于投资现金、一年内的银行存款、债券回购、央行票据、同业存单、397天内到期的债券等产品的基金，这些统称为货币市场工具，不能投资股票、债券等产品，因为流动性高和风险低，所以，成为短期存放资金和低风险投资者的选择，但是收益率相对较低，总体好于活期存款。近几年，货币型基金的收益率总体逐步下跌，截至2022年6月，货币型基金的平均年化收益率已经低于2%。这个收益率也跟市场利率和"热度"挂钩，当市场利率高和热度高的时候，货币型基金的年化收益率能达到3%以上；相反，在低市场利率和低热度时代，年化收益率就很差了。

基金除了根据投资标的进行分类，还可以根据选股的方式进行分类。指数基金是指以指数成分股为投资对象的基金，可以细分为完全复制指数的被动型指数基金和部分复制指数的主动型增强指数基金。

基金还可以根据交易方式的不同，分为场外基金和场内基金。场外基金除了上面提到的基金，还有QDII和FOF基金；场内基金主要包括ETF和LOF基金。

QDII指合格境内投资者。在A股市场上，如果在基金后面没有"QDII"字样，那么该基金默认只能投资A股；而有"QDII"字样，意味着该基金既可以投资A股，也可以投资境外资本市场上的股票和债券，该种基金根据其招募说明书和基金合同里的投资范围选择海外市场投资，是一种可以实现全球资产配置和风险分散的基金。

FOF指基金的基金。相比于其他基金以股票、债券等标的为交易对象，FOF的投资标的就是基金，通过构建基金组合来获取收益。

ETF是由指数基金衍生出来的一种投资标的，本来只能在场外交易的指数基金进入了场内，可以在二级市场上交易。二者最大的区别是没有证券账户就可以购买指数基金，而必须在证券公司开户才能购买ETF。

LOF指上市型开放基金。如果说ETF是可以交易的指数基金，那么LOF就是可以交易的主动基金。

虽然基金的分类庞杂，但是相对于股票，基金是更容易掌握的投资产品。

除了可以用风格来区别基金，还可以用管理方式来区别权益型基金，依据管理方式的不同，可分为主动基金和被动基金。顾名思义，主动基金就是由基金经理根据其投资策略来对投资标的进行主动选择的基金，所选择的股票完全由基金经理掌握，透明度差，每个季度公布一次业绩，也因此收取较高的费用。相对而言，被动基金的选股只需复制指数，等于持仓已经确定，基金经理要做的就是根据指数里个股的比例调整持仓，需要自行配置的部分很少，相对透明和可控，缺点就是只能拿到市场的平均收益。

但是，自从指数基金创立以来，真正长期跑赢指数基金的主动型基金经理屈指可数，所以，大多数人为了追求主动基金所谓的超额收益而付出了额外成本，实际却连市场平均收益水平都没有达到。另外，近些年指数增强型基金也越来越活跃，这种基金的选股依然靠指数，但是基金经理会根据其投资策略调整持股的比例，以期获得超额收益。

曾几何时，只看基金的名字就可以大概知道基金的风格，可是随着股票市场和基金市场的发展，各种令人迷惑的名字层出不穷，发展到现在，不仔细阅读基金合同和真正持仓基金，已经很难判定一只基金的风格了。而且即便看了投资范围，也存在不少"挂羊头卖狗肉"的情况，比如，名叫×××大金融却重仓新能源的基金、名叫×××绿色创新却重仓半导体的基金等。所以，选基金要谨防"以貌取人"，不要仅仅因为基金名字里面带有"新能源"字样就理所当然地认为这只基金会投资新能源。

不要被基金名字或者基金合同里面故弄玄虚的对投资策略的描述糊弄了，说来说去，基金就是拿着我们的钱去投资，有的买股票，有的买债券，有的股票、债券都买，不同之处就是它们通过什么方法来选择买什么、买多少。而基金合同里面的所谓"策略"，看看就好，要想真正了解某只基金的投资策略，不是看它的合同里面写了什么，而是拿出过去的持仓记录，看看它的主理人到底做了什么。

关于基金的分类，有两个问题需要回答：第一，是成长型基金好还是价值型基金好？第二，是股票型基金好还是债券型基金好？

首先要对市值、价值、成长等名词进行介绍。

市值就是上市公司的股票总价值，由上市公司发行的股本乘以当前股价计算得来，比如上市公司发行了5 000万股（股本），当前股价是30元/股，那么这家公司的市值就是5 000万股×30元/股＝15（亿元）。所以，一家公司的市值跟它的股本和股价都有关系，只是股本一般比较固定，所以，市值多受股价影响。

价值、成长还有周期，是对股票背后的上市公司的形容。由于企业的发展都有生命周期，从初创、成长到成熟，一般把业绩（营业收入、利润）快速增长的企业称为成长型企业，而把业务成熟、业绩增长趋缓、行业天花板固定的企业称为价值型企业，二者最大的区别就在营业收入和利润上。

从定义中也能看出来，成长和价值的区别在于业绩增速，而这种增速是一种预期，跟行业、企业本身都有很大的关系。大家公认中国平安是价值股，可是我国的保险普及率跟发达国家相比仍有巨大的差距，未来保险行业的增速可能很高；大家都觉得芯片是成长赛道，可是消费电子的出货量不足，芯片的出货量就会陷入停滞，失去成长性。因此，简单粗暴地用成长和价值来区分股票或者基金，意义不大。

当然，回顾 A 股过去 30 多年的历史，确实有成长和价值的风格切换，或者大盘股和中、小盘股的切换，A 股有五次在到达上证指数底部（往往也是经济底部）后因为流动性宽松出现了明显的风格切换，比如 2005 年 7 月的人民币汇改、2008 年 11 月的"四万亿"计划出炉，都出现了比较明显的小盘股跑赢大盘股的现象。即使在 2012 年、2015 年和 2018 年，这种现象没有那么明显，但是总体来说，在经济下行期和筑底期，价值风格因为其稳定和安全的特征往往能跑赢，此时市场利率相对较高，流动性偏紧；相反，当国家开始刺激经济，进入宽货币、宽信用阶段时，市场风险偏好上升，加上资金成本下降，确定性较差但是想象力丰富的成长股往往会占上风。

这里并不是鼓励大家去"预测"经济走势或者宏观政策，即使是最渊博的经济学家也未必能准确预测经济走势，更别提预测宏观政策了。这里想说的是，由于我国采取的是在宏观调控下的市场经济，且习惯使用宏观调控来进行逆周期调节，所以，经济周期在 A 股上的反应会更加明显。但是，总体来说，如果你自觉没有能力预测经济走势，与其两头挨打，不如选定更有确定性的风格坚定持有。从历史数据来看，真正的价值股往往一直在证明自己的价值，而上面提到的很多小盘股已经消失在 A 股的历史中，两者最大的差别在确定性和永续性上。

关于是股票型基金好还是债券型基金好的争论，其实说到底是股票（股权）和债券（债权）的争论。

股票和债券是权益市场上主要的投资品种，股票代表股权，意味着分享公司经营带来的利益和风险；而债券代表债权，意味着以一定利息把钱借给对方一段时间，对方需要按时支付利息，到期返还本金，投资者的收益固定，但是不享受公司的成长和额外的收益。用巴菲特的话说，股票是一张永远不到期的、票息 12% 的债券。

而债券型基金就是利用这种折价和溢价进行交易以获取收益的基金。

债券型基金也未必是只投资债券的基金，纯债基金（标准债券型基金）只能投资固定收益类金融工具，普通债券型基金保证80%以上的资产用于投资基金，其根据交易债券的类型又可以分为一级债基（只能从债券发行处直接申购债券）、二级债基（可以在二级市场上买卖债券，可以打新股，可以买卖股票）、可转债基金（投资可转换债券）。从风险来说，一级债基和纯债小于二级债基；从收益的可能性（注意不是绝对收益）来说，二级债基因为可以投资股市和打新股，所以，弹性更高，一级债基更偏向固定收益类基金。

从整体来说，债券和债券型基金的投资收益与股市的收益在多数情况下是此消彼长的。原因很简单，当市场利率高的时候，市场流动性差（货币发行较少），所以，债券这种靠利息定价的资产就会有更多溢价；相反，当市场利率低的时候流动性高，流入股市的钱因此变多，所以，股市走强，而债券的价值因为利息降低也变低了。

截至2022年12月底，A股共有公募基金16 927只（不区分前后端），总规模为27万亿元。其中，货币型基金有752只，总规模为10.73万亿元；债券型基金有4 937只，总规模为8.30万亿元；混合型基金有7 302只，总规模为5.12万亿元；股票型基金有3 014只，总规模为2.31万亿元；QDII基金有419只，总规模为3 464亿元。可以看到，虽然市场上的货币型基金数量较少，但却是各类基金中规模最大的，而产品数量最多的混合型基金总规模却不到货币型基金总规模的一半。

这一部分介绍了主流的基金类型，其实市场上还有一些在投资策略上比较特殊的基金，比如利用量化策略来选股和交易的量化基金、可以在场内交易的基金型基金、可以投资基金经理的基金、可以投资同业存单的指数型基金等。未来，还会有更多"新颖"的基金被创造出来，比如以投资REITs为主的基金，但是万变不离其宗，挑选的标准还是投资标的、收益、风险、成本。

3. 基金的费用

这部分内容主要说两件事：基金的买卖费用和持有费用。

相比于股票，基金的买卖过程更为简单，在当前主流的移动支付平台如支付宝、微信上都可以进行买卖基金的操作，在其他App，如天天基金、蛋卷基金、雪球、且慢等平台上，都可以在注册和进行简单的风险测评后开始进行基金认购或申购，在银行、券商开发的App上也都可以进行基金买卖，还可以在相关基金公司的官方网站或者官方App上进行操作。

那么，哪种买卖方式最好呢？看费用、看习惯。

你会很吃惊地发现，各家平台的基金买卖手续费是不同的，支付宝、天天基金等平台可以拿到一定的优惠，而同样的基金在基金公司官网购买的费率就要高出许多。表2-1为某只基金在不同平台上的申购费率对比（根据各平台数据整理）。

表2-1 某只基金在不同平台上的申购费率对比

平台	蚂蚁财富（支付宝）	天天基金	蛋卷基金	交银App	招行App	基金公司官网
申购费率	0.15%	0.15%	0.15%	0.15%	0.15%	1.50%

这里需要区分一下，基金的认购和申购，二者的主要区别是买入基金的时间。

一只新基金成立，需要经过产品设计（投资范围、投资品种、费率结构、交易方式等）、注册（申请报告、合同草案、招募说明书草案、基金托管协议等）、基金募集、基金备案、成立、封闭和开放几个过程。

当基金注册成功后，将公开进行募集，根据募集情况决定募集期，一般不超过三个月，如果三个月后募集人数和资产规模没有达标则募集失败，一般标准为资产规模达2亿元、募集人数超过200人。募集失败由基金公司对募集行为产生的债务和费用进行兜底，并且在募集期满后的30天内连本带息退还投资者已缴纳的款项。

当募集期满或资产规模提前达标后，就可以向证监会提交验资报告，然后办理基金备案手续，并予以公告。

当备案完成以后，基金正式成立，基金的合同开始生效。基金成立后会有一定的封闭期，在此期间不可申购、不可赎回，一般为3~6个月，用于建仓。

当封闭期满后，基金管理人公告基金正式开放，此后投资者就可以正常申购和赎回了。

如果在基金公开募集期就买入了基金，就是基金的认购，认购资金会经历募集期和封闭期，在这两个阶段是不能赎回基金的；而在基金开放以后买入基金则称为基金的申购，在此期间，在多数情况下可以自由赎回基金。

不过，申购和赎回也不是在任何时候都处于自由状态的。当市场行情过于火热或者基金规模扩张过快时，基金公司和基金经理可以选择"限制大额申购"来控制基金规模，在部分情况下，甚至可以选择"暂停申购"。同样，基金也可以"暂停赎回"，原因包括基金无法正常运行、证券交易所暂停交易、防止基金大规模赎回造成资产流失等。

对大多数基金来说，基金申购实行"T+1"交易制，即如果在交易日的交易时间（通常是周一到周五的9：30—11：30、13：00—15：00）申购，基金的净值就按照当天的收盘价计算，下一个交易日确认份额，当日开始计算收益。如果是QDII类的基金，只投资港股的基金由于没有时差仍执行"T+1"交易制，投资美股的基金则因为开盘收盘的时差需要"T+2"天才能开始计算收益。

在赎回方面，规则与申购类似，交易时间内赎回按照当天净值计算收益，交易日之外赎回则按下一个交易日的收盘净值来计算收益，QDII型含美股基金需要"T+2"的结算时间。

除了上面提到的基金申购费用，在基金持有期间还有四大直接费用——管理费、销售服务费、托管费和其他运作费。

管理费是基金管理人在管理基金资产时收取的费用，销售服务费是基金支付给销售机构和进行基金营销时的广告费、促销费等费用，托管费是托管人（银行）向基金提供资金托管服务收取的费用，这三项费用都是按一定比例根据基金前一天的净资产逐日提取然后按月收取的。

其他运作费包括审计费、律师费、上市年费、分红手续费、持有人大会费、开户费用、银行汇划手续费等基金正常运作而发生的费用。

除了上述四大直接费用，在基金调仓时，还可能产生交易费。基金交易费是基金在进行证券买卖时产生的相关交易费用，包括印花税、交易佣金、过户费、经手费、征管费等，由证券公司按成交金额的一定比例收取，基金公司从基金净资产中计提相应费用。

管理费是基金运作费用中占比较高的费用，一般根据基金管理的积极程度（主动/被动）和标的选择（股票/基金/货币）来进行分类。主动管理型的股票和偏股混合型基金管理费费率一般在1%~1.5%，指数基金管理费费率一般在0.5%~1%，债券型基金和偏债混合型基金管理费费率一般在0.3%~0.8%，货币型基金管理费费率一般在0.3%左右。后面在基金筛选的讲述中会对费用进行更为详细的对比。

除了管理费用，基金赎回费用也在持有成本中占有不小的比例。基金赎回费用一般根据持有时间来区分，一般分为$Y<7$天、7天$\leq Y\leq 30$天、30天$\leq Y<1$年和$Y\geq 2$年，持有时间越长，赎回费费率越低，一般持有两年以上没有赎回费用，这是基金公司通过费率来鼓励投资者长期持有的方式。

表2-2为某公募基金费用明细。

表2-2 某公募基金费用明细

运作费用	认购费费率（前端）	申购费费率（原费率）	赎回费费率（后端）
管理费费率：1.5% 托管费费率：0.25%	小于100万元：1.2% 大于或等于100万元：1%	小于100万元：1.5% 大于或等于100万元，小于1 000万元：1.2% 大于或等于1 000万元：每笔1 000元	小于7天：1.5% 大于或等于7天，小于2年：0.6% 大于2年，小于或等于3年：0.3% 大于3年：0

基金费用是基金选择中除基金业绩以外最为重要的考量指标，但却是投资者经常忽略的一个指标。事实上，如果只持有1年，那么部分主动型基金的全周期费用（申购+持有+赎回）最高可以达到3.5%左右，假如该基金这一年有10%的收益率，成本就占据了收益的35%，如果算上基金的隐性交易费用，那么这个比例可能达到40%以上。

另外，根据均值回归理论，无论是什么样的基金，其收益率都将会随着时间的增长而无限接近市场的平均收益率（年化7%左右），那么3.5%的基金费用就占据了年化收益的50%，这几乎是完全不可接受的，因为为了获取7%(实际只有3.5%）的收益需要承受比其他投资标的（如债券、货币市场工具等）高出很多的风险，非常不划算。

2.1.2 是买股票还是买基金

那么，既然都是买股票，为什么还要把钱交给别人打理，支付额外的费用？

买股票的过程很简单，在证券公司开户，往账户里转钱，选好想买的股票，如果有人愿意以50元/股卖出，你又愿意以50元/股买入，则可以成交，成交后你就拥有了1股该公司的股票（A股至少买100股，即"1手"），理论上，你还成了这家公司的股东。

困难的是，选择哪家公司成为股东？截至2022年底，A股有4 772家上市公司（不含ST），根据申万（申万宏源证券有限公司）行业分类，包括一级行业28个，二级行业104个，三级行业227个。也就是说，要精准地选择股票，理论上需要了解清楚这227个三级行业里的4 772家上市公司，不要说是普通投资者，就算是彼得·林奇，也不敢说自己了解所有的上市公司。对证券公司、基金公司来说，也需要有不同行业的研究员、分析师来提供相关行业和公司的情况，即使这样，还难免踩雷亏损。所以，了解所有公司的股票不现实。

既然了解所有公司太难了，那么换个思路，只了解少数几家公司行不行？

比如自己供职的公司及竞争对手公司，还有比较知名的品牌，比如贵州茅台、美的集团、伊利股份。

这个思路也是彼得·林奇给普通投资者推荐的选股方法——只买自己熟悉的公司的股票。

但是，白酒、空调、牛奶，这些每天都能看到的产品，我们就一定熟悉其后面的公司吗？

这家公司的负债情况如何？这家公司的未来发展规划是什么？这家公司内部的股权架构是什么样的？这意味着，作为普通投资者，不但要从过去10年的财务报表中了解公司的资产负债、现金流量和利润情况，还需要有能力判断这家公司在行业内未来的地位变化、竞争力的强弱、行业自身的增长情况，甚至需要有渠道可以了解到公司管理层的关系是否融洽。即使了解了上述的所有内容，也可能会遭遇业绩爆雷、财务造假、资本转移等不可预知的风险。

这也是为什么拥有完备的研究团队和无比丰富的信息渠道的顶尖基金经理也避免不了踩雷，作为消息并不灵通的普通投资者，又如何能避开呢？基金经理手上少则五六十只股票，多则上千只股票，一两只股票爆雷的风险对他们来说是可控的，可是对普通人来说，单只股票爆雷几乎是不可承受的风险。

那么，有没有一种方法，让我们既可以享受到基金经理手上的信息渠道和研究资源，还可以拥有他们分散持仓的风险规避能力，甚至可以借着他们的选股能力实现收益共享？

这种方法就叫买基金。

道理非常朴素，我们知道自己的厨艺跟经过专业训练的厨师的厨艺没法比，我们也理解自己去球场打几次篮球是断然比不过专业运动员的，可是，当碰到股票投资这件关乎切身利益的事情时，大家仿佛忘记了自己是业余的，带着辛苦挣来的钱和盲目的自信走进了这个"零和市场"。

从数据上看，认为自己能打败专业机构的人在A股市场上确实不少。

截至2021年年底，A股的个人投资者为1.97亿户。一般个人投资者仍是A股最大的投资群体，占流通股的比例达到34%，产业资本占比为31.2%，专业投资者占比为22.4%，与美股60%机构投资者和40%个人投资者的构成形成了鲜明的对比。

是什么导致A股的个人投资者（散户）要比美股的个人投资者多呢？

一是基金在中国的发展历程较短；

二是对财富增长的预期不同；

三是基金投资门槛太低，诱惑太大；

四是基金运作本身仍存在较大漏洞。

上述四点都是基金客观存在的问题。但是，随着基金的发展，这些问题也在逐步被解决，相关的法律法规和行业指引一直在出台，部分优秀的基金公司开始鼓励长期投资，越来越多的投资者开始关注长期收益。

A股市场到2024年也不过34岁左右，随着我国经济的不断发展、股票市场制度的不断完善，如果一定要参与到股票市场的投资中来，那么，与单个的股票筛选相比，基金仍然是更适合普通人的投资渠道。

2.2 买基金能挣钱吗

投资基金能不能挣钱，似乎是个没有意义的问题，不能挣钱谁还愿意申购呢？可事实上，2021年3月到2024年3月这三年间，A股市场下行，一半以上的基金都处于亏损状态，这样看来，投资基金赚钱这件事，还真不是必然事件，那么基金赚钱到底有什么前提条件呢？

2.2.1 买基金能挣多少钱

投资股票和基金，所有人的目的都很明确，即挣钱。

有人戴个"资产增值"的帽子，有人挂个"投资××"的名号，其实大家的目的都一样：挣钱。

那么，问题来了：买股票和买基金能挣多少钱？

Wind数据显示，2000—2019年，我国地产、股市、债市、大宗商品的名义年化收益率分别是7.9%、7.6%、3.6%和2.9%，如果扣除期间的通货膨胀因素，那么平均收益率分别为4.5%、4.2%、0.2%和-0.5%。

是不是跟经常听到的"炒股暴富"的故事大相径庭？

以A股为例，主板一个交易日就可以涨10%，创业板和科创板可以涨20%；如果是新股，在主板和中小板一天可以涨44%，在科创板和创业板前五个交易日没有涨跌幅限制，一天翻倍都有可能。也就是说，买对了股票，一天就可以实现A股平均一年的收益。既然听起来这么容易，那么这么多年的平均收益怎么连主板一天的涨停线都达不到呢？

问题是，我们无法预知下一个交易日哪只股票涨停。如果能百分之百确定下一个交易日哪只股票涨停，那么大家都会愿意把一切财产投入进去，等着涨停，这样连续操作一个月（假设20个交易日），我们的本金可以变为原来的6.7倍；如果连续操作一个季度，那么本金可以变为原来的304.5倍。也就是说，投资10万元，一个夏天过去，就会变成3 045万元，基本可以实现"财务自由"。

如果事情真的这么简单，那么又有谁会愿意朝九晚五地上班，全民炒股就够了。事实上，我们不但不能预知哪只股票会涨停，还得防范下跌产生的后果。还是刚才的例子，如果连续一个月跌停，那么本金会缩水到原来的0.12倍；如果连续一个季度跌停，那么本金会缩水到原来的0.001 8，投资10万元，一个夏天过去，只剩下180元。

当然，这些都是冰冷的数字，以平均水平为主。那么，那些以投资、管理基金为生的投资人，他们的收益率又如何呢？

格雷厄姆在30年的投资生涯中，年化收益率为20%；巴菲特在49年的投资生涯中，年化收益率为20.3%；彼得·林奇1977年出任富达旗下的麦哲伦基金经理，13年间年化收益率为29.2%。

回到A股，东方财富Choice数据显示，管理基金10年以上，年化收益率仍在20%以上的只有4人。可以看出，优秀基金经理的长期年化收益率确实是远超股市平均水平的，但是从数量上来说，真正长期从事投资工作还能取得这种收益的，无论是在A股还是在美股，都是屈指可数的，在几千位基金经理中找出几位如此优秀的基金经理，其难度其实不亚于找一只翻倍牛股。事实上，一半以上的基金经理的长期年化收益率甚至没能跑赢市场平均水平——大盘指数。

关于这个话题还有一个小故事，2007年，某基金致电巴菲特，提出一个10年赌约，由他们选择的5只基金组成的基金（FOF）来跟巴菲特选择的标普500指数对决，赌注为100万美元。结果，2008—2017年，标普500指数共上涨125.8%，年化收益率为8.5%，而FOF选择的5只对冲基金中收益最好的年均涨幅是6.5%，收益最差的只有每年2%的涨幅，标普500指数轻松地打败了"精挑细选"且由行业精英管理的主动基金。

A股2008年至2022年的平均年化收益率是7.6%，优秀的基金经理能做到15%以上，顶级的公募基金经理能做到20%以上，作为普通投资者的我们，到底应该期望基金每年挣多少钱呢？

看时间、看运气。

时间有两层含义：一层是入场买入的时间；另一层是持有的时间。

举个例子，如果在2007年底A股估值最高的时候买入，那么到现在可能都没有回本；如果在2016年A股历史第二高位买入，那么到现在也没能回本，更不用提年化收益了。从2000年以来的上证指数走势来看，即使没有买在最高点，由于A股"牛短熊长"的特点，持有时间低于5年，依然有很大的概率难以获得盈利，比如在2009年低点买入，到2014年才能回本；在2016年买入，到2021年才能回本。当然，这样的现象跟当时的经济发展等因素有关，历史不会简单地重复，但是可以引以为戒，从数据上看，哪怕剔除某些年份，即使在大幅下跌以后买入，仍有可能4~5年不挣钱。

但是，一旦坚持了5年的"零收益"，后来的回报是很可观的。比如2008年底上证指数曾跌到1 600多点，坚守5年后，2014年初上证指数依然不到2 000点，5年连通货膨胀都没跑赢。可是，随后到来的就是2015年的牛市，上证指数最高涨到5 178点。6年半的时间，涨了211%，年化收益率为12.19%。不过，这个例子比较失真，它假设在2009年低点买入后没有动，其实中间如果进行"低买高卖"的操作，那么，年化收益率是可以提高到20%以上的，但这并不影响我们要讲的道理，即使买入后没有任何操作，持有5年以上，依然可以获得10%以上的收益。

运气也有两层含义，国民经济增长水平和个人运气。

巴菲特和彼得·林奇能做到长时间的高收益，个人的投资水平固然重要，但是能取得"超额"收益的前提是他们投资的市场是长期波动上涨的。如果他们处在一个单边下跌的资本市场上，无论投资水平有多高，收益往往也是负的，可能只是比别人少亏一点而已。

从长期的角度来看，股市是国民经济的晴雨表。这一点也很好理解，股市跟居民财富、货币政策及企业的盈利能力息息相关，在某种程度上是最大的民间财富蓄水池，企业盈利能力增长会助力经济快速增长，经济快速增长必然使得居民财富增长，反过来居民财富增长又会刺激企业盈利能力继续增长，而三者都会刺激股市的增长。

所以，国民经济增长水平很重要，必须确保一周的经济保持持续稳定增长。如果经济不能继续发展，上面所说的居民财富增长、企业盈利能力增长都将无从谈起，股市很难继续繁荣。

如果你不相信国民经济长期向好增长的态势，就不该参与任何形式的投资，因为"必输无疑";如果你相信则每次大幅下跌都是买入的机会。

投资的第二个运气是个人运气。

我们回看投资界的佼佼者的投资轨迹,除了感慨他们对企业分析的准确和坚守长期投资的信念外,有一点不可否认,他们的运气都很好,在合适的时间选择了合适的投资标的,虽然中间也有失手的时候,但是他们总可以在其他地方把钱赚回来。有人觉得投资应该摒弃一切运气成分,成为一个完全量化的过程,是一门技术或者科学。但至少对本书提到的例子来说,投资是一门艺术,而非单纯的技术,运气则是艺术的一部分。

一个合理的基金收益预期是什么样的?

东方财富 Choice 数据显示,2011—2021 年,股票型基金的平均收益率为 13.27%,混合型基金的平均收益率为 14.73%。因此,如果把投资时间拉长到 10 年,那么,年化收益率达到 15% 应该是可以预期的。

其实,对收益的预期不该是静态的"每年要赚到 15%",而是动态地跟整个市场进行比较,或者跟市场里的优秀公司进行比较。这也是为什么很多股票型基金将沪深 300 设定为自己的业绩比较基准,其中隐含的意思就是,只要超过沪深 300 的收益就超过了市场的平均水平。因此,除了上面年化 10%～15% 的预期,长期跑赢沪深 300 也是一个很合理的收益预期。

2.2.2 基金挣钱的秘密

资本市场的神奇之处在于它存在近乎残酷的"公平性"。这个公平性不是指盈亏的公平性,而是指盈亏本身的无差别性。

无论是清华大学毕业的金融学博士,还是长期从事上市公司财务工作的财务总监,抑或是没有任何投资经验和财务知识的投资新手,在进入资本市场的一瞬间,之前的一切经历都不再重要,大家都是从零开始,被资本市场公平对待。

有人认为财务知识很重要,认为会计人员有天生的优势,可是会计人员并没有在资本市场里显露出多少优势;有人觉得能看懂宏观经济很重要,可是经济学家也未必就能在股市里全身而退;还有人认为经验十分重要,可是我们看到不少有 10 年以上投资经验的老股民也难免亏损。

对个人投资者来说,资本市场的公平性在于,对于每一只股票,无论它的持有人是谁,都会承受亏损、赚取收益。

更有趣的是,比起相亲、求职等聚焦某些特定条件的筛选,资本市场更考察一个人的心态。而一个人的心态既会决定他的人生走向，也会决定他在资本市场上的投资风格，还基本注定了他的投资结局。

那么，投资的心态都包含什么？

能不能承受亏损？能承受多少亏损？

股票和股票型基金投资属于高风险投资，高收益不用提，买对了股票和基金，可能一天就涨10%甚至20%，远超定期存款的年化收益率。但是，伴随着高收益的就是高风险，虽然大家都不愿意承担风险，但是有10%~20%的单日涨幅，就有10%~20%的单日跌幅，如果是港股或美股，更是没有涨跌幅的限制，一天内翻倍或腰斩都可能发生。

心态的第一个内涵是能否承受亏损。

如果投资所用的钱是下个月用来交房租的钱，那么这位投资者对亏损的容忍度几乎为零，因为只要亏损就会没钱交房租而因为下个月就要用到这笔钱，他甚至不能等待情况出现反转，到交房租那天，无论亏损多少，他都必须卖出。

房租还是一个相对温和的例子，在A股市场上，有不少人拿着毕生积蓄在投资，更有甚者拿出全部家底，借遍了亲朋好友，再加上杠杆来"赌"。这几乎完全没有给自己留下承受亏损的余地，一个不小心，就会被强制平仓，资产瞬间变成负。

因此，判断是否能承受亏损的办法就是自己投资的这笔钱是不是5年内可以放在资本市场里；如果出现亏损，是否会影响自己的正常生活；如果生活中出现意外，自己是否有足够的存款来应对，而不是不得不卖出自己的股票或者基金来筹钱。

心态的第二个内涵是能承受多少亏损。

对于有的人来说，10%的亏损就会让他痛苦不已、彻夜难眠；而对于有的人来说，50%的亏损也不会影响到他享受生活。这里面的区别，除了这笔钱是否急用外，更多的是来自对投资标的的信心，以及对整个市场的信心。

即使是顶级的公募基金经理，其最大回撤（某段时间内的累计跌幅）也会超过50%，这意味着在任何一个时间点买入基金，都有可能在随后的一段时间里出现50%的亏损。所以，在某种程度上，买了基金，就要做好浮亏至少50%的心理准备。

这里并不是说基金一定会亏损。事实上，随着机构投资者的数量增多，监管力度不断加强，类似2008年和2015年"先牛再转熊"现象发生的概率会越来小。即使是这样，在从 2021 年 2 月到 2022 年 5 月的一年多的时间里，虽然没有出现以往的牛市行情，但是在宏观经济下行等多方因素的影响下，不少老牌基金经理的亏损甚至超越了 2015—2016 年的熊市，在大盘只下跌 30% 左右的大环境下创下了职业生涯的最高回撤。

所以，做好至少 50% 的浮亏准备，并确保自己在这种亏损下不至于"割肉离场"，是投资基金心态准备最重要的一步。

1. 没有人比我更懂我的股票和基金

作为普通人，我们当然要避免在投资上过度自信，因为不懂装懂很容易引来质疑，甚至有可能引发灾难。但是，在投资这件事儿上，我们既要做到百分之百的好奇，也要做到百分之百的自信。

好奇和自信是在买基金之前和之后的两种不同态度，小心买入，大胆持有。

在买入前的调查和研究阶段，拿出所有的好奇心，对基金进行"尽职调查"，从基金经理的个人职业生涯到 10 年前的持仓，毕竟我们要把自己的积蓄交给他打理，一定要对他做到知根知底。

有了第一步的尽职调查，才能做到第二步：持有时百分之百的自信。在这个市场上总是充满噪声，过去是在交易所大厅里，现在是在短视频、公众号及每个"投资群"里，有的预测未来、有的充满情绪，但是有一点可以肯定，这些声音绝大多数对我们的投资一点儿用处都没有，却十分容易影响到我们的投资决策。因此，只有对自己的投资标的足够了解，才能有自信来抵御这些噪声，才能真正长期地持有下去。

在盈利的时候，自信看起来毫无必要，毕竟只要在赚钱，很少有人会被噪声影响到。但就像上面所说的，亏损总会来临，是否能坚定持有，取决于对投资标的的了解及由此带来的自信。

2. 回本不是目的

在《怪诞行为学》一书里，艾瑞里对"价格比较"做了一个实验。假设作者现在推出一本名为《每日财经》的杂志，有这么几个订阅选项：

第一个，每月 9.9 元，只有电子版；第二个，每月 39 元，你可以得到纸质版；第三个，每月 39 元，你可以得到电子版和纸质版。

你会选哪个？

没错，无论选 9.9 元的人有多少，选择 39 元得到电子版和纸质版的人肯定会多于只要纸质版的人。

事实上，只要有第三个选项，就不会选择第二个。你看，其实第二个选项并不是一个真的选项，而是一个让你觉得第三个选项很划算的诱饵。作者拿着这三个选项去麻省理工商学院找学生们来参与实验，实验结果是：选择9.9元的只有16人，而选择39元（电子版+纸质版）的有84人。但是，当作者去掉中间选项，只剩9.9元电子版和39元电子版+纸质版这两个选项的时候，同一批人的实验结果完全不同：有68人选择了9.9元的，32人选择了39元（电子版+纸质版）。

拿掉中间那个选项，对获得的产品本身是没有影响的，但是，因为诱饵没了，选择就单纯地变成了39元比9.9元贵。

其实这样的例子有很多，比如去买电脑显示器，17英寸的杂牌卖300元，21英寸的中端货卖600元，24英寸的三星显示器卖1 200元。

猜猜看，商场最想卖掉的显示器是哪个？

就是中间那个600元的。因为多数人在比较以后会选择不是最差的（代表质量不行）和最贵的（太过奢侈），中等价位符合大多数人的心理预期。

这就是"价格相对论"，或者"比较相对论"。

很多人都被价格"绑架"了，而这个价格就是买入的成本，这也就有了资本市场很奇特的一幕：在亏损的时候，很多人能硬扛很久，甚至阴跌一两年都可以忍受；然而，一旦回本，就会很迅速地卖出，然后看着股价扶摇直上，再也没有回到自己的成本价。这就应了那句很有名的话——买了就跌，卖了就涨。

这种可以忍受亏损却只能等到回本的行为就是由成本锚定造成的，因为亏损在心理上造成了很大的压力，一旦回到自己买入的价格，就会迫不及待地卖出，以防再次经历这种痛苦。

这里涉及两个"价格"：一个是股票的真实价格；另一个是股票的成交价格。股票的真实价格（价值）是根据上市公司的净资产和未来的盈利能力计算出的，不会每天随着投资者的情绪发生波动。但是，成交价格在短期内与价值几乎毫无关系，而是情绪、消息等一系列人为因素共同作用的产物。短期价格决定不了企业本身的价值，还是以贵州茅台为例，股价的高低并不会影响茅台公司的销售；相反，茅台公司的资产和盈利能力却会影响它本身的价值，从长期来看，最终会传导到成交价格上。

所以，如果以股票的真实价格为锚，也理解成交价格是由短期因素造成的，就不会为自己的成本所困，反而可以利用情绪获得超过价值本身的收益；如果以自己的买入价格为锚，那自然很容易出现"卖飞"或者"被套"现象。

这部分内容看起来是在讨论买基金能挣多少钱，实际上是在说为了挣到这份钱需要什么样的心态。前面讲到，资本市场十分"公平"，无关性别、学历、身份，都是一样赚钱、一样亏损的，从不区别对待。所以，进入资本市场，首要的就是重新学习、重新磨炼，知识的学习是相对容易的，而心态的磨炼是艰难的，却又是最重要的。

就像很多人生格言必须亲历了才能懂一样，这些关于心态的道理也往往在经历以后才能明白，很少有人能提前"顿悟"，毕竟绝大多数道理都是靠犯错才真正学到的。但是我们仍然花了一定的篇幅来说它，就让我们把这部分内容当成自己"投资心态"训练的开始吧。

2.2.3 长期投资，长期赚钱

尽管上证指数常年突破不了3 000点，但事实上A股不乏长期赚钱的标的。

贵州茅台2005年1月4日的后复权开盘价格为59.19元/股，2021年12月31日的后复权收盘价格为13 584元/股，17年间的年化收益率为74.99%。万科A 2005年1月4日的后复权开盘价格为115.19元/股，2021年12月31日的后复权收盘价格为2 399元/股，17年间的年化收益率为57.60%。

在基金方面，在任职时间超过15年的基金经理中，有三位取得了15%以上的年化收益率，其中富国天惠上市至今的后复权年化收益率高达30.26%。

因此，如果你选择了优质的投资标的，那么在基金投资中取得每年超过10%的收益是比较容易的。

然而，还有一种现象令人费解，那就是基金赚钱，而基金持有人不赚钱。

中国证券投资基金业协会发布的《全国公募基金市场投资者状况调查报告（2020年度）》显示，12%的投资者基金持有期少于6个月，32.1%的投资者基金持有时间在6个月到1年，只有21%的投资者持有单只基金会超过3年，其中5年以上的只占9.5%。

我做过另外一项计算：以沪深300全收益指数为锚，分别计算持有一年、两年、三年、五年和七年的收益率，结果如图2-1所示。

可以看到，持有一年的收益率波动极大，前后两年的收益率波动率可以达到200%以上（2007年的收益率为162.25%，2008年的收益率为-64.69%）。即使告别了暴涨暴跌的2000—2010年，在2010年以后也曾出现从2014年的收益率

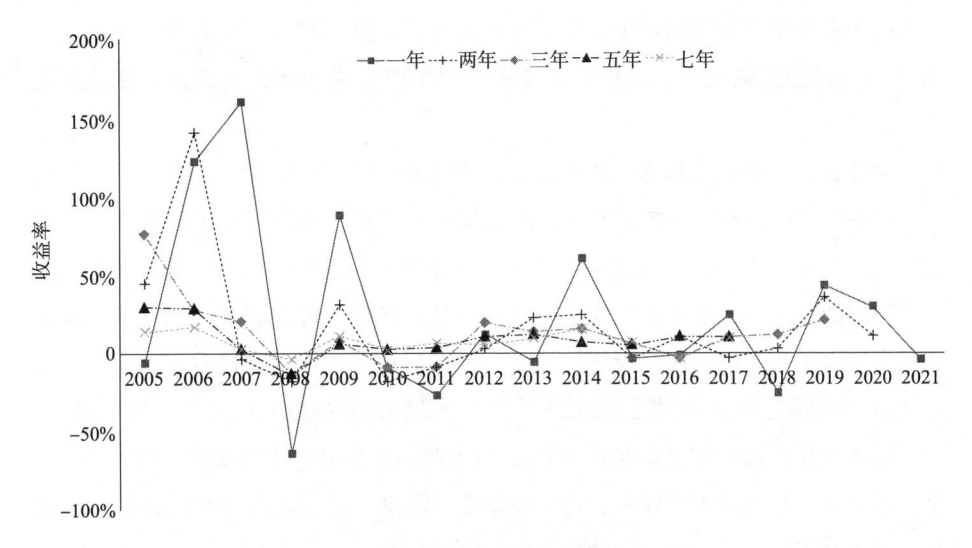

图 2-1 指数基金持有时间和收益率对比

61.17%变成2015年的收益率-3.17%的情况。相反，随着持有时间的增长，这种收益率波动逐渐变得平滑，持有五年时高低差距变为10%以内，而且只有在2007年最高点处买入才会产生负收益。

不同持有期的平均年化收益率与收益率波动率如表2-3所示，跟在图2-1中观察到的现象一致，虽然平均年化收益率降低，但是收益率波动率也显著降低。

表2-3 持有时间与平均年化收益率、收益率波动率的关系

持有时间	一年	两年	三年	五年	七年
平均年化收益率	23.50%	17.21%	12.92%	9.06%	7.70%
收益率波动率	57.70%	38.35%	21.60%	11.09%	6.24%

如果你认为A股的成立时间太短，以上现象不具有普遍性，那么我们可以看看美股。约翰·博格在《共同基金常识》一书中回测了1802—2008年美股的波动情况，他发现，1年期的回报率标准差是18.1%，5年期的回报率标准差为7.5%，10年期的回报率标准差降到了4.4%，当时间拉长到50年时，回报率标准差缩小到1%。换句话说，当投资时间足够久时，获得市场平均收益率几乎是一件确定的事情。

约翰·博格认为，股票市场的长期回报率取决于三个变量，即初始投资时的股息率、随后的盈利增长率，以及投资期内的市盈率变化。而当投资时间足够久时，具有较强投机性质的市盈率变化会被时间抚平，那么股票市场的长期回报率

就取决于股息率和盈利增长率。利用这个原理，约翰·博格多次公开"预测"了未来10年的股票收益率，并相对准确地指明了回报率的增长方向（是更高还是更低）。

为什么股息率和盈利增长率会决定股票市场的长期回报率？

我的理解是，在剔除投机行为产生的股价变动后，整个股票市场代表了"国家"这一无比巨大而又无比复杂的公司，而股息率和盈利增长率恰好代表了这家大公司的两种能力，股息率代表了公司能为股东创造"现金收益"的能力，盈利增长率代表了公司创造内在价值的能力。换句话说，二者之和代表了这家公司真正"赚到的钱"，也就代表了这家公司内在价值的增长速度。

至于为什么这个速度长期接近7%，答案将在指数基金那里揭示。简单来说就是，基于现代社会的生产效率，在没有像摩尔定律一样的新兴技术突破下，7%就是实现所有资源优质配置以后的最高效经济增长率。

第二部分

基金怎么选

    本书的第二部分主要讨论基金该怎么选。

    贯穿第二部分内容的第一个主题是均值回归，即无论是主动基金还是被动基金（指数基金），最终收益率都会趋向于市场的平均水平。所以，虽然我们花费了一整章的篇幅来分析如何选择主动基金，但是仍建议大家选择被动基金，原因就是被动基金的持有成本要远低于主动基金的持有成本，而从长远来看，二者的收益率不会有本质的差别。

    当然，总会有优秀的主动基金收益超过平均水平，但是正如你将在第 5 章中看到的一样，选出这样的基金，除了认真分析，还有大量的运气成分，而稳健的投资收益不该来源于运气，甚至应该尽可能地剔除运气成分，获得"确定的收益"，而不是"幸运的收益"。

贯穿第二部分内容的第二个主题是"剔除"。

无论是指数基金还是主动基金的选择，你将看到我采用各种指标来进行淘汰。请注意，这些指标都是用于剔除的，而不是用于选择的，这意味着不是满足这些条件就一定可以的，但是不满足这些条件就不会是目标基金。

当然，这些条件及具体的数值设置受限于我的经验和数据的可用性，所以，肯定不是最好的筛选方式（事实上，我不认为存在最好的筛选方式），所以，这里想教给大家的是层层剔除的逻辑，而不是让大家直接用这种方式"抄作业"。

第 3 章　基金的重要指标

在开始选择基金之前,先介绍一些基金投资必备的基础知识。

在第 2 章里,对基金的分类和一些基本概念进行了讲解,把基金作为一个整体进行了概括性的讲述,没有涉及具体的内容。从这一章开始,我们将讲述基金的细节。

在木大的眼里,拿到一只基金后,需要分三步走:一看基金的基本信息;二看基金的深度信息;三看基金经理的相关信息。下面我们一起来走好这三步。

3.1　10 分钟了解你的基金

打开任何一个常用的基金 App 或者网站,基金的基本信息都能查看得到。但事实上,很多基金的持有人从买入到卖出都没有完整地了解过基金的基本信息,只关注盈利或者亏损是多少,也不在意为什么盈利或者亏损。

基金是一个投资组合管理产品,尽管买卖方式特殊,但本质上它还是一个产品。既然是一个产品,就像购买一辆汽车或者一台洗衣机一样,需要先把产品的参数了解清楚。

首先需要了解的是基金的代码和基金的名称。

基金的代码是基金的唯一识别码。基金的简称可能出现重复,但是基金的代码是在监管机构经过备案的一串唯一的数字,所以不会出现混淆的情况。即使是同一只基金的不同形式,代码也是不同的。

举个例子,招商中证白酒指数(LOF)分为 A 和 C 两类,A 类基金收取认购、申购和赎回费但不计提销售服务费,C 类基金持有 30 天以上不收取认购和申购费,招商中证白酒指数(LOF)A 的代码是 161725,招商中证白酒指数(LOF)C 的代码是 012414,从持仓和管理的角度来说是同一只基金,但是从申购的角度来说是完全不同的两只基金。

在更复杂的情况下,代码的作用就更明显了。某些基金同时存在场内 ETF 和场外 ETF 联接 A、联接 C,比如鹏华中证中药 ETF(159647),它是一只场内基金,需要在证券公司开户后才能购买,而在基金平台上可以购买该基金的场外联接——鹏华中证中药 ETF 联接 A（016891）和联接 C（016892）。

基金的代码固然重要，但是绝大多数人识别基金的方式是通过基金的名称，因为这里面往往包含着四项重要信息：基金属于哪家公司；基金投资什么领域或采取什么策略；基金是主动型还是被动型；基金怎么收费。

比如上面所说的招商中证白酒指数（LOF）A，从基金的名称中可以看出，这只基金来自招商基金管理有限公司，投资的是中证白酒指数，这是一只 LOF 基金（开放式证券投资基金，即可在场内和场外交易），采取 A 类的前端收费方式。

指数基金和指数增强型基金的名称一般比较直白，可以很轻易地看出关键信息。但有的基金从名称中除了能看出基金公司，看不出其他有用信息，比如易方达科翔、兴全合润、广发多因子等，需要去基金合同中再寻找相关信息。

事实上，随着基金的快速发展，基金公司在给基金命名时可谓费尽心机，在基金的名称中努力展示着自己的"独特"，但在进行基金管理时却又不能很好地体现这一特点。

这种情况在 2021 年非常明显。由于 2021 年上半年新能源相关股票较为火爆，涨幅较大，2021 年二季度就出现了明显的"抱团"情况。根据各公募基金二季报，在仅仅 6 个月内，重仓新能源龙头宁德时代的基金就从 2020 年底的 882 只增长至 1 129 只，而这些基金中名称里直接含有"能源""低碳"等字样的主题基金只有 40 只，而名称里带有"文体产业""互联网+""教育""物流"等与能源毫不相干的字眼的基金却有 102 只，甚至出现了债券型指数增强基金重仓宁德时代的情况。

尽管 2021 年证监会和托管银行都对所谓的主题基金风格漂移情况表示关注，部分托管银行也要求基金公司自查相关基金是否符合产品风格特征的描述及相关基金风格库是否吻合基金合同，监管机构也提出过禁止"炒噱头""蹭热点"等具体要求，但是从 2022 年证监会发布的《机构监管情况通报》来看，基金的名称与持仓"风马牛不相及"的情况依然十分严重。

基金风格漂移、基金名称模糊、实际持仓与合同约定风格不符等问题其实都是老生常谈的问题，而这些问题的根源是基金公司对基金经理的考核机制出现了问题。当基金公司在考核制度的设计上更重视基金经理一年、一个月甚至每周的业绩排名时，事实上就是在鼓励基金经理为了短期业绩而追逐市场热点，持仓与约定投资标的不符合也就不足为奇了。

因此，基金的名称只能用于参考，甚至基金合同中的"投资范围"也只能用于参考，投资范围本身就是很难界定的，而且很多时候基金公司在编制基金合同时刻意将投资范围进行模糊处理，为未来有更宽泛的投资选择提供依据。由于短期业绩更有利于基金营销，基金公司注重短期考核符合自身利益，所以，对于基金风格和投资范围，需要深度分析基金经理的仓位调整，而不应仅凭名称来进行筛选。

其次需要了解的是基金的净值和基金规模。

为了方便计算收益，也为了方便管理，基金将自己的资产换算成了净值的方式，净值代表着每份基金单位的净资产价值。

假设一只基金募集到 5 亿元，将其分成 5 亿份，那么基金的净值就是 1 元，而基金成立后的申购则根据最新的净值来计算份额。

净值有两种计算方式：一种是单位净值，另一种是累计净值，一般说的净值都指的是单位净值。

单位净值就是每份（每个单位）基金的价格。对于场内基金来说，其净值是随着当天的股价变化而随时变化的，直到当天交易结束后净值才停止变化；对于场外基金来说，其净值根据每个交易日结束后当天的股票收盘价来计算，每个交易日只会变化一次。

累计净值则是在单位净值的基础上加上基金过去每个单位的分红。由于在基金净资产中已经扣除了分红，而实际上这部分也是基金持有人的收益，所以，在计算基金累计收益时需要将分红也计算进去。虽然大家日常在相关软件上看到的都是单位净值，但事实上，在基金的定期报告中都是用累计净值增长率来跟基准收益率进行比较的。

关于基金净值有一个普遍的误解，认为高净值的基金比低净值的基金贵，所以，不值得购买。

同样花 1 000 元，A 基金的净值为 1 元，就能买到 1 000 份，B 基金的净值为 2 元，只能买到 500 份，看起来购买 A 基金更为划算。

事实上，二者没有任何区别。

回到刚才，净值 = 基金净资产 ÷ 份额，所以，在份额不变的情况下，基金净资产的增长才会带来净值的上涨，如果基金净资产增长 10%，那么基金的净值就增长 10%。

对 A 基金来说，净资产是 1 000 元，涨了 10%，就变成了 1 100 元，但份额没变，我们有 1 000 份，所以，净值变成了 1 100 ÷ 1 000 = 1.1（元），涨幅为 10%。

对 B 基金来说，净资产还是 1 000 元，涨了 10%，就变成了 1 100 元，份额依然没变，我们有 500 份，所以，净值变成了 1 100÷500＝2.2（元），涨幅为 10%。

所以，净值的涨跌跟份额没关系，净值高该涨还能涨，一点也不吃亏；净值低该跌还是跌，一点儿也占不到便宜。

当然，在一些情况下，基金会通过分红或者拆分的方式来降低自己的净值。

分红，就是从净资产里直接拿出一定比例送给持有人。

有 100 万元的净资产，分成 100 万份，拿出 10%也就是 10 万元分给大家，每份就可以分 0.1 元。而且目前法律规定基金无论是现金分红还是红利再投资（将分红后的钱拿来购入同一只基金）都不需要缴纳个人所得税，很多基金公司对于红利再投资还会免除申购费。

拆分是另一种降低基金净值的方法。

分红是从净资产里拿出一点儿分给大家；而拆分是多给大家一点儿份额，但是每份的价值降低了。

有 100 万元的净资产，分成 100 万份，后来净资产涨到 200 万元，净值变成了 2 元，拆分开来，变成 200 万份，那么净值就又回到了 1 元。

所以，无论是分红还是拆分，持有人都不会遭受损失。

基金规模指的是基金管理的资产总量，也就是该基金目前管理了多少钱。在选择基金时，需要注意基金的规模大小，规模过小或过大的基金都要谨慎选择。

根据监管规定，开放式基金连续 20 个工作日（部分基金合同中为"连续 60 个工作日"）资产总额低于 5 000 万元或份额持有人少于 200 人时达到清盘条件，场内基金净值跌至 0.3 元以下将触发清盘条件。因此，场外基金的规模如果比较小就会有一定的清盘风险。当市场快速下行时，基金资产本身就会因为股价下跌而出现缩水，此时也会出现持有人恐慌性赎回的情况，小规模基金的基金经理就不得不卖出部分股票来应对突如其来的赎回。一般来说，不建议购买规模小于 2 亿元的基金（开放式基金成立的最低限额）。

对于主动型基金来说，规模过大也不是好事。

由于基金的"双十"限制和 5%的"举牌"限制，基金规模越大受到的限制越多。如果一只基金的规模超过 500 亿元，则意味着市场上可供选择的股票会大幅减少。以基金资产的 2%(10 亿元) 为例，A 股中适合这只基金投资的标的只剩下不到 600 只［流通市值高于 10 亿元÷5%＝200（亿元）］，而且基金经理需要通过大量的调查和研究工作来为这 500 亿元资金找到"归宿"。我不建议购买规模超过200亿元的主动型基金。

规模限制存在于主动型基金中,但是不存在于指数基金中,因为指数基金的选股范围已经确定,基金经理要做的只是将资金分配在不同的标的上,确保比例与指数本身不要相差过大,所以,规模对指数基金的影响不大。

对于绝大多数投资者来说,上面的参数只是作为了解,而最重要的筛选标准还是基金收益。

基金收益分为绝对收益和相对收益。

绝对收益指的是基金在一定时间内所取得的回报,表达的是基金的增值或者贬值,一般由资产回报和收入回报两部分组成,资产回报是股票、债券等资产的增值或贬值,收入回报是上述资产的分红和利息等收入。

在计算绝对收益时,一般用选择时间段最新的资产净值减去该时间段开始的资产净值,加上这段时间内的分红和利息收入,再除以最开始的资产净值,就得到了绝对收益率。而如果对收益率采用几何平均数的算法,就得到了该基金每年的复合收益率;采用算术平均数的算法则得到算术平均收益率。

简单来说就是,假设一只基金过去两年的绝对收益率是40%,那么它的算术平均年化收益率就是 40% ÷ 2 = 20%,而复合年化收益率就是 $(1+40\%)^{\frac{1}{2}}-1 \times 100\% \approx 18.3\%$,后者考虑了复利的因素。

绝对收益是跟基金自身相比的,相对收益(或超额收益)则是跟业绩比较基准相比的,比如跟沪深300或者上证180相比,至于具体的比较基准,每只基金有所不同。

相对收益在某种程度上是更为科学的业绩评价方式,因为不同时期的市场平均收益率不同,优秀的基金经理也无法在市场行情整体下跌的情况下依然取得牛市时的收益率,但是优秀的基金经理可以在市场下行时通过仓位的调整来减少损失,取得相对更高的收益率。当考察时间足够长时,长期取得较高的超额收益率比短期取得较高的绝对收益率更重要。

不过,这里要小心"收益率陷阱"。

收益率陷阱也分两种:绝对收益率陷阱和相对收益率陷阱。

前者是指在短期内通过追涨杀跌来获取较高的绝对收益,然后以此为由销售基金,实际上是在拿持有人的资金赌,风险几乎完全由持有人承担。所以,要警惕短期业绩爆发的"无名基金"。

后者是指相对收益来源于市场而非基金经理本身的投资水平。部分基金经理的职业生涯恰好开始于熊市底端，因此，他们有充足的时间和机会低位建仓，当后期市场回暖、整体普涨时受益，其本身的投资水平并不惊艳，只是赶上了好时候。

事实上，基金收益本身不重要，真正重要的筛选标准是基金经理任职收益率。

作为基金的管理人，基金的绝对收益和相对收益几乎完全取决于基金经理，所以，脱离了基金经理的基金业绩比较是完全没有意义的。在比较收益率时，需要跟基金经理联系在一起，考察基金经理在职期间的收益率。

市场上有一部分基金的基金经理更换非常频繁，有的基金成立不到五年，基金经理更换次数甚至超过五次，几乎每年都在更换基金经理，这种"走马观花"式的基金经理更换让收益率比较失去了意义。木大的建议是，直接忽略这类基金经理更换频繁的基金，甚至应该忽略旗下同一只基金经常更换基金经理的公司。

在考察基金经理时，有四个要点需要考察：职业生涯收益率、任职最长时间的基金收益率、在当前基金公司的收益率及在当前基金任职期间的收益率。这四项收益率数据都可以在主流的基金网站上找到。

职业生涯收益率：忽略了基金经理更换基金公司的情况，将他/她管理过的基金任期内的所有业绩进行平均计算，就获得了他/她的职业生涯收益率。职业生涯较久（如10年以上）且收益率依然保持在15%以上的是较为优秀的。

任职最长时间的基金收益率：相比职业生涯收益率，这个收益率更具有代表性，它可以被认为是该基金经理的"成名作"和"代表作"，而且不与其管理的其他基金进行平均，在绝大多数情况下是该代表基金经理的最高水平。

在当前基金公司的收益率：主要针对更换过基金公司的基金经理。前面说过，不同基金公司的不同考核方式和管理方式会对基金经理的业绩产生较大影响，更换基金公司后是否能适应新公司的管理模式和投资理念，看看该基金经理到新公司以后的收益率就知道了。

在当前基金任职期间的收益率：主要用于跟前面三者进行对比，如果管理超过三年依然跟职业生涯收益率、任职最长时间的基金收益率差距较大，则需要仔细分析原因，是偶然因素还是上面所说的"收益陷阱"。

除此以外，还可以对基金经理的职业生涯、学历信息等进行了解，也可以通过搜索引擎对该基金经理的经历进行了解，互联网对部分基金经理的"割韭菜"行为有着永远的记录。

最后，木大还有一个简单的排除条件：除了指数基金的基金经理，如果一位主动型基金的基金经理在管的基金超过5只（同一只基金的A、C或LOF算作一只基金），则不予考虑。

主动型基金的管理是强度非常高的工作，基金经理需要仔细地跟踪上市公司、分析财务报表、实地调研、阅读分析报告等。木大不认为一位"尽职"的基金经理有精力管理超过5只主动型基金，所以，对于"分身有术"的基金经理应避而远之。

以上就是拿到一只基金后应该在10分钟之内了解清楚的信息。基金代码、基金名称、基金规模、基金收益、基金经理等相关情况基本上可以通过主流的基金网站和搜索引擎获取。显然，它们不足以成为我们愿意花钱申购一只基金的理由，但是，如果这10分钟获取的信息已经足够让你对一只基金产生戒备心理，那么你大概率不应该投资这只基金。

3.2　60分钟弄懂你的基金

上面提到的关注点可以快速地帮助你判断一只基金是不是值得深入研究，显然，它不能代表一只基金有没有投资价值，只是一种可以快速"排除"基金的方法，因为不可能花时间仔细研究每只基金，所以，这种方法更为高效，缺点就是可能因为筛选方法太过粗糙而错过好基金。

没关系，很快你会发现，由于基金本身是一个透明度较差的投资产品，所以，基本没有"正确答案"。也就是说，无论采取什么方法，我们都无法精准地预测一只基金未来的走势，即使是信息透明度远高于基金的上市公司，也没有人能完美地预测它的走势。不过，就像分析上市公司的内在价值一样，其目的不是精准地预测股票价格，而是通过定量分析来得到一个近乎定性的答案——目前的股价是"很贵"还是"很便宜"，那么分析基金的目的就是回答一个问题：这只基金值不值得申购。

木大给出的方法是更适合普通投资者的方法，其中所需要的参数和信息都可以通过主流的基金网站和搜索引擎查询得到，而且这些信息也足以回答上面的问题。因为基金本身就是非公开运作的，花费过多的时间和精力去分析一只"黑匣子"如何运作是在庸人自扰，公开信息足矣。

注意，这里筛选出的基金经理都是长期在同一只基金任职的基金经理，原则上在同一只基金任职小于5年的基金经理木大是不予考虑的，因为没有在任职期间经历过完整的牛熊市（2014—2018年，2019—2022年），无法考察该基金经理在市场萧条和过于火爆的情况下会采取什么策略。除了极个别更换过基金公司的老牌基金经理,木大只考虑在目前基金任职超过 5 年的基金经理。在后面的分析中大家会发现,深度的基金分析是在多个年份的多个维度对同一个参数(比如投资风格)进行反复验证,其核心是理解基金经理的投资理念,并确定基金经理的基金管理行为与其所表述的理念是否达到"知行合一",对于任职时间过短的基金经理,这一点无从谈起。

3.2.1 投资风格

对于基金经理的投资风格,可从四个维度加以判断:基金招募说明书或定期报告、基金的持仓变化、基金的换手率、网络上对基金经理的评价。

第一种判断基金经理投资风格的方法是查看基金招募说明书或定期报告。在基金招募说明书中,会在"基金投资"部分明确投资目标、投资范围、投资理念和投资策略,在定期报告中也会对基金的投资策略进行简述。另外,在每个季度的报告中,基金经理还会在"报告期内基金的投资策略和运作分析"部分对近期市场变化和基金做出点评,这些都是基金公司和基金经理跟投资者少有的正式交流方式。通过阅读招募说明书和过去 3~5 年的报告期内分析,可以形成对基金经理投资风格的初步印象。

比如前面提到的公募基金目前在职时间最长的基金经理,在富国天惠精选成长混合型投资基金的招募说明书中对"投资范围"是这样描述的:

"本基金的投资范围为具有良好流动性的金融工具,包括国内依法公开发行上市的股票、存托凭证、债券及中国证监会允许基金投资的其他金融工具,其中债券部分包括国债、金融债、企业(公司)债(包括可转债)及中国证监会允许基金投资的其他债券。基金股票及存托凭证部分主要投资于具有良好成长性且合理定价的上市公司股票及存托凭证。该类股票及存托凭证应具体满足以下特征:

(1)预期当年净利润增长率(预期当年主营业务收入增长率)在全部上市公司中由高到低排名,位于前三分之一部分的股票及存托凭证;

(2)基于"富国成长性股票价值评估体系",在全部上市公司中成长性和投资价值排名前 10%的股票。"

可以看到,该基金经理的投资筛选条件有两个:一是预期净利润增长率排名前三分之一;二是在基金公司评估体系中排名前 10%。

在招募说明书的"投资策略"部分对价值评估体系给出了更详细的介绍,具体考察的范围包括预期净利润增长率、动态市盈率、行业周期、市场容量、生产销售优势、技术因素、制度因素、并购因素、财务状况、股价表现等。木大看到的重点是，这个模型更关注净利润的增长（排名第一），而净利润的增长是一家企业业绩长期增长的内生动力。换句话说，这是一只关注公司长期成长性的基金，至少从表面上看如此。

接着阅读最近 3～5 年的基金年度报告，在这里重点关注的是"报告期内基金投资策略和运作分析"和"管理人对宏观经济、证券市场及行业趋势的简要展望"，前者关注的是基金经理对基金本期表现的分析，后者关注的是基金经理对基金第二年表现的预判，可以与第二年实际发生的情况进行对比。

下面列举富国天惠成长混合在 2019—2021 年的年度报告中给出的投资策略和运作分析。

2019 年年报（基金年内实现净值增长 62.16%）：

报告期内基金投资策略和运作分析：2019 年，沪深 300 指数上涨 36.07%，创业板指数上涨 43.79%。2019 年宏观经济仍处于探底阶段，实体的经营压力较大。中美贸易争端也给经济带来巨大的扰动。作为对冲的政策应对措施，货币政策宽松，去杠杆具体措施得以优化。减税降费的政策从长远来看会对缓解实体经营压力产生积极影响。市场总体风险偏好显著回升。本基金全年维持了较高的仓位，保持一贯的均衡的成长策略，更多自下而上关注企业成长的空间和增长的质量，没有太多在风格和行业上做过多的偏离配置，获得比较良好的投资收益。

管理人对宏观经济、证券市场及行业趋势的简要展望：展望 2020 年，我们认为短期内依然不能预期实体经济的迅速回暖。但积极的因素将逐步体现。中美贸易谈判达成第一阶段协议缓解市场一个大的不确定因素。货币将保持宽松，财政政策积极，减税政策的效果将逐步体现。实体企业对新常态的经营环境的适应也会是个逐步的过程。经过 2019 年的上涨，市场整体的估值有所抬升，使得对好投资标的的选择变得更具挑战性。这对专业机构扩大筛选范围，去翻更多的石头提出高要求。我们并不具备精确预测市场短期走势的可靠能力，理性的长期投资者应该做的是以合理的价格耐心收集具有远大前景的优秀上市公司的股票，等待公司自身创造价值的实现和市场情绪在未来某个时点的回归。个股选择层面，本基金偏好投资于具有良好"企业基因"，公司治理结构完善、管理层优秀的企业。分享企业自身增长带来的资本市场收益是成长型基金取得收益的最好途径。

点评：在这里我们看到，该基金经理认为 2019 年整体市场回暖得益于货币政策的宽松和风险偏好的抬升；在 2019 年年报对 2020 年的展望中，他认为市场估值已经抬升较多，并且强调了长期投资的原则，即以合理的价格收集优秀公司的股票，静等自身价值的实现和情绪的回归。

2020 年年报（基金年内实现净值增长 58.64%）：

报告期内基金投资策略和运作分析：2020 年，沪深 300 指数上涨 27.21%，创业板指数上涨 64.96%。今年开年，客观环境对全球经济造成了重大的冲击。客观环境中负面因素的冲击导致年后市场大幅下跌。随后政府的一系列应对措施持续出台，全年保持宽松货币政策的积极的财政政策，投资者信心迅速恢复，市场走出一大波上涨行情。从长期来看，客观环境的影响终将过去。从短期的影响来看，客观环境对企业盈利的影响已经陆续反映在公司报表中。经过各种复杂经营环境的挑战，我们欣喜地发现一批龙头企业的全球竞争力反而得到大幅的提升。投资者需要用更长远的现金流贴现视角来评估优秀企业才能过滤掉太多的短期波动干扰。本基金全年保持了较高的仓位，组合偏向经营稳健、质地优良的股票上，行业、风格配置均衡。

管理人对宏观经济、证券市场及行业趋势的简要展望：展望 2021 年，未来较长一段时间内，全球经济将持续受客观环境影响。国内因为处置得力，实体经济会率先有一波较强的恢复。但全年的可预见性依然不是很强，宏观层面可能应对比精确预测更为可靠。经过 2020 年的上涨，市场整体的估值有显著抬升，使得对好投资标的的选择变得更具挑战性。这对专业机构扩大筛选范围，去翻更多的石头提出高要求。除了甄选优质的公司之外，估值考量变得更加重要。优质公司并不简单等同于耳熟能详的明星公司。我们并不具备精确预测市场短期走势的可靠能力，理性的长期投资者应该做的是以合理的价格耐心收集前景远大的优秀公司的股票，等待公司自身创造价值的实现和市场情绪在未来某个时点的回归。个股选择层面，本基金偏好投资于具有良好"企业基因"，公司治理结构完善、管理层优秀的企业。分享企业自身增长带来的资本市场收益是成长型基金取得收益的最好途径。

点评：在分析中提到了现金流贴现模型，注重企业长期的利润增长；在 2020 年年报对 2021 年的展望中提出了两个重要的点，即有名的公司不一定优质和估值变得更加重要。

2021 年年报（基金年内实现净值增长 0.62%）：

报告期内基金投资策略和运作分析：2021 年，沪深 300 指数下跌 5.2%，创业板指数上涨 12.02%。市场风格极度分化。在客观环境的持续影响下，行业运行的规律有较大的扭曲，企业经营也面临更大的不确定性。从结果来看，高景气的新能源行业保持强劲增长，同时也吸引了市场最主要的增量资金，超额收益非常显著。传统板块中，各细分行业的龙头的经营抗风险能力也得到证明，但估值相反而是有所收缩的。从长期来看，客观环境的影响终将过去。经过各种复杂经营环境的挑战，一批龙头企业的全球竞争力反而得到大幅的提升。投资者需要用更长远的现金流贴现视角来评估优秀企业才能过滤掉太多的短期波动干扰。本基金全年保持了较高的仓位，组合偏向经营稳健、质地优良的股票上，行业、风格配置均衡。

管理人对宏观经济、证券市场及行业趋势的简要展望：展望 2022 年，我们需要认真思考后新冠时期的投资应对。未来较长一段时间内，全球经济将持续受客观环境影响。同时国内实体增长减速的压力显现，宏观经营环境复杂。经过 2021 年的分化行情，除高景气的新能源板块，市场整体的估值有所回落。部分经历过多一年考验的核心资产公司估值已经相对合理。过去一年中小盘资产整体估值提升幅度也不大，翻石头选股的环境依然友好。除了甄选优质的公司之外，估值考量变得更加重要。优质公司并不简单等同于耳熟能详的明星公司。我们并不具备精确预测市场短期走势的可靠能力，理性的长期投资者应该做的是以合理的价格耐心收集前景远大的优秀公司的股票，等待公司自身创造价值的实现和市场情绪在未来某个时点的回归。个股选择层面，本基金偏好投资于具有良好"企业基因"，公司治理结构完善、管理层优秀的企业。分享企业自身增长带来的资本市场收益是成长型基金取得收益的最好途径。

点评：在分析中提及了 2021 年的高景气赛道，并认为优质公司的估值已经相对回落，整体估值比 2020 年合理很多。

如果把三年的报告连起来看，就会发现该基金经理在 2019 年和 2020 年两次提及市场估值过高的问题，在对 2021 年的展望中格外强调了估值的问题和有名的公司不等于优质公司，而在 2021 年一、二季度发生的两件事分别是市场估值下杀和多只有名的白马股出现业绩爆雷后股价迅速下跌。

另外，在三年的报告中，该基金经理多次强调了企业自身创造价值的能力、前景远大的公司、合理的价格及市场情绪回归的重要性。从这些表述来看，他秉持的是长期持有优质公司的价值投资风格。

以上是根据基金的招募说明书和定期报告对基金经理的投资风格所做的判断，在某种程度上是根据基金经理和基金公司的"一面之词"来进行判断的，至于是否言行一致，还需要进一步分析。

有人觉得，基金经理这种例行公事般的分析和展望没有什么意义，有的基金经理甚至采用复制粘贴的方式，每年的内容就是在上一年内容的基础上改几个字而已，既没有诚意，也基本没有任何有用信息。木大却认为，基金招募说明书和定期报告是基金经理跟持有人可以沟通的极少数正式渠道，如果选择的基金经理每年都采用"复制粘贴"这种消极和不负责任的态度来处理跟自己的持有人少有的沟通机会，那么他/她会有多大概率真正对我们的投资负责呢？

第二种判断基金经理投资风格的方法是穿透基金经理的持仓。

在主流的基金网站和搜索引擎上，可以轻松查到基金目前持仓前十的股票，在基金每个季度的报告里都会披露截至季度末尾的持仓前十的股票，而在基金的半年和年度报告中可以选择公开全部持仓或公开部分持仓。因此，对持有人来说，一方面，可以通过四次季报来追踪基金前十大持仓股票的变动情况，另一方面，可以根据两次年度报告来跟踪基金整体的股票持有变动情况。

不过，通过持仓风格和持仓时间来判断基金经理的投资风格对普通投资者来说要求比较高。既能看懂基金经理买卖股票的目的，也能看透在不同的时间节点买卖股票的理由，对绝大多数投资者来说很难做到。

别慌，木大有一种更为简单的量化的办法，即计算基金经理对股票的平均持有时间，以及对比基金经理第一次买入某只股票时的价格与该股票后来的走势。

持有时间与投资风格的关系非常密切。对于有的基金经理来说，平均持股时间可能为2~3年；而对于有的基金经理来说，平均持股时间不会超过3个月，甚至每个季度的持仓都完全不同。这两类持仓风格没有优劣之分，木大长期跟踪的一只"多因子"基金就属于第二种持仓风格，在震荡市中一直保持较高的投资收益，因此，重点不是基金是否是"长期价值"或"短期获利"的风格，而是它的持仓变化与我们在招募说明书或定期报告中看到的是否一致。换言之，因为我们不具有考察基金经理持仓风格的能力，所以，可以退而求其次，考察基金经理是否"言行一致"。

第三种方法与第二种方法相辅相成，通过观察基金的换手率来判断其投资风格。换手率衡量的就是基金持有股票的平均时间，计算方法是基金在某个时间段内买入和卖出的总金额除以2（平均价格），然后除以该区间内股票资产的平均值。

偏向长期持有的价值类基金调仓相对较少，所以，换手率往往较低，如前面提到的富国天惠成长混合基金近两年的平均换手率都在110%左右，部分指数基金的换手率不足50%；相反，偏向短期持有的波段型基金调仓十分频繁，刚才提到的"多因子"基金平均换手率在400%以上。

关于基金经理投资风格判断的第四种方法更为随意和非正统，甚至多少带有一点儿"八卦"，那就是利用网络对基金经理进行"尽职调查"，搜罗有关他的一切信息，如专访、演讲、研究报告、第三方分析等，然后将各种信息组合起来，拼出一个相对丰满的人。

不可否认，这些信息在很多情况下充满了主观情绪和目的，有的研究报告背后有基金公司支持，极尽溢美之词；有的分析中带有严重的主观情绪，罔顾事实。这就需要投资者剥去目的性和主观性，从中找到与自己的分析相通的结论，或者找到自己曾经忽略的盲区。

完成以上四点，对所选基金经理的投资风格就会有一个相对全面的了解。不可否认，我们无法真正全面和准确地了解基金经理的投资风格，但是上面的研究已经足够帮助我们做出自己的判断。更为重要的是，这种了解有助于对基金的坚定持有，而不会因为市场的一点波动就惊慌失措地将基金赎回，因为我们知道他/她也不会轻易地卖出股票。

3.2.2 基金的收益和回撤

对于基金经理的投资风格不做强行要求，因为无论是长期的价值型基金还是短期的波段型基金，持有基金的目的都是赚钱。对于基金，除了跟它过去的收益及业绩基准的收益进行比较，还有一种比较收益的方式，那就是研究基金业绩在同类型基金中的排名情况。

不管基金是什么类型的，业绩排名就是将同类型的基金在同一时期的业绩进行排序。如果基金的业绩在常年的业绩比较中一直排名靠前，则说明该基金经理的投资策略是有效的；相反，如果基金的业绩常年排名靠后，甚至长期排在末位，则说明该基金经理的投资策略或多或少存在瑕疵。

在基金经理任职年限在5年以上的基金中，木大偏向五年四分位排名均在

"良好"-"优秀"的基金；基金经理任职年限在10年以上的基金中，术大偏向只有1~2次四分位排名在"良好"以下的基金。

基金的回撤也是需要格外注意的指标，强调基金经理需要有"穿越至少一次牛熊市的经历"就是需要看到该基金经理在市场整体下行趋势中能否力挽狂澜，通过仓位的调整来减少损失，具体的考察指标有直接的"区间最大回撤"及间接的夏普比率。

区间最大回撤指的是在某个时间段内基金从净值的最高点到最低点的回撤程度，可以理解为在任意时间买入该基金可能承受的最大损失。在2021年之前，区间最大回撤一般是在2015—2016年创下的。但是，随着2021—2022年市场大幅下行，很多老牌基金经理的最大回撤幅度已经被刷新，回撤幅度已经超过2015—2016年的熊市。

夏普比率是基金风险和收益比率的评价指标。我们都知道，无论是投资股票还是投资基金，目的都是在一定的风险下获取尽可能多的收益。但是大多数指标都很难把风险和收益直接联系起来，夏普比率就是一个把风险和收益联系起来的指标。

夏普比率的计算公式如下：

$$夏普比率 = \frac{E(R_p) - R_f}{\sigma_p}$$

其中，$E(R_p)$——预期年化回报率，R_f——年化无风险回报率，σ_p——投资组合年化收益率的标准差。

我们购买了一只基金，它的平均年化收益率是15%，假设其明年的收益率还是15%。

年化无风险回报率很好理解，就是把钱放在最稳妥的投资产品——国债里。目前10年期国债的收益率是2.4%，那么分子部分就是15% - 2.4% = 12.6%，叫作超额回报率，指的是在基本收益率上通过承担额外风险而获取的回报。

夏普比率的分母部分是年化收益率的标准差，即每年的年化收益率与平均收益率的差值，差值越大标准差越大，夏普比率越小。

这意味着夏普比率实际上衡量的是基金每多承受1%的风险可以换取多少收益。

假设有两只基金A和B，净值都从1.15元涨到1.35元（涨幅为17.4%），假设无风险收益率是2.4%，A基金的收益率标准差为12%，B基金的收益率标准差为23%，那么A基金的夏普比率为（17.4% − 2.4%）÷12% = 1.25，B基金的夏普比率为（17.4% − 2.4%）÷23% ≈ 0.65，A基金每多承受1%的风险可以换来1.25%的收益，而B基金每多承受1%的风险只能换来0.65%的收益，从风险收益的角度来讲，应该选择A基金。

区间最大回撤和夏普比率是在用不同的方式衡量基金所承受的风险，前者衡量的是基金"在最坏的情况下会下跌多少"，而后者衡量的是基金承受的风险是否值得。

3.2.3 基金的隐藏费用

在第2章中详细介绍了基金的买卖费用和持有费用，也了解了每种费用是怎么产生的，其中提到了一项费用叫作"基金交易费"。

基金交易费简单来说就是基金在股票交易操作中所支付的手续费，就像投资者在买卖股票时要缴纳佣金、印花税等费用一样，基金在买卖股票的时候也需要向证券公司缴纳相应的费用。

跟其他显性费用不同的是，管理费也好，托管费也罢，抑或是买卖基金时的手续费，这些费用都是固定的，而交易费用则不同，它按照基金实际发生的交易每年由证券公司进行计提，这意味着基金的交易费用是不固定的，但是每年都是由投资者在"不知情"的情况下支付的。

说不知情多少有失公允，毕竟在基金的半年和年度报告中都会公布当期应付的交易费用，所以，投资者是可以查到自己持有的基金在近6个月内究竟花费了多少交易费的。

巴菲特在1996年致股东的信中提到，股票型共同基金要承担公司费用，平均约为100个基点，这笔负担很可能减少投资者至少10%的收益。约翰·博格在《共同基金常识》中表示，除了100个基点的"基础费用"，另外至少还有50个基点的投资组合交易成本，其费用共达到200个基点或更多。根据木大的计算，主动型基金每年的交易费用跟基金规模的比例为0.5% ~ 2.5%，加上平均2%的基础费用，投资者可能每年需要支付2.5% ~ 4.5%的"基金持有费用"。

单独看基金交易费用意义不大，需要跟基金当期的规模或者收益进行对比。如100亿元规模的基金当期交易费用为8 000万元，那么交易费用占比就是0.8%；而如果基金在此期间的总利润为10亿元，那么交易费用占比就是8%。

在筛选基金时，根据同类型基金的交易费用占比情况可以很轻易地区分基金的投资风格,而且一般会与换手率对应,高换手率往往意味着高交易费用。而如果长期花费高额的交易费用却没能获得长期的高收益,那么频繁调仓可能就不是为了持有人的利益。

第4章　指数基金怎么选

指数基金又称为被动型基金，顾名思义，被动型基金就是被动复制某个已经编制好的指数规则，不需要基金经理进行选股的基金。比如沪深300指数基金就是基金经理根据沪深300指数（里面有不同比例的300只股票，指数由沪深交易所共同出资成立的中证指数有限公司编制）进行配置的，目标是尽量贴合沪深300里面各只股票的比例。由于沪深300里面各只股票的比例每天根据个股的涨跌情况发生变化，因此，指数基金经理的主要工作就是根据这些变化来调整持股比例。

除了根据大盘指数（比如上证50、沪深300、中证500、中证1000等）来调整的基金，还有跟踪各种行业指数的行业型基金，比如跟踪中证白酒指数的白酒指数基金、跟踪中证生物医药指数的医药指数基金等。

既然说到了指数基金，在这里就花一点儿篇幅介绍一下主流指数的类型和指数的编制规则。

先来说最常用的三个指数：上证指数、深证成指和创业板指，对应两个交易所和三个板块：上海证券交易所、深圳证券交易所，上证板块、深证板块、创业板。

上证指数是A股最老的指数，其全称是上证综合指数，指数代码为000001，以1990年12月19日为基日，以100点为基点，统计了在上海证券交易所上市的股票和红筹企业发行的存托凭证，里面剔除了ST、*ST，ST代表连续两个会计年度出现亏损的股票；*ST，代表连续三年亏损，有退市风险的股票。深证成指的全称是深证成分指数，指数代码为399002，以1994年7月20日为基日，基日指数为1 000点，统计了在深圳证券交易所上市交易的A股和B股。创业板指的全称是创业板指数，指数代码为399006，以2010年5月31日为基日，基日指数为1 000点，选取在深圳证券交易所上市交易的上市超过三个月的近期无违规、无经营异常的股票。

关于指数编制，可以用上证指数来举例。1990年12月19日，上海证券交易所共有8只股票，每只股票的市值＝股价×股本，这8只股票的总市值就被认为是上证指数的起点。比如每只股票的股价都是1元/股并发行了10股，那么8只股票的总市值就是 1 元/股 × 10 股 × 8 = 80（元），对应 100 基点。第二天有的股票涨了 2%，有的股票跌了 3%，相互抵消涨了 1.2%，那么 80 元就变成 80 ×（1 + 1.2%）= 81.2（元），80 ÷ 100 = 81.2 ÷ X，所以，第二天指数（X）就变成了 101.5 点，以此类推。为了保证指数只因为股价波动而变化，而不被新股上市等非交易因素影响，还需要对指数进行修正，基本上就是通过新基期的计算把新股包含进指数而不影响指数。当然，除了新股，还需要对分红派息、送股配股、汇率变动、停牌摘牌等活动进行调整。

搞明白了指数的"3 000 点"是怎么来的，就可以看看具体的指数编制方法。上面提到的三大指数都是根据上市的交易所或者板块划分的，属于"应收尽收"，只要不是有一定风险或者异常的股票都会被收入指数中，这也是为什么这三大指数被称为大盘指数。除了这三个主流指数，其他的常用指数就没有这样的特点，都有一定的选股条件和股票数量限制，根据条件每隔一段时间更新自己的股票池（一般是半年），不停地吸收新的、符合条件的股票进来并剔除不再符合条件的股票。

4.1 指数基金分类

指数从覆盖面上可以分为两类：宽基指数和窄基指数。

宽基指数没有行业偏向，基本上以某个较为宽泛的大盘指数为样本空间（如上证 180、中证 800 等），然后根据市值和流通性进行排名，从中筛选出一定数量的上市公司，再根据市值确定每家公司在指数中所占的权重。

窄基指数最大的不同就是行业偏向，选取的样本空间都以具体的某个或者某几个行业为主，比如中证食品饮料、中证新能源等，也可能以某个行业的细分领域为主，比如医疗器械指数、半导体设备指数等。

除宽基指数和窄基指数外，还有一类策略型指数。宽基指数的市值排名选股方式比较简单粗暴，窄基指数投资单一行业的风险和局限性都比较大，而策略型指数则在样本空间中使用更复杂的选股策略来对股票进行筛选，比如根据营收、现金流、净资产和分红情况来选股的基本面策略，根据股价的波动情况来选股的低波策略等。

在讨论怎么选指数之前，需要先知道每类指数基金到底是如何选股的。

4.1.1 宽基指数

名气比较大的四大宽基指数包括上证 50、沪深 300、中证 500、中证 1000。

上证 50 以上证 180（上交所上市的规模较大、流动性较好、行业代表性较强的 180 只股票）为样本空间，按照最近一年总市值、成交金额进行综合排名，挑选上证市场规模大、流动性好、最具代表性的 50 只股票组成样本股。

由于上交所早期是白马股和大型央企国企上市的地方，而早年的金融、地产和国企又属于盈利稳定、业绩优异的典范，因此，在 2010 年以前既是机构、社保基金等长期资金青睐的对象，也是大盘火热时爆炒的对象，所以，上交所聚集了很多曾经的"市值王者"，包括招商银行、建设银行、工商银行、农业银行、中国银行、中国石油、中国人寿、中国平安等。

除招商银行外，其他几家银行 2012 年以后随着经济增速放缓都出现了成长乏力的问题，整体的盈利能力也一直在下滑，但由于稳定的分红，还是吸引了许多长期资金如社保和保险资金来支撑其股价，继续稳稳坐在上交所市值前列。也正因如此，这么多年过去了，上证 50 中占比最高的行业依然是银行、保险、房地产板块，再加一个证券板块，统称"大金融"，占比在 25% 以上，如图 4-1 所示。

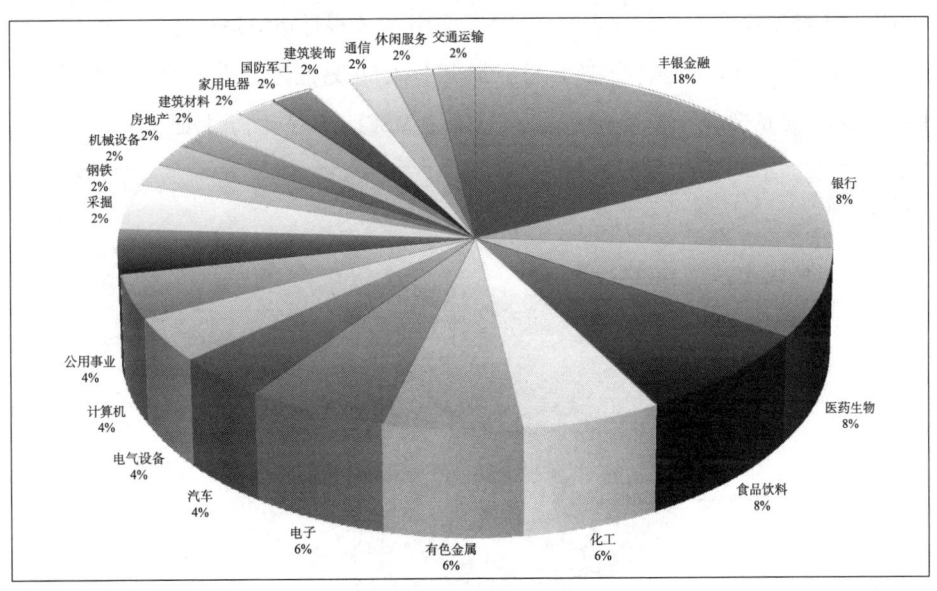

数据来源：东方财富 Choice。

图 4-1　上证 50 申万一级行业分布

由于银行股（特别是中、小银行股）2021 年以后因为行业整体收益率下滑及个别银行的资产质量问题开始被剔除上证 50，而新经济、先进制造行业开始进入上证 50，随着市场这只"看不见的手"逐渐发挥作用，上证 50 在经历一波"大换血"后才会真正代表中国的核心资产。

相比上证50，还有一个2021年发布的新型50指数——MSCI A50，全称是MSCI中国A50互联互通指数。MSCI是摩根士丹利资本国际公司专门提供股权、固定资产、对冲基金和股票市场的指数，从1968年开始参与海外市场的指数编制，目前是全球投资组合经理采用最多的基准指数，旗下有超过22.5万个股票指数。中国A50就是追踪中国50只股票的指数，而互联互通是A股市场与港股市场互联互通机制，也就是投资人可以买卖一定范围内的对方交易所里的股票，因此，该指数只会选取沪港通、深港通和港股通范围内的股票。

MSCI A50跟上证50的另一个显著不同之处是选股策略。相比于上证50根据总市值排名选出前50，MSCI A50首先根据11个全球行业分类标准选取权重排在前两位股票，比如食品饮料行业里的贵州茅台和五粮液，新能源行业里的宁德时代和隆基绿能，这样筛选出22只股票，然后根据总市值选取排名第23~50位的股票，再加15只股票作为备选，便形成了MSCI A50的股票池。从总体来看，MSCI A50首先选出了各大行业的绝对龙头，其次才根据市值进行选择，它在行业分布上远比上证50均衡（见图4-2），加上上证50只能覆盖上交所上市的公司，因此，无论是从覆盖率还是从行业分布来看，MSCI A50都优于上证50。

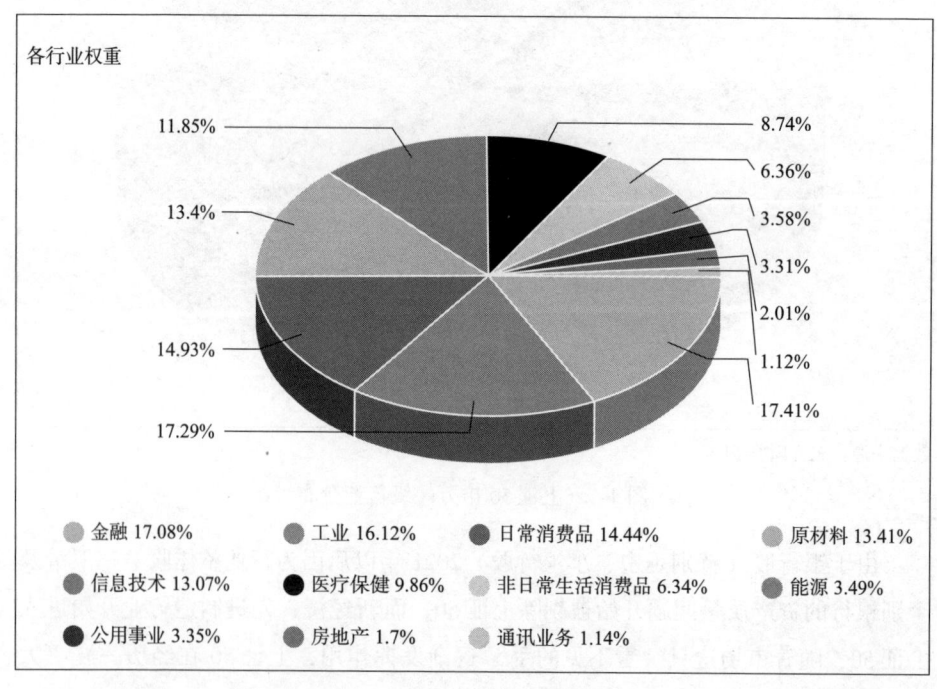

各行业权重

- 金融 17.08%
- 工业 16.12%
- 日常消费品 14.44%
- 原材料 13.41%
- 信息技术 13.07%
- 医疗保健 9.86%
- 非日常生活消费品 6.34%
- 能源 3.49%
- 公用事业 3.35%
- 房地产 1.7%
- 通讯业务 1.14%

图4-2 MSCI A50行业分布（MSCI官方网站）

上证 50 偏向大金融，MSCI A50 的行业分布更均衡，但是用 50 只股票代表 A 股，数量较少。如果要找一个行业代表性更强、涵盖公司数量更多的指数，那就是沪深 300。

沪深 300 指数简称沪深 300，上交所代码为 000300，深交所代码为 399300，以 2004 年 12 月 31 日为基日，基点为 1 000 点。这个指数在沪、深两市中选取 300 只规模大、流动性好且没有异常的股票。由于该指数吸纳了沪、深两市的优秀公司，并且样本数量达到 300 只，所以，其基本涵盖了每个行业甚至细分行业的前几名。当每个行业的龙头公司都被收入其中时，那么这个指数的增长情况将跟中国经济的整体情况产生共振，毕竟整个国家的经济运行好坏在很大程度上是由这些公司及其所在的行业决定的。

如图 4-3 所示，以 2022 年底为例，工业占据了沪深 300 各行业中的第一位，第二位才是金融，第三位是主要消费和信息技术。因此，沪深 300 非但没有被金融"绑架"，而且占比最高的工业也在 20%左右，股票数量足、行业分布较均衡就是沪深 300 最大的特点。

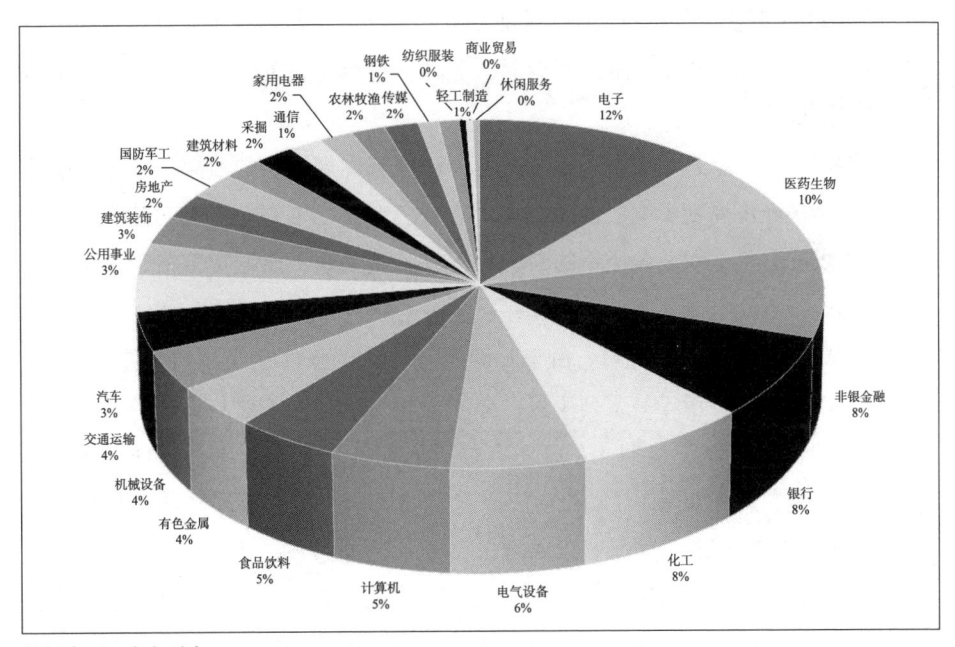

数据来源：东方财富 Choice。

图 4-3　沪深 300 申万一级行业分布

很多混合型基金的长期业绩比较基准选择了沪深 300，正是因为这个指数无论是从样本含量还是从行业分布来说都更为合理，对蓝筹股的代表性较强，又兼顾了一定的成长性，相比于上证50更能代表中国的核心资产。

中证500，全称是中证小盘500指数，跟沪深300一样，选取全A股里非ST、*ST，或科创、创业板上市超过一年的股票，但是正好剔除了沪深300选过的股票及过去一年日均总市值排名前300的股票。中证500就是在A股里将符合条件的股票按总市值排名，然后去掉沪深300选过的股票后选取的前500只股票，而沪深300和中证500正好组成了中证800。

由选股方式也能看出来，中证500选取的大概率不是行业龙头，因为龙头公司往往受到市场追捧市值较大，会被编入沪深300，热点行业甚至可能出现前五市值的公司都在沪深300中，所以，中证500里更多的是成熟行业里的中游企业，或者一些暂时不受市场偏爱（总市值不高）的行业龙头。

如果只看选股的数量，则会以为中证500的行业分布要比沪深300的行业分布更均衡，但事实上由于在选股范围中排除了市值前300的公司，所以，中证500的行业偏向性十分严重，周期股含量较高。

以2022年调整后的指数为例，中证500中能源、原材料及工业企业占据了持仓的50%左右，如图4-4所示，而能源、上游原材料及相关的加工制造行业正是典型的周期股。

所谓周期股，就是业绩在很大程度上会被经济周期影响的股票。虽然几乎所有行业都会被经济周期影响，但是像煤炭、有色金属、钢铁等行业，其业绩跟动力煤、焦煤、有色金属及各类钢的期货价格有直接关系，而期货价格又跟全国乃至全球的经济周期有密切关系，因此，被认为是典型的强周期行业。

说到周期还可以补充两句。由于我国对经济有较强的宏观调控意愿和能力，国家可以用行政、货币等一系列手段，即"看得见的手"来进行调节，因此，除了上面这种自然的经济周期，A股还有货币周期、政策周期（去杠杆、地产调控、环保调控、新能源等）、成长—价值股投资周期，还有很多制造业都存在的"供不应求—产能扩张—供过于求—需求萎缩—产能过剩—去产能—供不应求"的市场自然规律，因为都是各大行业的上市公司，所以，各种周期也会反映在A股对应行业的股票里。从整体来看，经济周期和货币周期会决定短、中期大盘的整体走向和投资风格，政策周期和行业周期会决定行业本身的中、长期走向。

对于周期，我的态度是——承认其客观存在，并加以利用，但不去预判。业内人士都很难精准判断单一行业的发展，更别说在上面几个逻辑相互交织、相互

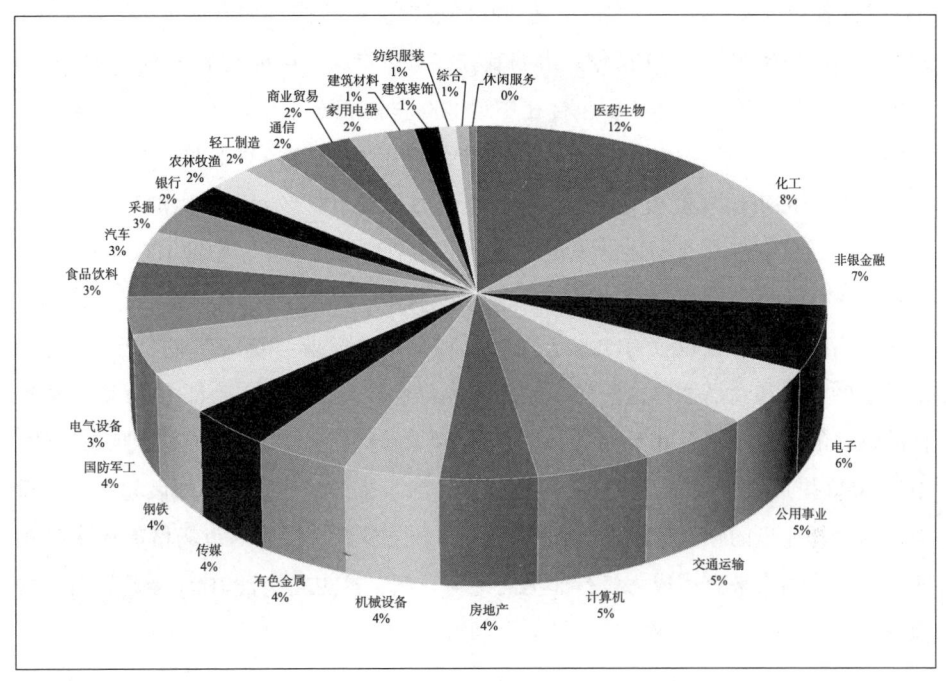

数据来源：东方财富 Choice。

图 4-4　中证 500 申万一级行业分布

影响下判断股价的走势。我们要做的是承认各类周期的客观存在，并且承认部分周期（比如政策周期、货币周期）的不可预知性，在选择投资标的的时候考虑到周期带来的机会和风险，并加以利用。

　　说回中证 500，虽然上面说的周期很多，但是中证 500 对应的周期却相对好判断。每隔几年，大家就会在各大媒体上听到"煤超疯"的说法，就是在形容由于产能周期和供需错位所带来的煤炭价格飙升的行情，加上大力发展可再生能源所带来的供电缺口和货币超发所带来的通货膨胀，前者让供需错位变得越来越频繁，后者让煤炭价格飙升的程度更加剧烈。所以，当煤炭、钢铁等大宗期货价格低到某个关口（比如煤炭企业开始大幅亏损）时，就可以开始关注中证 500。假如这时又出现与能源相关的危机（如长期高温、OPEC 减产等），投资周期类板块的时机就到了。相反，由于周期类板块属于典型的"三年不开张，开张吃三年"，如果没有很强的"逃顶"能力（精准地在行情最高点卖出止盈），就不要在价格已经很高的时候禁不住诱惑，进去挣那最后一个铜板。

　　中证 1000，全称是中证 1000 指数，以 2004 年 12 月 31 日为基日，以 1 000 点为基点。沪深 300 和中证 500 共同组成了中证 800，从中证全指指数里剔除中证

800成分股和过去一年里日均市值前300的股票，然后按日均市值排名，前1 000的股票就组成了中证1000指数。由编制方式可以看出，中证1000补充了沪深300和中证500的缺项，选择了不包含在中证800里但相对市值较大或流动性较好的1 000只股票。当然，因为剔除了市值排名靠前的800多只股票，所以，中证1000中股票的市值规模相对较小，市值中位数不到100亿元，相比沪深300和中证500，中证1000具有明显的小盘股特点。除了市值规模小，中证1000的另一个特点就是行业分布较为分散（见图4-5），在覆盖所有31个申万一级行业的同时，权重最高的行业占比也仅为10%，没有出现被某个行业"绑架"的情况。不过，由于金融板块和食品饮料这些白马股的市值普遍较高，所以，中证1000里金融和食品饮料的占比极低，相反半导体、新能源等新兴行业的占比较高。换句话说，中证1000里成长股较多，年轻公司也较多，除了部分传统行业里的后起之秀，里面以新兴行业里的年轻成长型公司为主，由于很多新兴行业的市场格局还未被锁死，这些公司未来有望成为该行业里的绝对龙头，这也是中证1000最具吸引力的地方。

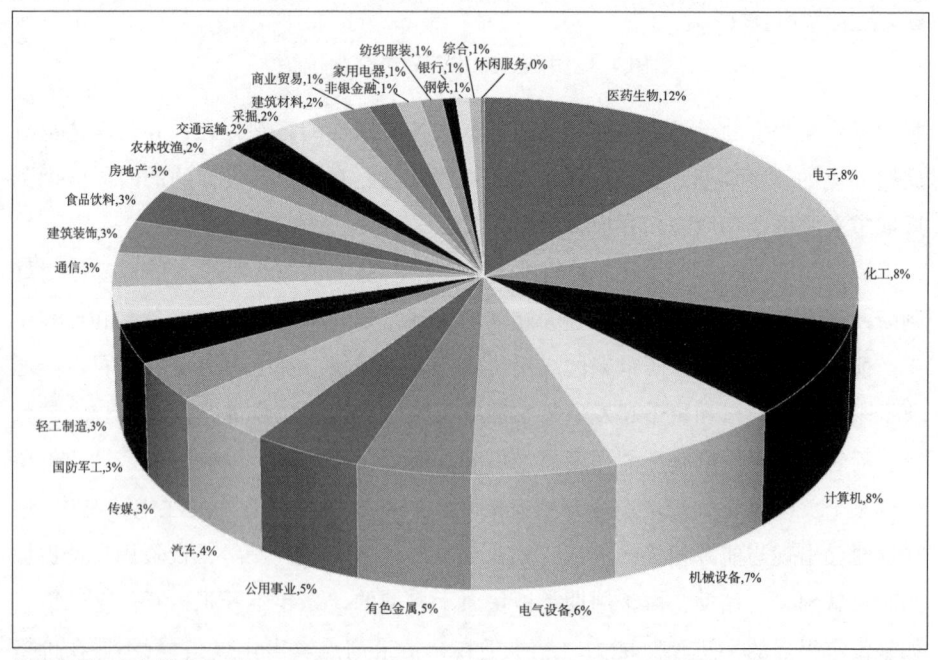

数据来源：东方财富 Choice。

图4-5　中证1000申万一级行业分布

沪深300、中证500、中证1000，这三个指数共涵盖了1 800只股票，虽然在数量上只有 A 股上市公司总数量的 58%，但是总市值却在 A 股市值的 80% 以上。其中，沪深 300 的总市值约为 47.17 万亿元，占 A 股市值的 54%；中证 500 和中证 1000 的总市值约为 12 万亿元，各占 A 股市值的 13%；上证 50 包含在沪深 300 里，但是仅 50 只股票就有约 18.86 万亿元的市值，占 A 股市值的 20%。沪深 300 的总市值占比高，主要是因为该指数里大市值的股票较多，股票的平均市值高达 1 572 亿元，市值中位数也有 818 亿元。相比而言，中证 500 的平均市值就小得多，只有 239 亿元，市值中位数也不过 226 亿元；中证 1000 的平均市值就更小了，只有 115 亿元，市值中位数只有 102 亿元，如表 4-1 所示。

表 4-1　主要指数市值分布情况

单位：亿元

指数名称	总市值	平均市值	市值中位数	最小市值
上证 50	181 660	3 771	2 000	563
沪深 300	471 734	1 572	818	239
中证 500	119 737	239	226	93
中证 1000	114 888	115	102	43

数据来源：东方财富 Choice。

如果你不了解 A 股的发展历史，看到三个指数的市值情况，就会很自然地认为沪深 300 收录了行业的前三名，中证 500 收录了部分中坚力量，而中证 1000 则挑选了一些被逐渐淘汰的"落后生"及羽翼未丰的"后起之秀"。事实上，从图 4-6 中可以看出，行业扎堆出现在某个指数里的现象十分普遍，这是因为早年抱团现象严重，资金会优先配置业绩稳定、永续经营、最好有国家兜底的行业，于是我们就看到银行股这类早年的"优等生"扎堆出现在沪深 300 里，而钢铁、汽车、有色金属、化工这类典型的周期股更多地出现在中证 500 和中证 1000 里。当然，这种现象也跟我国经济的发展阶段有关，一些新兴行业比如医药生物、电子和传媒，因为发展时间较短，行业集中度较低，自然不会出现那么多千亿级公司，而银行、食品饮料、非银金融这些传统行业的格局基本成型，行业集中度高，所以，占据了沪深 300 中更多的席位。

不过，这种格局也不是固定的，根据指数编制规则，指数样本每半年会调整一次，每年 6 月和 12 月都会根据最新的市值情况进行调整。而这三个指数之间都会进行互换。每隔 6 个月，沪深 300 将对样本内的股票根据日均成交金额进行排名，剔除后 50% 的股票，再根据总市值排名选取前 300 的股票。近一年交易不活

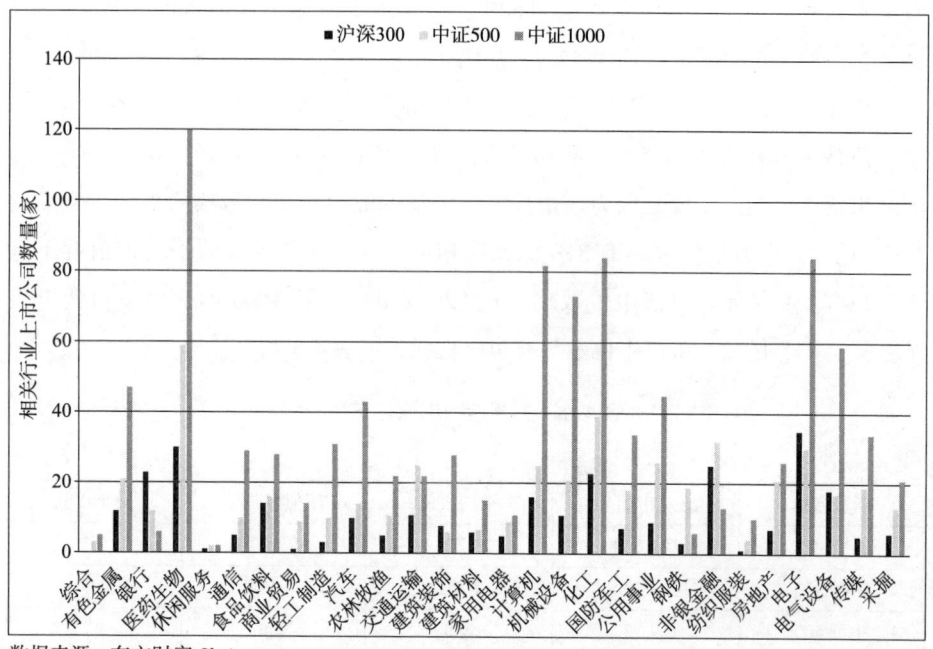

图 4-6 沪深 300、中证 500、中证 1000 申万各一级行业上市公司数量

跃且下跌比较多的股票就会在这个时候被剔除出沪深 300，而交易比较活跃、市值增长较快的股票就会被吸纳进入沪深 300。中证 500 采用类似的方法，在新的中证 800 里先剔除沪深 300 及过去一年市值排名前 300 的股票，然后在里面选取前 90% 的股票进行总市值排名，前 400 名优先进入，600 名之前的老样本也可以优先保留。所以，即使某只股票被剔除出沪深 300，大概率也可以留在中证 500 里，而之前中证 500 里的活跃股票可能被吸纳进入沪深 300，从而实现"换血"。这种交换关系也存在于中证 500 和中证 1000 之间，中证 1000 会在中证全指里先剔除中证 800（沪深 300 和中证 500 的样本空间），还会剔除过去一年总市值排名前 300 的股票，然后剔除自己内部过去一年成交金额后 20% 的股票，最后根据总市值排名选出前 1 000 的股票作为样本，也就是说会吸纳部分 1 800 名以外的股票进入，也会送出一些更活跃的股票进入中证 500。

看得出来，一年内的市值大小是基础，但是个股的交易活跃度本身才是指数更新时最重要的指标，市值较大但是交易不活跃的股票会逐渐被剔除出这三大指数，而交易活跃度较高且市值增长较快的股票则可以迅速进入更高层次的指数样本空间，最终形成一种"优胜劣汰"的指数生态。当然，这样的轮换方式也有缺点，即可能会"误伤"到某些在短时间内表现一般的股票，但整体还是较为公平和合理的。

　　数量上占 A 股上市公司总数量的 52.81% 左右，总市值却占了 A 股市值的 80%，很显然，这三个指数涵盖了 A 股里几乎所有的"优秀""比较优秀"及"有待观察"的公司，从投资的风险收益来看，即便三个指数内的很多公司都存在很大的不确定性，三个指数里都没有包含的公司，除非了如指掌，否则并不适合普通投资者投资。相反，如果只投资指数基金，那么在这三大指数中进行组合和调整其实是一种相对安全且可以保证获得市场平均收益的方式，这一点在后面还会详细展开。

　　上面说的是股票的宽基指数，除了股票，还有债券和不动产投资信托基金（REITs）。由于目前国内还没有对应的 REITs 指数，所以，在这里只介绍债券指数。

　　由于债券的分类比较复杂，按照发行主体、到期日、信用等级等都可以进行分类，所以，在这里只介绍债券类型涵盖最广泛的中证全债指数、上证国债指数、上证企业债指数及较为火爆的可转债指数。

　　中证全债指数是综合反映银行间债券市场和沪深交易所债券市场的跨市场债券指数，里面包括国债、政策性银行债、商业银行债券、中期票据、短期融资券、企业债、公司债等类型的债券。如果说中证全指可以反映 A 股的走势情况，那么中证全债就反映了境内人民币债券市场的整体价格走势。上证国债指数是上证指数中的第一只债券指数，这个指数选取了上交所上市的一年期以上的所有固定利率或一次还本付息的人民币国债，并根据债券的市值和派息进行加权计算，每个月更新一次，反映了国债的整体变化情况。跟国债指数相对应，企业债指数选取了上交所上市的信用评级在投资级以上的一年期以上固定利率或一次还本付息的非股权连接类企业债和公司债，也根据总市值和派息及再投资来进行加权计算，反映企业债的整体变化情况。

　　可转债指数随着 2019 年可转债的火爆而兴起。所谓可转债，就是上市公司提供的一种可以转换为股票的债券，是一种会根据利率定期支付利息，但是也可以在一定条件下转换为股票的"特殊债券"。投资人可以在公司发行可转债时进行申购，或者在二级市场上买入可转债，然后在一定期限内选择按一定比例或价格将债券转换为普通股，也可以一直持有到期收取本息，是一种同时具有股权和债权性质的债券。如果可转债对应的股票价格上涨，甚至超过可转债价格，持有人就可以将可转债转换为普通股获利；而当股价过低时，持有人可以选择继续持有可转债，收获本金和利息。可转债指数选取了剩余期限在一个月以上的可转换公司债券，并根据可转债市值的大小进行排序，选取一定数量的可转债组成样本，然后根据市值大小进行加权。

4.1.2 窄基指数

窄基指数的分类方式比较多，一种分类方式是根据行业分类（如食品饮料、地产、新能源），根据策略分类（如价值、成长），根据风格分类（如基本面、低波），根据主题分类（如央企、红利）。

另一种分类方式是先将窄基指数分为官方和非官方两种形式，如果指数是由中证指数公司编制的，则可以认为是官方窄基指数；如果是由基金公司、证券公司编制的，包括前面说的MSCI A50，则可以认为是非官方窄基指数。在官方和非官方分类的基础上，可以根据编制逻辑把窄基分为以行业为基础的行业基和以策略为主的策略基。

打开中证指数有限公司的官方网站，会发现仅以这个口径发布的指数就有超过2 000个（含债基），其中包括中证指数系列、上证指数系列、深证指数系列、北证指数系列、新三板指数系列、中华交易系列以及中基协指数系列（AMAC系列）。在每个系列下又根据不同逻辑编制了不同的指数，比如中证指数系列下的500沪市，就是在中证500中只挑选在上交所上市的公司股票组成指数；又如300医药，就是在沪深300中只挑选医药行业相关股票组成指数。根据全球行业分类标准（global industry classification standard，GICS），上市公司整体存在11个经济部门、24个行业组、68个行业和157个子行业，因此，中证指数有限公司会编制大量的行业指数来为机构和个人投资者提供分析工具。但事实上只有少部分指数有基金公司跟踪并且推出了相应的指数基金，所以，在选择窄基指数时要注意该指数是否有基金公司成立相应的基金。除了中证指数这种官方形式的指数，其他机构也会发布一些指数，比如央视50是由央视联合5所财经高校以及部分专业机构发布的指数，MSCI中国、MSCI A50、MSCI ESG都是由摩根士丹利资本发布的指数。

在行业指数方面，每一级分类都会有对应的指数，比如医疗保健有单独的指数跟踪，而下面的医疗保健服务、医疗产品、药品和生物技术也有自己的指数，金融下面包括银行、金融服务、保险，信息技术里面包括技术硬件与设备和半导体与半导体生产设备，技术硬件与设备下面又包括通信设备、电脑与外围设备、电子设备与仪器和半导体设备与产品。

如果仔细研究几个细分行业指数的编制方案，则会发现它们的选样方法并不像宽基指数那样严格和标准化，样本空间也往往比较宽泛。比如，中证锂电池主题指数（931890），它的样本空间是中证全指，选样方法是在业务涉及锂电池制造、正负极以及电解液等锂电池材料，锂电池生产的配套设备及锂和钴等锂电池上游资源的上市公司里选择40只总市值较高的证券，基本上只要跟锂沾边的上市公司都会被纳入这个指数中。又如中华半导体芯片指数（990001）选择主营收入来自半导体芯片材料、设备、设计、制造、封装或测试的上市公司中市值排名前50的公司。

相比于大盘指数的行业分散性，行业指数最大的特点就是专精于某个行业。大盘指数往往反映的是全行业的股价涨跌情况，而行业指数则只反映某个行业甚至某个行业下某个细分领域的股价涨跌情况。受到宏观经济、政策、风险偏好、资金偏好等多方面因素的影响，除了前面讲过的成长与价值、周期与跨周期之分，不同时期各行业的受关注程度也有很大的区别，比如2018—2021年的白酒、医药生物行业，2019—2022年的锂电池、光伏、新能源汽车等新能源细分赛道，都大幅领先了其他行业指数和大盘指数。如果在合适的时间选择了恰当的行业指数，那么短期确实可以享受到很高的股价上涨回报。然而，正如上面白酒、新能源的例子，如何在狂欢结束以后获利了结，躲过下行期，才是真正考验能力的事情。毕竟，站在风口上，都能飞起来。但是，如果风没了，还能飞吗？

4.1.3 策略型指数

策略型指数在近几年的关注度较低，毕竟近几年A股风格波动比较剧烈，很难有某个单一策略可以一直取得好成绩，但部分策略确实有其合理之处。在这里主要介绍红利指数、基本面指数、价值指数、成长指数和低波指数。

红利指数使用的是1991年由美国基金经理奥希金斯提出的"狗股策略"，这一理论认为，对付一只狗，需要的是一根简陋但有效的打狗棒，而不是过于复杂的模型和预测。秉持这一理论，他从道琼斯工业指数中选择股息率排名前10的股票，年初买入，年末卖出。可以常年拿出一定比例的现金分给股东的公司大多具有较为稳定的盈利能力和财务状况，而且其股价也相对稳定，根据巴菲特"股票可以看作永续债券"的理论，红利策略就是选择"票面利率最高的永续债券"。

中证红利指数在沪深300里选择过去两年平均税后股息率排名前100的证券，上证红利指数在上证180里选择过去三年平均税后股息率排名前50的证券。为了避免某次大笔分红却没有长期盈利能力的公司进入指数，中证红利指数还要求进入的公司在过去两年里都有现金分红，且税后现金股息率大于0，而上证红利指数要求进入的公司在过去三年里连续分红且过去三年的平均股利支付率和过去一年的股息支付率都大于0且小于1。

有人质疑上市公司分红的意义，认为分红除权后等于把本来属于自己的钱分给了自己，不就是左手倒右手吗？其实，这是因为很多人只关注股票价格的变化，却忽略了股票所代表的股权。相对于债权这种以固定利率获得回报的权利，股权最大的优势就是可以参与公司经营和分享公司成长的红利，如果公司经营得当，那么对于每年剩余的现金，既可以选择留在公司里作为未来的现金储备（用于投资扩张、支付利息等），也可以选择直接发放给股东让股东决定其用处，无论选择哪种方式，股东都在享受公司良好经营和成长的红利。用一个简单的例子就可以概括分红的意义：如果说我们购买股票就是买了一棵苹果树，那么分红就是苹果树结了苹果，只要购买苹果树的目的不是高价再把苹果树卖出去，那么苹果树可以每年结苹果这件事就不会让人感到困惑。

基本面指数考察的是上市公司的基本面情况。这类策略从营收、现金流、净资产和分红四个维度对上市公司进行考量，利用这四个指标占样本空间所有股票同一指标的百分比来进行筛选，然后将四个百分比进行算术平均，并在样本空间里进行排名，得到相应的股票样本。由于这种策略考量的是过去五年的平均营收、现金流和分红情况（净资产变化不大，如有变化会计入），所以，基本面指数的稳定性较强，要求公司具有较强的长期盈利能力和现金流管理能力，并且从设计上就摒弃了因为市值波动而纳入或剔除股票的"市场有效"理论，所以是真正关注公司运营情况的策略型指数。但是，由于考量的维度较少，且金融类行业天生具有高营收、高现金流和高净资产的"三高"优势，却没能考虑不同行业之间创造营收的能力不同，从而导致目前较为活跃的基本面50指数中有50%以上的持仓都属于金融地产行业，加上前面所说的五年平均的设计，使得基本面策略很难实现快速换血，持仓变化相对较小，不太灵活。

价值指数和成长指数的编制方案对比性较强，放在一起说。成长指数考量成长因子，包括主营业务收入增长率、净利润增长率和内部增长率；价值指数考量价值因子，包括股息收益率（D/P）、每股净资产与价格比率（B/P）、每股净现金流与价格比率（CF/P）、每股收益与价格比率（E/P）。在成长因子中，主要考察过去三年的主营业务收入和净利润增长率，再加上考察净资产收益率（ROE）代表的内部增长率。在价值因子中，主要考察过去一年各个参数的变化。

在这里有一点儿反直觉，追求长期价值的指数只考察过去一年的参数变化，而追求成长性的指数却关注过去三年的平均变化。其实，价值策略所关注的几个参数都是基于价值投资理念的估值指标，并将其与当前该股票的市值进行对比，该策略计算出了股息收益率、每股净资产、每股现金流和每股收益率，通过这些估值指标进行选股。相反，成长策略则不关注基本面或者估值情况，侧重于公司的成长性，在营收、净利润和内在价值三个维度的增长率上进行优选。

低波指数通过波动率的高低进行选股，以样本空间内近一年的收益率标准差进行排名，选择排名靠前的股票作为样本。波动率较低的股票往往集中在银行、公用事业及电力、能源等垄断型行业里，这类行业的最大特点就是现金流充裕、分红稳定，但是由于其行业特点，所以，想象空间不足，加上基本上是传统行业，不太受到资本的青睐，所以，长期处于被低估的状态，股价也很难有太大的起色，也符合低波动率的要求。

策略除了单独作为指数，也经常跟其他大盘指数以及策略指数组成组合，在特定的 β 里寻找更高的 α，比如 500 红利、300 价值、180 成长、红利低波等。但是，由于 A 股风格切换和赛道变化较快，很难有某种策略长期有效，而且正如前面所说，把时间拉长来看，任何策略都很难打败市场，用约翰·博格的话说就是"不要企图战胜市场"。

图 4-7 为四种策略指数 2012—2021 年的表现情况。由于低波指数成立时间较短，不具备对比条件，因此，选择了同一样本空间（上证 180）同一时间内的四种策略指数进行对比。可以看到，基本面指数在 2012—2018 年是长期占优的，前面也说过，基本面指数中金融地产比例超过 50%，而 2010—2016 年正是金融地产受到市场青睐的一段时间，因此，基本面指数在那段时间里表现得较为突出，红利指数和价值指数紧随其后。但是，红利指数在 2015—2016 年后明显跟价值指数拉开了差距，主要是因为里面的垄断型周期性股票（煤炭、石化）进入下行周期，带累了指数。而成长指数在 2015 年的"疯牛"期间先是被爆炒，然后遭到了市场的遗弃，一直震荡到 2018 年前后。2018 年，以医药、新能源和芯片为代表的成长股成了舞台上的主角，而金融地产在国家整体的去杠杆行动中受影响较大，也就带累了价值指数、基本面指数及红利指数的表现。从 2012—2021 年的表

现中可以看出，虽然策略各有千秋，但是都没逃过市场风格和宏观经济形势的变化。换句话说，在整个市场的洪流中，策略的作用意义并不大。从结果来看，成长股2012—2021年的累计涨幅最大，但这只是统计时间的问题。事实上，从美股的百年历史来看，成长和价值交替领先是大概率事件。

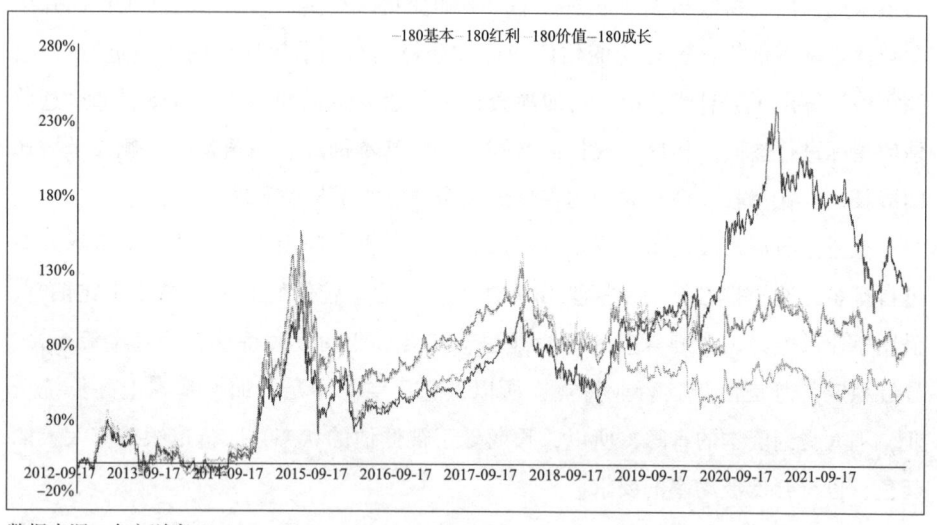

数据来源：东方财富Choice。

图4-7　四种策略指数2012—2021年的表现情况

4.1.4　指数增强

指数增强型基金指的是在控制跟踪指数的偏离度和跟踪误差的前提下，基金经理通过择时、行业轮动、个股仓位、股指期货、打新等方式来获得超额收益，在指数基金原本收益的基础上通过仓位调整来获取超额收益。根据东方财富Choice数据，截至2022年底，市场上共有386只指数增强型基金，多以跟踪宽基指数如沪深300或者中证500为主。

这里介绍两个概念：α（阿尔法）和β（贝塔）。贝塔代表投资的被动收益，即来自整个市场的平均或者整体收益，跟随市场变化，上面所说的大盘指数代表的就是大盘的平均收益，也就是市场的β收益。阿尔法代表投资的主动收益，通过对投资标的的选择和买入卖出的实际来获得超过市场的收益，也是主动管理型基金的目标。指数增强型基金就是同时具有被动贝塔收益和主动管理阿尔法收益的一类基金，其中贝塔收益来自指数本身，阿尔法收益主要来自基金经理的仓位配置（择时）、行业轮动和个股选择，当然也可以通过可转债、打新、股指期货等方式获取额外收益。不过，从总体来看，多数指数增强型基金还是遵循了股票型基金的"二八原则"，即20%的仓位用于获取阿尔法收益，而80%的仓位用于跟踪指数配置来获取基本的贝塔收益。

简单对比两只同一公司跟踪同一指数的指数基金和指数增强型基金就可以看出区别。在"投资目标"中，指数基金的目标是日平均跟踪误差不超过0.35%，年平均跟踪误差不超过4%；而指数增强型基金的目标是日平均跟踪误差不超过0.5%，年平均跟踪误差不超过7.75%，在跟踪误差上有更大的自由度。在"投资范围"中，指数基金要求90%的资产净值投资于沪深300成分股或其备选成分股；而指数增强型基金只要求80%的资产净值投资于沪深300成分股或其备选成分股。

因此，一方面，指数增强型基金在跟踪误差上有更多偏离的余地；另一方面，有不超过20%的资金可以用于投资沪深300以外的其他标的，包括但不限于债券和股指期货等其他金融产品来获取超额收益。

为了验证指数增强型基金和指数基金本身的收益差距，我们在成立10年以上的指数增强型基金中选取了成立年限最长、年化收益率最高、跟踪误差最低的三只基金，与成立时间最长的沪深300指数基金进行比较，具体情况如表4-2所示。

表4-2　指数基金与指数增强型基金数据对比

基金名称	成立年限（年）	年化收益率（%）	跟踪误差（%）	换手率（%）	费率（%）
沪深300指数	19.1	19.68	10.85	222.40	2.18
沪深300增强A	17.8	14.28	43.04	371.79	2.40
沪深300增强B	10.8	15.93	16.81	343.88	2.00
沪深300增强C	11.8	10.70	5.57	165.16	2.20

数据来源：东方财富Choice。

可以看到，单从年化收益率看来，指数增强型基金的收益率并没有超越被动型指数基金，但是如果加入跟踪误差，就会发现成立时间相差不多的增强B和增强C的跟踪误差相差超过10个点，而跟踪误差更大的增强B的收益率明显高于增强C的收益率，且在四只基金（包括指数基金）中费率最低。

但是，如果看自2011年以来的累计涨幅，如图4-8所示，就会发现跟上面的结果不太一样，累计涨幅最高的是增强A，增强B次之，增强C和指数基金双双垫底。造成这种现象的原因是成本。

约翰·博格在《共同基金常识》一书中多次强调交易成本对主动型基金总收益率的消耗，而增强型指数基金作为一种"主动+被动"的基金，其交易成本也

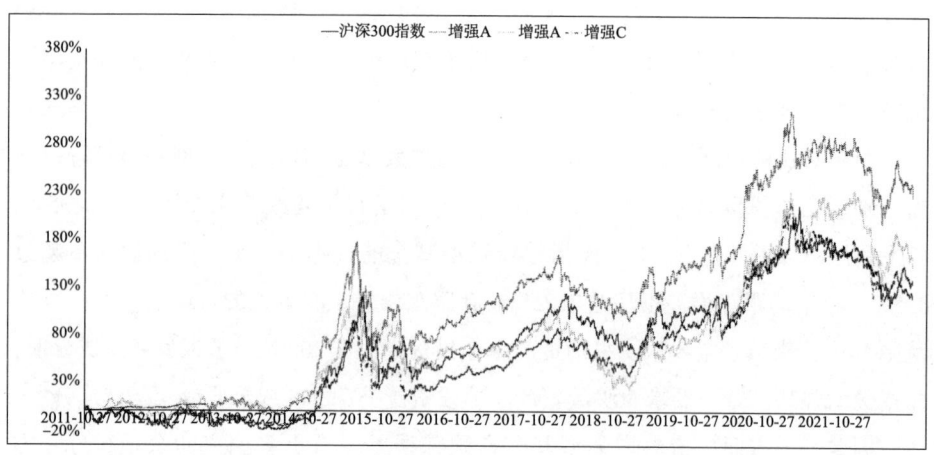

图 4-8 不同指数增强型基金后复权业绩表现

数据来源：东方财富 Choice。

会消耗总收益率。基金的净回报率并不只是净值的累计增长（总收益率），而应该在总回报率中扣除运营费用（费率）和交易成本，这部分内容将在主动和被动基金的选择中详细讲述，这里仅简单说明。由于累计收益率没有考虑基金调仓、缴税等因素的影响，所以，我们看到指数增强型基金的累计收益率看似高于指数基金的累计收益率，事实上，在成本的消耗下，增强 A 的年化收益率比沪深 300 指数的年化收益率低 5.40%。

4.2 选哪个指数

为了方便投资者选择，每年都有新的指数编制方案出炉，新行业、新风口的诞生又会催生更多的指数编制方案，结果就是即使只投资指数基金，也会面临选择哪个指数的问题。

指数可以很简单地分为两类，一类是以市值排名为主要编制依据的宽基指数，另一类是仅在某个（或某几个）行业或方向上寻找合适公司的窄基指数。这里对这两类指数的编制和特点进行介绍。

4.2.1 选宽基指数

先来看上证 50、沪深 300、中证 500 和中证 1000 四大指数近 19 年（2005 年 1 月 4 日至 2024 年 1 月 4 日）来的累计涨幅。根据东方财富 Choice 数据，上证 50 的累计最大涨幅为 472.12%，沪深 300 的累计最大涨幅为 498.01%，均出现在

2007年的牛市顶端（2007年10月14日），而中证500的累计最大涨幅为1 069.88%，中证1000的累计最大涨幅为1 415.82%，均出现在2015年的牛市顶端（2015年6月12日）。2007年疯抢蓝筹，2015年场外配资疯炒小盘股，也就分别造成了2007年和2015年的两次指数高点，到2023年底仍然没有被超越。

这里统计的是指数本身收益，即不考虑分红因素和税收因素。如果考虑分红再投资产生的收益（全收益指数）或分红再投资并缴税的收益（净收益指数），那么累计涨幅还会有偏差，但趋势不变。如果采用价格指数（通常意义的指数）来计算，从2005年1月4日到2022年1月4日，上证50的年化复合涨幅为8.39%，沪深300的年化复合涨幅为9.87%，中证500的年化复合涨幅为12.42%，中证1000的年化复合涨幅为12.89%。

看起来似乎中证500和中证1000的收益更高，但从指数累计涨幅来看，中证1000的每年涨幅要比上证50的每年涨幅高4.5%，如果在2005年1月4日同时买入这两只基金，从指数来看，在2017年以后，购买上证50后的10 000元会变成39 338.40元，而购买中证1000后的10 000会变成78 549.43元，收益差距达到一倍。

事实上，造成这种差距的原因很复杂，主要有三个：中小盘炒作盈利模式、美元长期宽松、投资者的追涨杀跌。

在2016年以前，如果考察A股的历史，则会得出跟木大类似的结论：除2008年外，在大多数情况下都是中小盘涨得更好，而且仿佛形成了习惯，先涨绩优中小盘，然后涨所有中小盘（包括重组、ST），最后才轮到白马和大盘蓝筹。究其原因，是2016年以前的"资产注入—资产重组—定向增发—低位增发—拉高出货"的中小盘股盈利模式，这类上市公司不是为了来资本市场融资然后扩大生产、提高技术竞争力的，而是单纯利用资本市场制度的不成熟进来套利的。好在这一情况在2016年得到了遏制，在降杠杆和强监管的作用下，有近一半的信托公司都涉及了案件诉讼，2018年信托违约爆雷频发后才迎来了久违的大盘价值股牛市。

从2008年开始，美国先后实施了四轮QE（量化宽松），通过开动印钞机来帮助自己渡过次贷危机，也顺便把资产泡沫带到了全球。在这一影响下，以周期股为代表的大宗商品从2010年开始涨价，也在2010年创下了"煤超疯"这个词，半年间煤价上涨了50%，一直维持到2011年中，也就有了中证500和中证1000在这一时段内的涨幅，因为原材料价格上涨为这些周期型企业带来了超预期的盈利，也因此给下游的制造业和消费者带来了巨大的压力，叠加从2012年开始的防止房价过快上涨的一系列政策，沪深300和上证50均被压制，涨幅明显不如以周期型企业为代表的中证500和中证1000。

也正是在同一时期，中证500和中证1000开启了第二波上涨，从2012年1月6日到2015年6月12日牛市顶点，中证500的累计涨幅达到273.95%。究其原因，是当时防止房价过快上涨后对蓝筹业绩和估值的整体压制，加上2013年中证500盈利的大幅改善（年内扣非净利润同比增长60.84%），在利润上涨中启动了为期三年半的中证500牛市。

2013年中证500和中证1000的上涨确实是中小企业盈利改善和蓝筹股低迷造成的，而当时间来到2014年中，一个历史性事件开启了一波全面的牛市——我国外汇储备突破历史水平，达到3.99万亿美元。一方面，根据外汇占款机制，外汇储备上升，我们就需要增发等量的人民币，于是就有了人民币流动性的提升；另一方面，由于经济不景气，从2014年已经开始强调房地产去库存，而2015年更是通过多次降息、降准和取消限购来刺激居民消费，恰逢2013—2014年股市迎来一波小幅上涨，部分居民选择把钱投入股市中。更重要的是，2014年影子银行在牛市中开始向股市放贷，一时间成立了大大小小多个信托和融资平台，为股民提供杠杆（2~10倍），而不能直接向股民放贷的银行利用银行理财等业务向信贷提供资金，于是，一个从银行把钱送入股市的利益链就形成了。据统计，2014年7月的融资余额只有4000亿元，而到2015年融资余额已经达到2.27万亿元。在较高的流动性和大量的场外配资下，加上部分机构和个人的刻意引导，就有了2015年远高于大盘股涨幅的中小盘股牛市。

这个话题讲这么多内容，并不是在刻意论证中证500和中证1000的不好，而是在分析四大指数过去十几年如此明显的收益差距背后的原因，只有理解了原因，才能做出理性的选择。做类似的回顾，包括未来对指数、基金、股票、基金经理业绩进行分析时都需要关注两点：一是业绩好或者差的原因；二是这个原因再次发生的概率有多大。

中小盘股大幅跑赢大盘蓝筹，一方面，由于当时A股的炒作和套现风气（现在依然存在），另一方面，也跟2000年以来中国粗放型的经济增长方式有关，这种模式通过大量消耗能源和资源来发展电力、钢铁、有色、石化、建材、化工和轻工产品，而这也正是中证500里占比较高的行业。但是，这种模式难以持续，毕竟既污染环境又没多少利润，挣的都是辛苦钱，从"十四五"规划来看，中国未来不会再走这条路。从这个角度来判断，中证500过去的涨幅难以被复制。

那么，是不是可以着眼于中证1000？毕竟未来的发展方式是以创新驱动，那些中小型科技公司在完成了技术积累后会逐渐做大、做强，在它们羽翼未丰的时候就开始投资，未来岂不是有十倍甚至百倍的回报机会？

要回答这个问题，可以引用巴菲特对科技股的看法："科技能提高生产效率，可以提供更好的消费品，所以，作为个人，我高度赞赏科技的力量。作为投资者，我一直以来都避开投资科技行业，因为我很难分辨不同科技公司的不同，也不知道怎么在科技公司中找到具有长久竞争优势的公司。想要变得富有，你需要找到那些具有长久竞争力的公司，并且支付合理的价格。"

从短、中期来看，A股是一个政策市，这一点无可否认，反应快一点儿的，今晚出政策，第二天就一片涨停；长一点儿的如这两年的半导体、新能源，甚至可以催生出一波一年以上的板块牛市。这一切依然建立在上面所说的对中小盘股的炒作上，而非真实的盈利驱动。说白了就是因为这条赛道热，大家都冲进去，造成了股价上涨，而公司真实的盈利情况并没有人关心。

可是，无论是巴菲特，还是约翰·博格，都不认为投资应该基于这些情绪化的东西，而应该取决于公司本身。巴菲特认为，股票值多少钱取决于其背后公司的价值，而公司的价值是由公司的盈利状况和净资产决定的。约翰·博格认为，股票市场长期回报的来源是企业的盈利和分红。当然，约翰·博格在自己的"奥卡姆剃刀原则"里也加入了投机因素，他认为，股市的长期回报率来源于初始投资时的股息率、随后的盈利增长率，还有投资期内市盈率的变化（投机产生的股价上涨）。

我们允许自己的投资里存在一定的投机因素，毕竟投资本身就是不确定的，但是"奥卡姆剃刀原则"里强调的初始股息率和盈利增长率才是我们能从上市公司财报里找到蛛丝马迹的确定性。2019年到2022年的光伏行业集体大涨主要就是营业收入增长带来的市盈率的大涨，而其本身的盈利能力（即利润率）并没有明显提升，结果就是补贴退坡和产能过剩后光伏全产业链迅速进入寒冬。回到上面所说的股票本身的价值，这意味着这些公司的净资产没多少，盈利状况堪忧，暂时没有多少分红能力，这样的公司，除了具有讲故事的价值外，从长期回报的角度来看，股息和盈利增长的确定性几乎没有。相反，真正盈利能力强的行业几乎完全不需要政策支持，而且几乎都能形成充分竞争，比如白酒行业、家电行业，甚至有的行业需要政策来限制其过快或者无序发展，比如互联网和医药行业。

作为投资者，还需要思考一件事：这样被大力支持的行业，里面注定有一些"隐形冠军"，会在未来几年成为行业翘楚，一如当年的宁德时代、比亚迪和京东方，从自己的行业里脱颖而出，不但在国内首屈一指，甚至可以跟海外巨头分庭抗礼。可是，即使脱颖而出，公司就一定能挣钱吗？

面板巨头京东方就是一个很好的例子。京东方成立于1993年4月，前身是北京电子管厂，公司始终专注于显示板领域。京东方于2001年在A股上市，还在2003年全面收购了全球芯片主要制造商韩国现代半导体下面的TFT-LCD业务，一举获得即将成为行业发展趋势的液晶面板的生产线，也因此进入了高端显示器领域。并购后仅一年，京东方就成为大尺寸TFT-LCD出货量全球第九，专利量更是与LG、三星等厂商比肩。到2020年，京东方已经成为全球半导体显示领域龙头，显示屏出货量稳居全球第一，而且公司的智能手机、平板电脑、笔记本电脑、显示器和电视五大主流产品无论是出货量还是市场占有率都是全球第一。如果只看发展历程，那么毫无疑问，京东方从日本、韩国的技术封锁里冲杀出来，解决了"缺芯少屏"中的"少屏"难题，让我国的消费者可以用上物美价廉的液晶显示屏，也让我国液晶面板的进口总额从2010年的460亿美元下降到2021年的211.29亿美元。

然而，如果仔细检验京东方的盈利能力，那么故事却大不一样。在2003年完成收购后，京东方就经历了2004年下半年的行业低潮，在短短几个月里，主流17英寸液晶面板的价格就从300美元跌至150美元，2005年亏损14.96亿元，2006年亏损17.87亿元，接受国家补贴累计超过3 000亿元。公平地说，这里面既有"液晶周期"的原因，也有金融危机的原因，究其根本原因，是过去大额资本开支（投资生产线）后产生的巨额固定资产折旧费用以及研发支出，这也就是为什么京东方的毛利率始终低于25%(不过2021年首次突破30%）,而期间费用率占到15%，2015年以后每年有超过百亿元的现金流，却没有利润，因为挣来的钱都拿去还债和搞研发了。京东方不但自身造血能力有限，而且当面对全球充分竞争时，又不得不采用价格战的方式消灭对手，在LCD液晶面板的价格战中灭掉了美、日、韩的大量企业，在获得市占率提升的同时也让公司的利润率被压得非常低，最终在2019年决定全面终止LCD业务投资。而在大屏OLED上，京东方也在通过价格战的方式跟OLED霸主三星战斗。2022年，京东方又在加速AMOLED的产能扩张，目标依然是中小尺寸AMOLED市场占有率超过九成的三星。

通过收/并购来打破技术垄断，花数年来消化技术和商誉，同时培养自己的相关人才，投入大量的研发经费，然后通过大量资本开支来扩张产能，先凭国内市场"薄利多销"，同时积累经验开始出海冒险，通过低成本和廉价劳动力来打价格战击败海外对手成为世界第一，打破了垄断，占领了市场。对于科技领域的追赶者来说，这条路径可能是不可避免的。对于国家来说，这条路径没有问题，因为从国家战略来看，打破垄断比挣钱重要得多，砸掉别人的饭碗比利润率重要得多；可是对于个人投资者来说，回到上面所说的股票背后的价值，这样的公司在实现垄断前很难挣钱，也就很难有分红和真正的利润，在实现垄断后又会被自己的巨额折旧费用、债务和研发费用拖累，依然很难实现大幅盈利。所以，这个故事仿佛在说京东方，其实将是很多我们寄予厚望的科技行业的缩影。

再看中证500和中证1000，从行业和产业分布来说，未来我们不会再依靠卖资源、卖劳动力吃饭，过去的粗放型经济不会维系。从中小企业的角度来看，无论是科技企业的发展路径，还是上市炒作套现的逻辑，把时间拉长，这两个逻辑都无法支撑中小盘股继续过去十几年的辉煌。

尽管涨幅不如中证500和中证1000的涨幅，可是无论是从未来的确定性还是从产业结构来看，沪深300的优势都很明显。相比于中证500的周期股扎堆和中证1000的中小盘股扎堆，沪深300里包含了A股最大市值的资产和最优质的资产。除了前面所说的行业分布均衡，这个指数中大多是在经历了充分的市场竞争和检验后稳坐行业龙头的公司，除了极少数京东方这种"另类"的公司，大多数公司具有长期稳定盈利的历史，并且大多数行业已经形成"寡头垄断"的局面，未来继续稳定盈利的概率也相当高。如果不选择中证500和中证1000的原因是未来的不确定性和对部分公司是否能盈利和持续盈利的质疑，那么选择沪深300就是因为其稳定的盈利历史以及未来持续盈利的可靠性。

上面只是定性地分析了四大指数的优劣，如果从定量来看，那么沪深300是不是更优呢？

这里引入一个概念——风险收益比率。股票和债券都属于风险投资，既可以获取收益，也有损失本金的风险。资本市场上流传着一句话："风险越大，收益越大。"其基本逻辑就是高风险"必然"带来高回报，但事实上，高风险往往带来的是本金的永久损失，没了本金，高回报更是无从谈起。风险收益比率就是一个用来衡量风险和回报的指标，具体指标包括夏普比率、特雷诺比率和詹森指数。夏普比率计算了超额回报（超过无风险收益率）和投资组合波动性（标准差）的比值，计算出了每1%的波动性（风险）会带来多少超额收益。比如基金

A 的波动率是 10%，收益率是 14%，无风险收益率是 4%，那么它的风险收益比率（夏普比率）就是（14% - 4%）÷ 10% = 1.0，如果另一只基金 B 的收益率是 12%，那么 B 的风险收益比率只有 0.8，这说明 A 每承受 1% 的风险可以带来 1% 的收益，而 B 每承受 1% 的风险只能带来 0.8% 的收益。

除了可以对不同的投资组合进行风险—收益的比较，风险收益比率还可以用于对收益率进行调整。比如两只基金的波动率都是 10%，基金 A 的风险收益比率为 1.0，基金 B 的风险收益比率为 0.8，此时基金 A 的收益率为 10%，基金 B 的收益率只有 8%。因此，要想拥有 1.0 的风险收益比率，基金 B 就需要降低自己的波动率或提高自己的收益率，如果不改变投资组合，就需要基金 B "补偿" 2% 的收益率，让自己的风险收益比率可以跟基金 A 一样具有性价比，那么基金 B 的调整回报率为 8% - 2% = 6%。

根据风险收益比率，木大重新计算了 2005—2021 年四大指数的风险收益比率，并根据每个时间段的最高风险收益比率对其他指数的收益率进行了调整，结果如表 4-3 所示。

表 4-3 四大主要指数各时期的收益率

指数	波动率	年化收益率	风险收益比率	调整后收益率
2005—2010 年				
上证 50	26.90%	14.84%	0.55	14.77%
沪深 300	27.91%	19.62%	0.70	14.38%
中证 500	31.79%	27.08%	0.85	27.08%
中证 1000	33.76%	27.74%	0.82	27.20%
2011—2015 年				
上证 50	17.15%	1.05%	0.06	0.72%
沪深 300	14.97%	0.59%	0.04	0.37%
中证 500	15.34%	3.66%	0.24	3.02%
中证 1000	15.75%	6.34%	0.40	6.34%
2016—2021 年				
上证 50	12.86%	5.31%	0.41	4.96%
沪深 300	13.97%	6.15%	0.44	6.15%
中证 500	15.39%	2.99%	0.19	2.38%
中证 1000	19.89%	1.95%	0.10	1.53%

续上表

指　　数	波动率	年化收益率	风险收益比率	调整后收益率
2005—2021 年				
上证 50	47.61%	9.27%	0.19	8.78%
沪深 300	48.40%	10.49%	0.22	10.22%
中证 500	49.51%	11.76%	0.24	11.76%
中证 1000	50.68%	12.04%	0.24	12.04%

可以看出，定量分析的结论跟定性分析的结论基本一致。在 2005—2015 年的两次大起大落中，一直是中小盘股在唱主角，而且的确体现出"高风险高收益"的特征，中证 500 和中证 1000 的波动性基本高于上证 50 和沪深 300 的波动性，相应地，两个指数的收益率也远高于上证 50 和沪深 300 的收益率。原因在前面已经讲过，伴随着中小盘股上市套现和庄家、主力的爆炒，中小盘股的高收益可以无视自己的高风险，因为风险得到了补偿。可是，当时间来到 2016 年，当收益率没有那么亮眼时，其高波动会进一步拖累收益，因为波动，中证 500 减少了 0.61%的收益，中证 1000 减少了 0.42%的收益。

如果看 2005—2021 年的数据，那么目前中证 500 和中证 1000 依然占优，虽然波动率略高，但是收益率仍高于其他两个蓝筹指数。但是，正如上面分析的那样，中小盘指数的高收益有各种各样的历史原因，而且这超过 1%的超额收益并不来源于股票背后公司的盈利或者成长，反而来源于投机、情绪和监管缺位。当监管趋严、制度逐步健全时，就看到了 2016—2021 年的明显转变，高波动不再能带来高收益，相反，稳健的、具有一定确定性的上证 50 和沪深 300 大幅领先了另外两个指数，而且随着机构和股民、基民的进一步成熟，这一趋势将得以延续。所以，从定量分析的结论来看，沪深 300 也将是未来最有潜力的指数。

从三个五年区间股市的表现中也能看出来，虽然进步很迟缓也很艰难，但是整个市场在朝着一个健康的方向前行。投机和情绪将永远存在于资本市场中，即使成熟如美股也不能避免，我们能做的就是去了解股价背后的逻辑和原理，然后选择确定性高、最具性价比、风险收益比率最高的投资标的。

4.2.2　选行业指数

对绝大多数投资者来说，买宽基指数是最好的选择，特别是对投资知识相对欠缺的初级投资者来说，买沪深 300 是最省心、省力的基金投资方式。其实，不只是新手，即使是有一定股票、基金购买经验和基本金融知识的投资者，买宽基指数仍然是最佳的选择。当你的基金、股票知识积累到一定程度后，你就会得出一个结论：个人投资者想战胜市场是一件十分困难的事情。

股票投资的难度在于，它本身是一个随机事件，从某种程度来看，下一个交易日股价的涨跌跟扔硬币之间没有区别，涨跌各占一半的概率，还有不高的横盘（硬币立起来）概率。而这里面唯一的确定性就是股票的价值取决于背后公司的价值，而这个价值取决于公司现在的价值和未来的价值。即使以这个标准来看，投资股票依然十分困难，估算一家公司的价值已经需要一支收购或者清算团队，而估算一家公司未来的价值几乎跟算命一般，充满了变数。况且，即使你自认为计算出了股票真正的价值，还得寄希望于公司的财务报表真实，公司没有内幕交易等，有太多不可控的因素影响着结果，最终成功的概率可能还不如硬币正面朝上的概率高。

不只是个人投资者，即使是顶级基金公司的顶流基金经理，也很难避免"踩雷"。按说这些顶流基金经理以投资为主，深入研究部分行业和公司，去很多公司多次实地调研，甚至可以跟管理层直接沟通，提前知道公司的一些大动作和内幕，可是从历史记录来看，即使有这样深入的了解和调查，基金经理也难免判断错误，在错误的时间重仓了错误的公司，亏掉了基金持有人的钱，自己也颜面扫地。看来，即使是业内人士，比起普通投资者，他们已经占尽了优势，如信息优势、团队优势、资金优势，却依然不敢保证每年都跑赢沪深300。既然跑赢沪深300是一件非常困难的事情，为什么不直接购买沪深300呢？

当然，包括木大自己在内，很多人是不信这个邪的。在一些人眼里，别人没有成功是因为不够努力、不够刻苦、不够聪明，事情如果由我们来做，就会变得大不一样。这可以说是一种无知，也可以说是一种浪漫，在这里不予置评，但现实情况是，即使知道买宽基指数是最好的选择，也有太多的人不满足于"市场的平均收益"，想通过自己的努力来更进一步超越市场的平均水平。那么，下面就聊聊如何靠窄基指数"更进一步"。

在这之前木大想重申一下，对绝大多数人来说，沪深300一只基金就已经足够，即使是想自己试试来提高收益率的读者，也不该用超过20%的资金来购买行业指数基金。

行业指数的选择可以继续跟着巴菲特学习。在2007年致伯克希尔·哈撒韦股东的信中，巴菲特再次提起了芒格和他寻找的投资机会：（1）业务看得懂；

（2）持续发展的市场前景；（3）诚实有能力的管理层；（4）诱人的价格。

由于从事的是行业指数基金，所以，我们不太需要担心管理层，毕竟市场会帮我们大浪淘沙，恰好管理层也是最难衡量和评价的一条，可以略过，那么剩下的就是业务看得懂、市场前景好以及诱人的价格了，木大将其总结为好生意和好价格。

无论是巴菲特还是彼得·林奇，都很重视"业务看得懂"这一条。彼得·林奇说过，如果你不能在 2 分钟内向一位 10 岁的小孩解释清楚你为什么持有一只股票，你就不该持有它。巴菲特不买科技股的理由也是"我不懂"或者"我不了解"。所以，购买行业指数的第一条建议是你要了解这个行业。

这个了解不是指泛泛的了解，而是要细致到了解这个行业的盈利模式和发展趋势。举个例子，木大拥有美国混凝土材料的博士学位，回国后在国内排名前三的水泥公司里供职，即使这样，木大也不认为自己完全了解水泥行业。很多研报认为水泥行业的重要优势在于成本管控，但是根据木大的理解，水泥行业最大的优势在于石灰石的开采权，其次是运费，最后才是生产水泥的成本管控，这就会在行业前景的判断上造成很大的差别。

这仅仅是建材分支下的水泥这一个细分领域，对于很多领域来说，涉及上游原材料的开采和加工，中上游对初级产品的二次加工，中游的零件加工，中下游的零件组装，下游的终端销售，每个环节都有自己的盈利模式，但是又被产业链连接在一起。对于这样的行业，又有几个人敢说自己真正了解呢？

就拿 2018 年—2022 年市场关注的半导体行业来说，上游是原材料和设备生产，原材料生产包括硅晶圆、光刻胶、靶材、封装材料的生产，设备生产包括单晶炉、光刻机、检测设备的设计和生产（九大类，上百种），中游包括集成电路的设计、制造和封测，以及光电子、传感器和分立器件的生产，下游包括消费电子、通信及汽车电子的应用，究竟哪个环节赚钱，哪个环节有技术壁垒，即使是业内人士，一时半会也很难说得清。

不过，确实有部分行业是可以迅速了解的。比如白酒行业，即使不完全理解白酒是怎么通过发酵窖池来进行微生物繁殖的，大家也可以理解白酒行业的商业逻辑是"生产—装瓶—销售"，如此简单。不止白酒，绝大多数消费品，比如牛奶、酱油、家电，都属于稍微阅读和学习一下就可以了解的行业。

另外，正如前面提到的京东方，那些需要国家长期大力补贴的行业多是未来会支撑我们成为科技强国的重要行业，但是这些行业目前还不具备较强的盈利能力，跟这种业务简单的行业相比，产业复杂的新兴行业多数具有较强的不确定性。

有人会觉得不真实，毕竟，2021—2022年，蓝筹白马股倒下一片，唯一能撑起大盘的就是光伏、新能源汽车、半导体几条赛道，如果它们不是好行业，那么它们为什么会涨，而且从2019年开始足足上涨了近两年。

这是一个无论是选基金还是选股票都需要避开的误区：一是因为它之前在涨，所以，未来也会涨；二是因为它涨了很久、涨了很多，所以，它一定是优质公司/指数/行业。听起来很简单的道理，可事实上，新手入场最多的时候正是牛市即将结束前，大家形成了"会一直涨下去"的共识。我们不去具体分析赛道为什么不属于"好行业"，在这里只谈木大眼里好行业的标准。

木大所说的好行业指的是长期"三高"的行业：高ROE、高行业壁垒、高预期。

ROE指的是股东投入的资产每年能赚百分之多少的净利润（净利润÷净资产），可以用杜邦分析法将ROE拆成净利率×周转率×杠杆率，正好代表了一家企业或一个行业的经营状况和竞争力。

净利润很好理解，指的是收入里扣除产品本身的成本还有管理等产生的费用得到的利润，而净利率一般由上游原材料价格、公司本身的三费及行业在产业中的地位决定，比如家电行业的利润率会因原材料价格上涨而下跌，燃料电池行业很难跟自己下游的新能源汽车企业谈价格。周转率指的是对资金的利用率，或者说产品销售的快慢，是一个比较有行业特征的数据。有的行业薄利多销，虽然净利率较低，但是周转率很高；相反，有的行业虽然净利率很高，但是由于生产周期长或者需求没那么旺盛，很难做到高周转。一般来说，净利率和周转率很难同时提升，毕竟促销主要依靠降价，而降价在提高周转率的同时也会降低净利率。杠杆率是公司负债风险的指标，杠杆率的倒数——杠杆倍数可以用来衡量企业或者行业的偿债风险，高杠杆意味着市场好的时候赚得更多，但同时意味着当行业下行或者利率收紧时公司容易出现债务风险。

把一家企业近5~10年的ROE变化拆解开来，就可以对这家企业有一个大致的了解，比如净利率有没有提高（竞争力提高或议价能力提高）、周转率有没有下降、杠杆率有没有升高，都能反映出一家企业的发展趋势。对于行业来说，虽然行业内部公司的经营水平各有不同，但是行业整体特征是不变的，比如白酒行业近10年的平均净利率高达33.23%，而连锁超市近10年的平均净利率只有1.98%；但白酒行业的周转率平均在0.5左右，而连锁超市周转率平均为1.35；

在杠杆率（权益乘数）方面，贵州茅台几乎不用融资（2001年上市后再无融资），平均权益乘数只有1.41，而连锁超市的权益乘数常年在2.2以上，2021年更是直接飙升到4.01。算下来，白酒行业的10年平均ROE是25.66%，而连锁超市的10年平均ROE只有4.28%，白酒是好生意，连锁超市不是好生意。

巴菲特曾说，如果非要用一个指标来选股，那么他会选择ROE，那些ROE常年稳定在20%以上的公司都是好公司，投资者应当考虑买入。这个要求对上市公司来说本来就很高，对一个行业来说更是难以企及，目前只有白酒和医药两个行业可以满足这个要求，而且医药行业在集采影响下是否可以维持该ROE水平也未可知。由于衡量的是整个行业，所以，可以适当放宽要求，行业平均ROE常年高于10%，且行业里龙头公司的10年平均ROE高于15%，这样的行业就可以考虑。在这里提醒一下，重要的不是10%、15%这两个数字，而是"常年"和"10年平均"的时间跨度，一两年的ROE爆发不是什么新鲜事儿，甚至可以靠高杠杆立马实现，但长期做到高ROE就不那么容易了。

高行业壁垒，意思是技术门槛高，不是有钱就能进入的行业。2018年以来，由于我国经济增速放缓，不少企业开始了多元化发展或者所谓的转型发展，比如房企或者家电企业入局新能源汽车、建材企业上马光伏业务等，主要是因为企业本身的发展陷入停滞，所以，需要第二增长点，就会选择一些尚在"群雄争霸"的初创或者发展中行业，希望未来可以在新行业中分得一杯羹。相反，我们很少看到有企业跨行业去发展中高端白酒、生物医药这种高技术壁垒的业务，也很少看到有企业主动加入家电、水泥等充分竞争的行业。原因很简单，白酒需要陈年窖池，生物医药需要技术沉淀，家电需要技术和品牌，水泥需要矿山开采权和渠道，即使资金实力十分雄厚，也很难从0到1在这些行业里杀出一条血路来，因为钱不一定能解决所有问题。毛利率和净利率可以作为行业壁垒的两个量化指标，因为利润率在某种程度上取决于供需关系和稀缺性，供给远大于需求就会造成降价，利润率因此下跌，而供不应求就会有高价收购，利润率因此上升，所以，常年保持高利润率的行业往往具有较高的壁垒。

高预期的判断难度就大一点了，毕竟是对未来的判断，量化起来比较困难，但也不是毫无办法。判断一个行业未来的情况，可以从政策、市场容量和海外情况三个方面来进行分析。在政策方面，这个行业是不是国家重点规划中重点提到的方向，近几年国家是支持还是遏制其发展，典型的例子有在线教育行业和互联网行业。在市场容量方面，这个行业是在继续增长（比如新能源汽车、生物医药），还是已经接近饱和（比如建材行业、家电行业）。海外情况指的是发达国家相同行业的发展趋势，比如地产行业可以分析发达国家的人均住房面积，医疗器械行业可以分析中高端器械的人均拥有率与发达国家的差距等。

总的来说，好行业意味着可以很轻松地赚钱（高净利率和高 ROE 水平），而且别人很难效仿（门槛），还需要在未来可见的时间内（3~5年）有继续增长或至少维持现状的可能。没错，条件非常苛刻，而且市场、政策和宏观环境都是动态的，就像集采可能改变医药行业的盈利能力，反垄断可能改变互联网企业的盈利模式，所以，即使初步判断出了符合标准的行业，该行业也未必不会因为各种变化而导致亏损。除非能沉下心来对上述几点进行认真分析，并且严格执行自己的交易策略，否则，木大不建议任何初级投资者参与行业指数基金的投资。

4.3 选哪只基金

这个问题基于已经选择了计划投资的指数，现在需要选择跟踪该指数的基金。要了解跟踪该指数的基金，可以通过中证指数有限公司的官方网站来进行查看。在右上角的搜索栏中输入指数（必须是中证指数有限公司旗下的），就可以进入指数对应的页面，然后在页面下方"相关产品"板块中就可以看到相关的基金产品，根据产品类型可以分为指数基金、指数增强、ETF、LOF 和 ETN（交易所票据）。区别在于，指数基金完全复制指数，属于纯被动管理；指数增强有一定的主动性，从指数里选股但是持仓不一定相同。这两类产品都只能在场外交易，若在场内交易就变成了 ETF 或 LOF。

前面已经得出结论，最适合绝大多数投资者的指数是沪深 300，下面就来介绍一下如何挑选一只沪深 300 指数基金，选择其他指数基金的方法与之类似。

根据东方财富 Choice 数据，截至 2022 年 10 月，跟踪沪深 300 指数（主要跟踪标的代码 000300.SH）的指数基金（含 ETF、LOF）共有 87 只，排除成立时间不足一年的 6 只新基金，共 81 只；沪深 300 增强型基金（含 ETF、LOF）共有 86 只，排除成立时间不足一年的 10 只新基金，共 76 只。由于两类基金的管理方式和费率都不太一样，所以在这里分别进行比较。另外，由于一部分基金没有经历过 2015—2016 年的牛熊转换，所以，需要对 2016 年以前和 2016 年以后成立的基金分别进行对比。

可以从年化收益率、调整后收益率、跟踪误差、理论换手率、平均交易佣金占比、费用率等方面来进行对比。

（1）年化收益率和调整后收益率。由于基金公司没有披露持有人真实的年化收益率，也无法统计真实收益率（买入和卖出时间均不相同），所以，一般以年化收益率来进行统计，统计方式也相对简单，就是从年初到年末的净值（复权后）变化情况。这个"年化收益率"并没有统计基金的成本，这里的成本既包括显而易见的申购、管理、托管、销售费用这些写在合同里的费用，也包括基金自身的运作费用，比如调仓支付的交易佣金和所得税，基金的营销、投资顾问、运营费用，基金团队的薪酬等。根据约翰·博格的计算，美国的主动型管理基金的直接和间接管理费用的平均值在基金资产规模的2%以上。为了更好地代表基金持有人实际的收益率，在这里会将部分成本剔除来计算出"调整后收益率"。

（2）跟踪误差。跟踪误差指的是基金本身的收益率和跟踪的指数本身收益率之间的差距。由于是基金经理人为跟踪指数，还要根据市场变化（分红、停牌、半年的指数调整等）、持有人变化（大额申购、大额赎回）和打新套利等操作来获取额外收益，因此，收益率会与指数本身收益率之间产生一定的误差。

（3）理论换手率。换手率虽然不会在基金的定期报告里直接公布，但是可以自己计算，具体方法就是计算出期初和期末的买入金额和卖出金额之差，除以基金当期的资产，就可以得到基金当期的换手率。这个数据的主要意义是表征基金的调仓情况。作为指数基金，主要目标就是尽量模拟指数的走势，但是上述产生跟踪误差的各种因素不但会影响跟踪误差，也会影响换手率，比如突如其来的大额申购和大额赎回就需要基金经理临时卖出和买入大量股票，预判指数调整并调仓后发现方向错误也会引起换手率的波动。因此，指数基金的规模十分重要，规模较大的指数基金不容易受到大额申购和大额赎回的影响。

（4）平均交易佣金占比。各只基金会在定期报告里公布自己当期的交易佣金（或交易费用），也就是由于股票买入、新股申购等操作支付给交易所的费用。当然，由于基金规模不同，本身佣金的数额意义不大，这里在处理后计算出了佣金与当期基金规模的比值作为参考。另外，交易费用忽略了一项重要费用，那就是在股票卖出时支付的股息红利税。理论上，如果持有一只股票无限长时间，则永远不用缴纳股息红利税。在我国，持股一年以上不收取股息红利税，持股超过一个月不足一年收取20%的股息红利税但是按50%计入应交税所得额，持股不足一个月则对分红征收20%的股息红利税。

（5）费用率。这里主要统计了基金的管理费（每年）、托管费（每年）、销售服务费（每年）、指数使用费用（每年）、申购费用（每次，前端或后端）、赎回费用（每次，前端或后端）。由于统计的都是五年期间的费率，所以，对于申购和赎回费用采取分摊到五年的处理方式。

如表4-4所示，根据上述维度，统计了2011—2016年沪深300指数基金的情况，同一时期沪深300的累计涨幅为12.67%，也就是说这五年沪深300仅涨了12%，如果看每年涨幅，那么2011年、2012年、2014年沪深300都在下跌，2011—2012年两年的累计跌幅为45%。

2011—2016年，共有26只跟踪沪深300的指数基金，其中一只因为成立时间相对2016年过短并没有被纳入统计范围，所以，这里仅统计了25只指数基金的相关数据。

表4-4 2011—2016年沪深300指数基金的关键数据

基金编号	年化收益率	成立年限（年）	年化跟踪误差	平均理论换手率	平均交易佣金占比	费用率	成本合计	调整后收益率
1	7.46%	19.12	5.64%	161.68%	0.260%	1.78%	2.04%	5.42%
2	3.85%	18.38	1.18%	68.89%	0.122%	1.78%	1.90%	1.95%
3	5.02%	17.11	1.88%	—	0.042%	1.20%	1.24%	3.78%
4	4.65%	16.51	1.78%	67.75%	0.122%	1.44%	1.56%	3.09%
5	3.93%	14.91	2.21%	60.20%	0.098%	1.20%	1.30%	2.63%
6	4.31%	13.77	1.51%	98.49%	0.140%	1.14%	1.28%	3.03%
7	4.59%	13.59	1.28%	88.09%	0.136%	1.14%	1.28%	3.31%
8	3.94%	13.54	1.25%	—	0.133%	1.14%	1.27%	2.66%
9	4.78%	13.51	1.45%	193.71%	0.351%	1.44%	1.79%	2.99%
10	5.34%	13.24	2.25%	204.92%	0.002%	1.14%	1.14%	4.19%
11	4.70%	13.12	1.59%	—	0.060%	0.76%	0.82%	3.88%
12	2.11%	12.98	3.01%	159.63%	0.312%	1.78%	2.09%	0.02%
13	4.32%	12.92	1.30%	84.72%	0.168%	1.44%	1.61%	2.72%
14	4.09%	12.18	1.50%	53.54%	0.097%	1.44%	1.54%	2.56%
15	7.29%	11.93	4.11%	77.06%	0.099%	1.51%	1.60%	5.69%
16	12.71%	11.49	1.27%	77.94%	0.119%	1.31%	1.43%	11.28%
17	10.28%	10.68	3.86%	307.45%	0.475%	1.78%	2.25%	8.03%
18	13.09%	10.58	10.77%	154.56%	0.269%	1.16%	1.43%	11.66%
19	14.56%	10.42	1.55%	127.66%	0.189%	0.63%	0.82%	13.74%

续上表

基金编号	年化收益率	成立年限（年）	年化跟踪误差	平均理论换手率	平均交易佣金占比	费用率	成本合计	调整后收益率
20	14.85%	10.42	1.84%	30.98%	0.034%	0.63%	0.66%	14.18%
21	14.26%	10.36	3.47%	157.65%	0.002%	1.10%	1.10%	13.16%
22	15.28%	9.78	2.37%	26.12%	0.005%	0.63%	0.64%	14.65%
23	24.59%	9.63	1.28%	27.46%	0.034%	0.63%	0.66%	23.93%
24	24.83%	9.59	1.38%	58.24%	0.024%	0.27%	0.29%	24.53%
25	6.53%	8.34	1.10%	91.52%	0.086%	1.10%	1.19%	5.34%
平均	8.85%	14.45	2.43%	108.10%	0.14%	1.18%	1.32%	7.54%

从平均数据来看，指数基金在这五年内的平均收益率为8.85%，远高于指数的涨幅，跟踪误差相对较低，平均理论换手率由于个别基金的原因变得较高，平均交易佣金占比超过0.1%，费用率为1.18%，调整后收益率为7.54%。

用简单的统计手段进行分析，会发现跟调整后收益率相关性最大的分别为成立年限（$R^2=0.4394$）和费用率（$R^2=0.5222$），成立年限越短，费用率越低，收益率越高。R^2在统计里可以描述为两个因素的相关性，理论上，R^2在0.8以上才能说两个数据相关，但是股票市场上数据离散性太大，绝大多数数据之间的R^2不会超过0.1，所以能有这样的相关性实属不易。

成立年限和收益率的相关性比较好解释。由于2011—2012年市场下行，成立较早的基金收益率就会受当时市场整体下行的影响，而成立较晚的基金，特别是成立于2012年以后的基金收益率却没有受到影响，反而享受了2013年和2015年两波市场整体上涨的红利，所以，相关性较强。

费用率和收益率的强相关性很有意思，交易佣金占比和换手率跟收益率的相关性极差，直接费用率却跟收益率有很强的相关性。可以这样认为，直接费用（管理费、托管费、申购费等）越高的指数基金，收益率可能越差。图4-9为调整后收益率与费用率的相关性情况。

如果仔细研究数据就会发现，交易佣金占比和换手率之间其实并没有绝对关系。理论上，高换手率势必导致高交易佣金占比，毕竟交易佣金就是由于换手而产生的，但这样的关系并没有在这里体现。有的基金理论换手率极高，比如基金8的理论换手率达到1 523%，基金11的理论换手率甚至达到10 000%以上，而对应的交易佣金占比却明显低于其他基金。对此合理的解释是，基金规模变化的扰

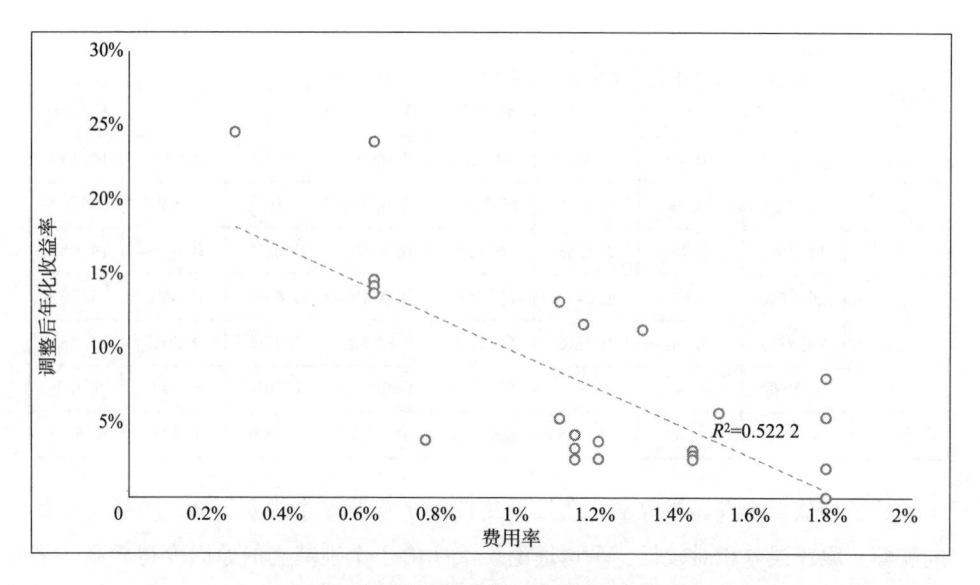

图 4-9　调整后收益率与费用率的相关性

动和交易佣金未及时缴纳的扰动。当基金规模迅速缩水（大量赎回）时，基金经理会被迫卖出股票，导致低价卖出（换手率上升），同时规模缩水也会导致换手率提高，于是就有了如此夸张的换手率。事实上，如果剔除几个明显不合理的换手率（超过 500%），那么剩下的基金 2011—2016 年的平均理论换手率为 108.10%，虽然仍然是一个较高的数字，但是已经合理很多。

另一个发现是成本对收益率有显著影响。部分基金的成本甚至高达 2% 以上，比如基金 1、基金 12 和基金 17 的成本均在 2% 以上，根据其调整后收益率，成本占这三只基金年化收益率的比率分别为 37.64%、104.5% 和 28.02%。基金 12 主要因为其低收益率（本身年化收益率只有 2.11%），所以，该比率较为夸张。但事实上，即使计算平均值，排除基金 12，指数基金成本占了其收益率的 31.45%。换句话说，年化收益有近三分之一被作为成本抽走了。不进行调整，采用理论收益率，成本占基金收益率的比率也达到 21.63%（依然排除基金 12），超过五分之一的收益被成本吞噬了。

2016 年以前成立的沪深 300 指数基金样本量不多，自 2016 年以后，跟踪沪深 300 的指数基金数量增长了两倍有余，截至 2022 年底，已经有 81 只跟踪沪深 300 的指数基金采用相同的计算方式，计算了这些基金的相关数据，如表 4-5 所示。

表4-5 2016—2021年沪深300指数基金的关键数据

基金编号	年化收益率	成立年限（年）	年化跟踪误差	平均理论换手率	平均交易佣金占比	费用率	成本合计	调整后收益率
1	7.46%	19.12	4.37%	224.91%	0.33%	1.78%	2.11%	5.34%
2	6.38%	18.38	4.08%	289.57%	0.16%	1.78%	1.94%	4.43%
3	5.52%	17.11	1.94%	—	0.05%	1.20%	1.25%	4.26%
4	5.28%	16.51	2.47%	81.45%	0.14%	1.44%	1.58%	3.70%
5	5.90%	14.91	3.37%	50.10%	0.08%	1.20%	1.28%	4.63%
6	5.46%	13.77	2.31%	—	0.03%	1.14%	1.17%	4.29%
7	5.34%	13.59	2.02%	75.92%	0.10%	1.14%	1.24%	4.10%
8	5.94%	13.54	3.12%	—	0.01%	1.14%	1.15%	4.79%
9	7.30%	13.51	5.19%	140.56%	0.23%	1.44%	1.67%	5.63%
10	5.90%	13.24	2.26%	237.07%	0.00%	1.14%	1.14%	4.76%
11	5.87%	13.12	2.65%	—	0.04%	0.76%	0.80%	5.07%
12	5.24%	12.98	4.36%	218.19%	0.39%	1.78%	2.17%	3.07%
13	6.62%	12.92	4.80%	64.62%	0.11%	1.44%	1.55%	5.07%
14	6.70%	12.18	6.46%	77.11%	0.13%	1.44%	1.57%	5.13%
15	8.91%	11.93	7.57%	58.63%	0.07%	1.51%	1.58%	7.33%
16	8.98%	11.49	2.08%	39.07%	0.07%	1.31%	1.38%	7.61%
17	9.46%	10.68	5.47%	156.03%	0.26%	1.78%	2.04%	7.42%
18	5.91%	10.58	4.66%	112.58%	0.23%	1.16%	1.39%	4.52%
19	8.99%	10.42	1.55%	71.23%	0.06%	0.63%	0.69%	8.30%
20	9.15%	10.42	1.65%	42.62%	0.03%	0.63%	0.66%	8.49%
21	8.79%	10.36	2.22%	—	0.03%	1.10%	1.13%	7.66%
22	9.46%	9.78	1.94%	39.04%	0.01%	0.63%	0.64%	8.82%
23	12.06%	9.63	3.44%	30.96%	0.01%	0.63%	0.64%	11.42%
24	11.36%	9.59	2.21%	43.81%	0.01%	0.27%	0.28%	11.07%
25	6.09%	8.34	2.38%	—	0.10%	1.10%	1.20%	4.89%
26	8.50%	8.30	9.02%	272.61%	0.35%	1.16%	1.51%	6.99%
27	6.51%	7.71	2.17%	490.46%	0.12%	1.10%	1.22%	5.29%
28	7.36%	7.13	2.80%	39.99%	0.06%	0.63%	0.69%	6.67%
29	9.31%	6.69	18.08%	282.24%	0.33%	1.88%	2.21%	7.09%
30	0.25%	6.69	2.89%	235.34%	0.33%	1.21%	1.54%	−1.29%
31	9.22%	6.25	1.99%	—	0.03%	1.30%	1.33%	7.90%

83

续上表

基金编号	年化收益率	成立年限（年）	年化跟踪误差	平均理论换手率	平均交易佣金占比	费用率	成本合计	调整后收益率
32	12.10%	6.21	7.27%	—	1.45%	1.17%	2.62%	9.48%
33	12.42%	5.85	7.10%	—	1.45%	1.37%	2.82%	9.60%
34	9.82%	5.85	3.57%	120.50%	0.22%	1.36%	1.58%	8.24%
35	9.99%	5.65	5.95%	445.56%	0.14%	1.91%	2.05%	7.94%
36	9.60%	5.65	6.26%	445.56%	0.14%	2.07%	2.21%	7.39%
37	7.81%	5.61	2.92%	—	0.00%	1.30%	1.30%	6.50%
38	10.09%	5.08	5.21%	227.95%	0.15%	1.08%	1.23%	8.86%
39	9.91%	5.08	5.39%	227.95%	0.15%	1.17%	1.32%	8.59%
40	6.95%	4.78	3.02%	64.66%	0.09%	0.63%	0.72%	6.23%
41	18.47%	4.71	2.06%	54.49%	0.08%	0.63%	0.71%	17.76%
42	16.95%	4.67	1.02%	290.94%	0.00%	1.20%	1.20%	15.74%
43	17.48%	4.54	1.14%	39.98%	0.07%	1.47%	1.54%	15.94%
44	18.47%	4.50	2.36%	—	0.03%	1.10%	1.13%	17.34%
45	18.06%	4.50	2.63%	—	0.03%	1.30%	1.33%	16.73%
46	19.27%	4.47	3.24%	64.26%	0.09%	1.40%	1.49%	17.78%
47	18.16%	4.45	1.87%	657.30%	0.05%	1.15%	1.20%	16.96%
48	16.88%	4.26	0.83%	—	0.04%	1.15%	1.19%	15.69%
49	16.60%	4.24	2.96%	141.25%	0.19%	1.12%	1.31%	15.30%
50	16.46%	4.16	0.98%	—	0.07%	1.30%	1.37%	15.09%
51	13.17%	3.71	3.84%	431.98%	0.17%	1.78%	1.95%	11.21%
52	16.23%	3.70	7.00%	129.03%	0.20%	1.40%	1.60%	14.63%
53	10.03%	3.70	1.17%	74.56%	0.09%	1.30%	1.39%	8.64%
54	12.68%	3.61	4.20%	169.06%	0.31%	1.52%	1.83%	10.84%
55	17.35%	3.60	8.47%	121.12%	0.14%	0.99%	1.13%	16.22%
56	12.17%	3.57	3.02%	99.74%	0.16%	1.30%	1.46%	10.71%
57	11.58%	3.45	2.26%	—	0.06%	0.72%	0.78%	10.80%
58	10.80%	3.38	1.53%	185.38%	0.12%	0.58%	0.70%	10.10%
59	8.93%	3.33	1.28%	45.64%	0.05%	1.67%	1.71%	7.21%
60	17.15%	3.24	7.75%	195.20%	0.18%	0.72%	0.90%	16.25%
61	17.05%	3.24	7.85%	195.20%	0.18%	0.62%	0.80%	16.25%
62	8.47%	3.12	2.71%	—	0.13%	1.05%	1.18%	7.29%
63	8.24%	3.12	2.60%	—	0.13%	1.10%	1.23%	7.01%

续上表

基金编号	年化收益率	成立年限（年）	年化跟踪误差	平均理论换手率	平均交易佣金占比	费用率	成本合计	调整后收益率
64	20.95%	3.03	11.59%	416.17%	0.16%	0.63%	0.79%	20.16%
65	14.34%	2.86	5.08%	43.03%	0.07%	0.38%	0.45%	13.89%
66	13.80%	2.84	4.59%	157.71%	0.25%	0.23%	0.48%	13.32%
67	11.59%	2.83	2.26%	55.12%	0.04%	0.63%	0.67%	10.92%
68	13.07%	2.81	4.54%	254.27%	0.34%	0.23%	0.57%	12.50%
69	18.46%	2.78	9.10%	125.07%	0.07%	0.23%	0.30%	18.15%
70	13.40%	2.78	3.95%	—	0.04%	0.76%	0.80%	12.60%
71	13.29%	2.78	4.05%	—	0.04%	0.80%	0.84%	12.45%
72	16.21%	2.78	6.66%	—	0.08%	1.10%	1.18%	15.03%
73	16.01%	2.78	6.86%	—	0.08%	1.10%	1.18%	14.83%
74	11.21%	2.77	1.85%	111.68%	0.05%	0.48%	0.53%	10.68%
75	-0.14%	2.50	5.20%	192.47%	0.31%	0.23%	0.54%	-0.68%
76	5.12%	2.48	10.46%	173.47%	0.17%	0.23%	0.40%	4.72%
77	-3.74%	2.26	1.20%	—	0.11%	0.95%	1.06%	-4.80%
78	-4.14%	2.26	1.60%	—	0.11%	1.15%	1.26%	-5.41%
79	0.67%	2.17	5.81%	—	0.06%	0.60%	0.66%	0.01%
80	0.47%	2.17	6.01%	—	0.06%	0.70%	0.76%	-0.29%
81	-5.74%	2.06	0.40%	325.87%	0.16%	0.63%	0.79%	-6.53%
平均	9.99%	6.75	4.10%	172.43%	0.15%	1.07%	1.22%	8.77%

"—"表示数据未公开

在平均数据方面，年化收益率有所提高，但跟踪误差和理论换手率也都有了大幅提高，理论换手率的计算还剔除了格外高（超过10 000%）的异常数据，也达到1 093.21%，进一步剔除高于500%理论换手率的基金，平均理论换手率也达到172.43%，依然是大幅提高。相比而言，交易费用和运营费用出现了小幅下降，这跟基金行业整体的发展和基金公司、券商相互间的竞争有关。

在这组数据里，再也没有找到像2011—2016年各项数据之间那样的相关性，费用率跟年化收益率之间也没有了之前的强相关性，每组数据都处于随机分布的状态。而且跟上一组数据一样，理论换手率和交易佣金占比之间完全没有对应关系，这一点单从数据的角度来说是很难接受的，因为这两个数据在理论上应该存在很强的对应关系。对此，比较合理的解释是理论换手率的计算方式和交易佣金的结算方式都存在延迟和变化。

由此可以得出一个类似的结论：即使成本有所降低（1.22%），但是相较于8.77%的收益率，它仍然占据了实际收益的13.91%，或者理论收益的12.21%，唯一的不同之处是指数本身的涨幅较大，使得成本消耗看起来变小了，事实上依然是很大的损失。假设在2011年投入了10 000元，那么在2011—2016年每年1.22%的成本意味着我们将支付732元的成本，这在本金里已经占去了7.3%，要知道，在有的年份里，指数全年的涨幅也不达到7.3%。

所以，低成本是选择指数基金的核心，即使在同一时期，部分基金的合计成本只有0.40%，而部分基金的合计成本高达2.21%。也就是说，在买入基金那一刻，有人已经因为费率差距领先了别人1.81%的年化收益率。

有的投资者并不在意这1.81%的差距，毕竟，如果长期从事股票交易，那么个股单日的涨跌波动也远高于1.81%。但是，如果投资者了解一些统计学的知识，就会发现这1.81%无比重要。

首先，即使不考虑费率，股票市场整体是一个"零和游戏"，因为有人折价买入必定意味着有人折价卖出，挣钱、亏钱相互抵消，所以成了"零和"。其次，在自媒体和流量爆炸时代，我们经常听到或者看到某只股票半年翻倍，某只基金三个月涨幅达50%，于是开始拒绝相信股票市场近10年的平均涨幅不足5%，再扣除通货膨胀可能还不到3%。当10年平均涨幅不足3%时，你会发现，每年1.81%的收益变得格外重要，超过可能得到的收益率的50%。

另一个结论来自两个五年的对比，具体如表4-6所示。

表4-6 沪深300指数基金2016年前后的关键数据对比

基金编号	年化收益率		跟踪误差		理论换手率	
	2011—2016年	2016—2021年	2011—2016年	2016—2021年	2011—2016年	2016—2021年
1	7.46%	7.46%	5.64%	4.37%	161.68%	224.91%
2	3.85%	6.38%	1.18%	4.08%	68.89%	289.57%
3	5.02%	5.52%	1.88%	1.94%	—	—
4	4.65%	5.28%	1.78%	2.47%	67.75%	81.45%
5	3.93%	5.90%	2.21%	3.37%	60.20%	50.10%
6	4.31%	5.46%	1.51%	2.31%	98.49%	—
7	4.59%	5.34%	1.28%	2.02%	88.09%	75.92%
8	3.94%	5.94%	1.25%	3.12%	—	—

续上表

基金编号	年化收益率 2011—2016年	年化收益率 2016—2021年	跟踪误差 2011—2016年	跟踪误差 2016—2021年	理论换手率 2011—2016年	理论换手率 2016—2021年
9	4.78%	7.30%	1.45%	5.19%	193.71%	140.56%
10	5.34%	5.90%	2.25%	2.26%	204.92%	237.07%
11	4.70%	5.87%	1.59%	2.65%	—	—
12	2.11%	5.24%	3.01%	4.36%	159.63%	218.19%
13	4.32%	6.62%	1.30%	4.80%	84.72%	64.62%
14	4.09%	6.70%	1.50%	6.46%	53.54%	77.11%
15	7.29%	8.91%	4.11%	7.57%	77.06%	58.63%
16	12.71%	8.98%	1.27%	2.08%	77.94%	39.07%
17	10.28%	9.46%	3.86%	5.47%	307.45%	156.03%
18	13.09%	5.91%	10.77%	4.66%	154.56%	112.58%
19	14.56%	8.99%	1.55%	1.55%	127.66%	71.23%
20	14.85%	9.15%	1.84%	1.65%	30.98%	42.62%
21	14.26%	8.79%	3.47%	2.22%	157.65%	—
22	15.28%	9.46%	2.37%	1.94%	26.12%	39.04%
23	24.59%	12.06%	1.28%	3.44%	27.46%	30.96%
24	24.83%	11.36%	1.38%	2.21%	58.24%	43.81%
25	6.53%	6.09%	1.10%	2.38%	91.52%	—
平均	8.85%	7.36%	2.43%	3.38%	108.10%	108.08%

在表4-6中对比了25只基金2011—2016年和2016—2021年的表现，整体可以看出，前五年表现不好的基金后五年可能有所改善，而之前表现优异的基金之后也可能差强人意，但是基本围绕平均值在波动。因此，至少从指数基金来看，除了极个别基金（需要99%的运气和1%的努力来发掘），基金以往业绩的参考价值非常有限，都会掉落回市场的平均水平，这也被约翰·博格称为"牛顿对华尔街的诅咒"，即基金表现都会被拉回平均水平，市场平均水平就像重力一样无处不在。

在这个理论的基础上，对指数基金来说，既然无法提前挑选出"超越市场水平的基金"，那么我们能做的最有效的事情就是找到成本最低的指数基金，这也是选择指数基金的黄金法则。

补充一点：关于指数基金的规模，由于没有找到明确的规律，并且部分基金规模变动较大，所以，没有在表中展示出来。但是，对于指数基金来说，规模越大，说明其抗赎回的能力越强。所以，在考虑成本低廉的同时，尽量选择规模较大的指数基金。

相对地，我们也对同时期的沪深300指数增强型基金进行了统计，如表4-7所示。

表4-7　2011—2016年沪深300指数增强型基金的关键数据

基金编号	年化收益率	成立年限（年）	年化跟踪误差	平均理论换手率	平均交易佣金占比	费用率	成本合计	调整后收益率
1	13.61%	17.86	13.95%	512.35%	0.44%	1.74%	2.18%	11.43%
2	4.98%	13.09	2.99%	216.67%	0.39%	1.76%	2.15%	2.83%
3	9.33%	12.81	7.73%	247.06%	0.42%	1.74%	2.16%	7.17%
4	9.73%	12.46	7.57%	249.37%	0.41%	1.33%	1.73%	8.00%
5	4.38%	11.82	2.76%	230.53%	0.37%	1.71%	2.07%	2.31%
6	15.05%	11.50	17.35%	—	0.11%	1.71%	1.82%	13.23%
7	16.03%	11.42	16.13%	361.30%	0.59%	1.82%	2.41%	13.62%
8	12.31%	10.42	1.53%	70.27%	0.27%	1.34%	1.61%	10.70%
9	17.53%	10.25	4.74%	466.32%	0.17%	1.57%	1.74%	15.79%
10	20.15%	9.20	3.40%	90.06%	0.34%	1.96%	2.30%	17.85%
11	21.80%	9.02	3.97%	1449.25%	0.70%	1.87%	2.56%	19.23%
12	22.45%	9.02	3.74%	1449.25%	0.70%	1.71%	2.40%	20.05%
13	30.46%	8.94	8.55%	373.27%	0.50%	1.76%	2.25%	28.21%
14	27.87%	8.38	22.44%	1196.00%	0.30%	1.62%	1.92%	25.95%
15	12.43%	7.78	7.00%	426.76%	0.45%	1.70%	2.15%	10.28%
平均	15.87%	10.93	8.26%	524.18%	0.41%	1.69%	2.10%	13.78%
同期沪深300指数基金	8.85%	14.45	2.43%	108.10%	0.14%	1.18%	1.32%	7.54%
"—"表示数据未公开								

基金增强型沪深300指数的数量更少，但表现十分亮眼，大幅跑赢了同期的指数基金，虽然跟踪误差、换手率和交易佣金占比都远高于指数基金，但只要收益率够高，似乎不值得在意。

如表4-8所示，当比较2016—2021年数据的时候，影响就比较明显了，指数增强型基金本来有1.54%的优势，却因为费用率较高，调整后只领先同期指数基金0.61%，剩下的都被成本吞噬了。如果仅用收益率去进行对比，那么0.61%的超额收益率是有吸引力的，但不能忽略的是，因为要获取0.61%的超额收益率，指数增强型基金的换手率是指数基金换手率的近三倍，2011—2016年甚至在四倍以上。

表4-8 2016—2021年沪深300指数增强型基金的关键数据

基金编号	年化收益率	成立年限（年）	年化跟踪误差	平均理论换手率	平均交易佣金占比	费用率	成本合计	调整后收益率
1	10.35%	17.86	7.25%	266.01%	0.42%	1.74%	2.16%	8.19%
2	8.50%	13.10	6.27%	501.73%	0.79%	1.76%	2.54%	5.96%
3	8.98%	12.81	6.06%	222.69%	0.37%	1.74%	2.11%	6.87%
4	10.89%	12.46	6.55%	325.14%	0.56%	1.33%	1.88%	9.00%
5	10.57%	11.83	6.21%	140.81%	0.22%	1.71%	1.93%	8.65%
6	5.60%	11.50	7.63%	354.19%	0.21%	1.71%	1.92%	3.69%
7	9.17%	11.42	5.25%	561.99%	1.06%	1.82%	2.88%	6.29%
8	9.21%	10.42	7.14%	197.81%	0.54%	1.34%	1.88%	7.34%
9	9.34%	10.26	5.58%	410.26%	0.17%	1.57%	1.74%	7.60%
10	3.91%	9.20	3.46%	297.49%	0.56%	1.96%	2.52%	1.40%
11	11.67%	9.03	7.99%	871.93%	0.53%	1.87%	2.40%	9.27%
12	12.12%	9.03	8.37%	871.93%	0.53%	1.71%	2.24%	9.88%
13	8.94%	8.94	6.15%	330.83%	0.56%	1.76%	2.32%	6.61%
14	7.67%	8.39	9.59%	640.84%	0.89%	1.62%	2.50%	5.17%
15	8.51%	7.78	4.10%	248.21%	0.30%	1.70%	1.99%	6.51%
16	8.71%	7.65	5.33%	450.19%	0.45%	2.02%	2.47%	6.24%
17	9.21%	7.65	5.72%	450.19%	0.45%	1.74%	2.19%	7.01%
18	7.46%	6.89	9.31%	640.84%	0.89%	1.52%	2.40%	5.05%
19	10.38%	6.77	6.33%	803.88%	0.56%	1.32%	1.88%	8.50%
20	10.30%	6.77	6.25%	803.88%	0.56%	1.52%	2.08%	8.23%
21	15.22%	6.03	7.63%	654.88%	0.47%	1.84%	2.31%	12.91%
22	10.66%	6.03	10.98%	654.88%	0.47%	1.64%	2.11%	8.55%
23	14.83%	5.82	7.49%	318.04%	0.49%	1.71%	2.20%	12.63%
24	12.27%	5.70	7.99%	397.87%	0.63%	1.82%	2.45%	9.82%
25	14.27%	5.70	10.32%	397.87%	0.63%	1.66%	2.29%	11.98%
26	11.01%	5.65	6.28%	356.60%	0.64%	1.39%	2.03%	8.98%
27	13.12%	5.56	9.55%	451.49%	0.59%	1.42%	2.00%	11.12%
28	13.33%	5.56	9.72%	451.49%	0.59%	1.38%	1.96%	11.36%
29	15.02%	5.55	12.25%	441.29%	0.45%	1.41%	1.86%	13.16%

续上表

基金编号	年化收益率	成立年限（年）	年化跟踪误差	平均理论换手率	平均交易佣金占比	费用率	成本合计	调整后收益率
30	10.61%	5.41	18.51%	865.24%	0.30%	1.50%	1.79%	8.82%
31	12.00%	5.41	18.21%	865.24%	0.30%	1.40%	1.69%	10.31%
32	9.73%	4.78	7.26%	438.48%	0.48%	1.92%	2.40%	7.33%
33	10.34%	4.78	7.57%	438.48%	0.48%	1.66%	2.14%	8.20%
34	36.64%	4.65	23.82%	683.47%	0.49%	1.12%	1.60%	35.04%
35	36.74%	4.65	23.91%	683.47%	0.49%	1.26%	1.74%	35.00%
36	23.80%	4.54	9.82%	427.90%	0.69%	1.62%	2.30%	21.50%
37	21.98%	4.47	9.49%	568.09%	0.66%	1.63%	2.29%	19.69%
38	19.96%	4.37	7.65%	344.15%	0.54%	1.70%	2.25%	17.72%
39	23.67%	4.27	9.13%	350.66%	0.35%	1.97%	2.32%	21.35%
40	24.04%	4.27	9.42%	350.66%	0.35%	1.87%	2.22%	21.82%
41	26.93%	3.78	13.17%	376.33%	0.29%	1.65%	1.94%	25.00%
42	16.32%	3.45	8.03%	772.78%	0.72%	1.57%	2.29%	14.04%
43	16.72%	3.45	8.38%	772.78%	0.72%	1.41%	2.13%	14.60%
44	19.43%	3.39	10.81%	438.77%	0.54%	1.87%	2.41%	17.02%
45	16.87%	3.37	8.75%	369.15%	0.52%	1.87%	2.38%	14.49%
46	19.11%	3.32	9.76%	547.09%	0.62%	1.87%	2.49%	16.61%
47	19.52%	3.32	10.18%	547.09%	0.62%	1.71%	2.33%	17.19%
48	17.18%	3.16	7.93%	293.21%	0.31%	1.90%	2.20%	14.97%
49	19.33%	3.10	9.98%	510.12%	0.38%	2.02%	2.39%	16.94%
50	19.83%	3.10	10.48%	510.12%	0.38%	1.82%	2.19%	17.64%
51	18.32%	2.80	8.97%	709.48%	0.92%	1.77%	2.69%	15.63%
52	18.62%	2.80	9.27%	709.48%	0.92%	1.77%	2.69%	15.93%
53	18.36%	2.78	9.08%	552.64%	0.20%	1.32%	1.51%	16.85%
54	18.66%	2.78	9.37%	552.64%	0.20%	1.32%	1.51%	17.15%
55	1.64%	2.51	6.98%	751.40%	0.24%	1.62%	1.85%	-0.21%
56	2.05%	2.51	7.39%	751.40%	0.24%	1.42%	1.65%	0.39%
57	-1.45%	2.45	3.89%	203.43%	0.25%	1.32%	1.56%	-3.01%
58	-1.05%	2.45	4.29%	203.43%	0.25%	1.16%	1.40%	-2.45%
59	0.99%	2.41	6.33%	693.98%	0.96%	1.92%	2.87%	-1.88%
60	3.89%	1.94	9.23%	239.01%	0.22%	1.87%	2.09%	1.80%

续上表

基金编号	年化收益率	成立年限（年）	年化跟踪误差	平均理论换手率	平均交易佣金占比	费用率	成本合计	调整后收益率
61	-2.34%	1.92	3.00%	375.86%	0.36%	1.72%	2.07%	-4.41%
62	-15.24%	1.76	9.90%	846.48%	0.92%	1.57%	2.49%	-17.72%
63	-14.93%	1.76	9.59%	846.48%	0.92%	1.51%	2.43%	-17.36%
64	-10.04%	1.76	4.70%	215.37%	0.22%	2.02%	2.24%	-12.27%
65	-9.74%	1.76	4.40%	215.37%	0.22%	2.02%	2.24%	-11.97%
平均	11.53%	5.70	8.64%	500.54%	0.51%	1.65%	2.15%	9.38%
同期沪深300指数基金	9.99%	6.75	4.10%	172.43%	0.15%	1.07%	1.22%	8.77%

换手率3~4倍的区别在某种程度上代表着承受风险的程度，换句话说，因为2011—2021年指数增强型基金冒险"成功"了，所以，才有了0.61%的超额收益率；但是，如果冒险失败了，那么损失也是加倍的，因为不但要承受冒险失败的损失，还要承受因为冒险而多出来的管理成本。另外，2011—2021年会有这0.61%的差距，其实跟债券市场的繁荣和"打新"收益率较高有关，而从现在来看，这两个给指数增强型基金带来主要阿尔法收益的标的收益率都在逐年下滑，下一个五年指数增强型基金保持这0.61%优势的难度是很大的。

道理是一样的，不要看着过去的收益率来"预测"未来的收益率，而应了解收益率背后的原因，以及深刻理解"均值回归"这件事。

不要忘记选择指数基金的初衷是满足于通过低成本获取"市场平均收益"，而不是冒险去获取"超额收益"。在某种程度上，允许指数增强型基金经理拿更多的基金资产去"冒险"并支付给他们更多的管理费是有悖于指数基金的投资目标的。而且根据均值回归理论，即使采用不同的策略，长期收益（10年甚至更长）都会回归到均值附近，这个时候，指数增强型基金因为频繁交易而产生的额外成本会在平均收益的基础上大打折扣。

4.4 基金的择时

选好了指数，也挑选出了想要买的基金，那么最后的问题就是应该什么时候买入，什么时候卖出？

买入时机对收益率而言很重要，这一点无可否认，比如在2015年6月12日沪深300历史高点（5 335.12点）买入沪深300指数基金，沪深300再次来到

5 335 点已经是 2021 年 1 月，已经过去 5 年零 6 个月，即使选择一只业绩相对不错的指数基金，加上红利再投资，也需要到 2020 年 6 月中旬才能回本，整整过去了 5 年。如果在同一天买入中证 500 指数基金（中证 500 当时达到 11 545.89 点），至今中证 500 都没有再超过 8 000 点，算上分红，到 2022 年 1 月 4 日中证 500 近年来的最高点，约亏损 27%。相反，如果在 2016 年 1 月 28 日沪深 300 的低点买入沪深 300 指数基金，持有到 2022 年 1 月 28 日，则可以获得 6 年年化 11.06% 的收益率，累计收益率达 87.78%。同样，如果在 2019 年 1 月 3 日买入中证 500 指数基金，则可以获得 3 年累计 61.11% 的收益率，即年化收益率为 17.21%。

当然，这些都是"事后诸葛亮"，在看到指数表现之后选择合适的买入点很简单，困难的是，在不可预知的未来，低点在哪？高点在哪？

最简单的方法是通过画线来寻找低点。

即使中间经历过 2008 年和 2015 年两次"史诗级"的牛熊转换，看起来指数 20 年都没有什么大变化，但事实上指数是一直震荡上行的。图 4-10 所示为主要指数整体增长情况。

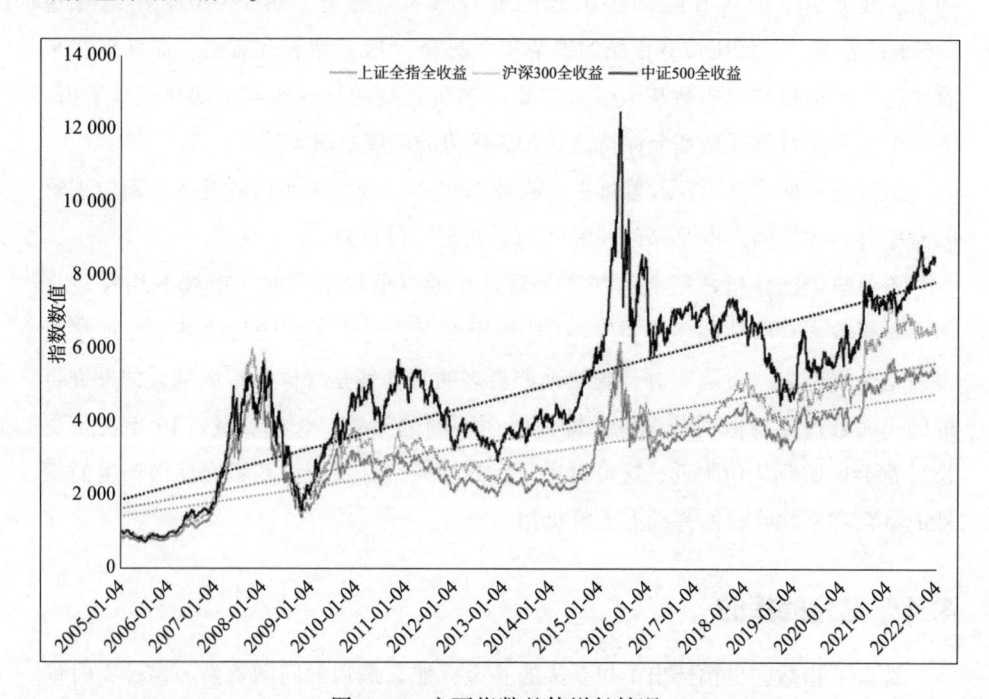

图 4-10　主要指数整体增长情况

那么，是什么决定了指数的震荡上行呢？

从表面上看，指数是股票价格的增长，所以指数上行代表了 A 股整体的市值增长。可是，如果2005年1月4日的股价就代表公司的内在价值，那么，为什么2017年后这个内在价值变得不一样呢？

回到前面关于股票定价的讨论，不考虑投机的情绪因素，可以认为，股票价格取决于公司的净资产和盈利状况，或者由分红的能力和盈利增长率来决定，那么2017年后上证指数从1 000点变成5 470点，就意味着这些公司的长期盈利让它们的净资产和盈利状况变得更好了。

一家公司的任务可以简单地形容为通过提供服务或者产品来获取利润，然后将利润中的一部分用于扩大再生产，一部分留在账上作为现金流，一部分拿来偿债和投资，还有盈余可能拿来给股东分红。在这样年复一年的经营下，公司的厂房多了，留存的利润也多了，投资也产生了收益，如果经营得当，负债较少，那么净资产就会逐年增长，加上未来可能的盈利，这家公司的价值就会逐年提高，即使没有投机因素，它的市值和股价也会越来越高。

这里有一个悖论。我们都知道，在交易日内，股价每秒都在发生变化，可是股票背后的公司可能一个季度都不会有什么大的变化，到底如何去衡量这种变化呢？

要想衡量这种变化，需要引入前面提到的估值概念——市盈率。

市盈率是市场上最为常用的估值方法，因为其概念相对简单，使用起来也较为方便，使用当前的市值（股价）除以最近一次年报的净利润（每股收益）就得到了静态市盈率；如果除以近四个季度的净利润之和就得到了滚动市盈率（PE-TTM），这也是股票App和网站经常使用的市盈率指标；根据未来盈利增速去预估市盈率就得到了动态市盈率。

关于市盈率的理解有很多种，最基本的市盈率本身是由公司市值除以公司一年的盈利，那么可以理解为需要多少年这家公司可以通过盈利来"自掏腰包"把自己买下来，或者理解为再创建一家同样规模的公司需要多少年，比如一家市值4 000亿元的公司年盈利200亿元，市盈率就是20倍，所以，需要20年才能"赎身"。如果用股价÷每股收益的算法，那么市盈率可以被认为是需要多少年才能赚回本钱，比如40元/股的股票每股收益为2元，同样需要20年才能回本。

还有一种理解方式就是市盈率的倒数，比如1∶20，代表为了赚1元钱，我们愿意付出多少钱。换句话说，可以据此计算出潜在的年化收益率。我们付出20元，1年能赚到1元，那么，年化收益率就是1÷20×100%＝5%，如果市盈率为10倍，那么，年化收益率就变成了10%。

按照这个逻辑，应该选择市盈率尽量低的板块和股票来进行投资，毕竟 4 倍市盈率股票的"回本速度"明显要快于 40 倍市盈率股票的"回本速度"。事实上，没有这么简单，不同行业的市盈率差别很大，比如大金融板块的市盈率常年在 10 倍以下，而医药行业部分时候的市盈率高达 50 倍以上，所以不能单纯地根据市盈率的大小来判断投资时机。

对于指数来说，市盈率最大的作用就是找到前面所说的"均值回归"中应该回归到哪里。

在某种程度上，我们可以认为中证全指代表了中国所有上市公司的股价变动，那么中证全指的市盈率（20 倍左右）代表的就是所有上市公司的总市值（加权后）跟上市公司盈利情况的比值，分子（市值）代表着市场认为这些公司的价值是多少，而净利润代表着这些公司的实际盈利能力是多少。假设市场情绪没有变化，市值就保持不变，如果盈利比去年增长了 20%，那么分母就要乘以 120%，这意味着市盈率就要从原来的 20 倍变成 16.67 倍，但是市场认为 20 年回本（20 倍市盈率）才是正常情况，这意味着当前的股价已经比正常情况便宜，出现了"折价"，此时应该抢先买入，坐等市盈率从 16.67 倍变回 20 倍。反过来，如果市值增长了 20%，盈利却没有变化，市盈率则变成了 24 倍，那么市场认为出现了"溢价"，就会开始抛售，直到市盈率回到 20 倍。

这样就会产生一个问题：为什么市盈率要回到 20 倍？或者换一种问法：为什么指数也好，个股也罢，都要回归到某个值，而不能一直增长呢？

简单一点的回答是历史如此，市场定价如此，市场认为它的市盈率在这里，当出现盈利大幅上涨时就会由盈利驱动股价上涨，当股价下跌太多时就会由估值驱动股价上涨，最终都会回到市场认为的"合理估值"范围内。

前面说过，市盈率是市值和净利润的比值，虽然市值受到各种各样因素的影响，但是当时间拉得足够长时，将会熨平经济周期、货币周期和产能周期的影响，反而让市值回到它的本身含义，即上市公司本身的价值。这么一来，长期的市盈率可以被视为公司初始价值和初始盈利的比值再乘以价值增长速度和净利润增长速度的比值。对一家公司来说，新产品的开发、生产效率的提高或者管理模式的革新，都可以提高净利润的增长速度，让市盈率下降，变得"低估"。

相反，当研究一个国家的上市公司的时候，一家公司的崛起意味着分走另一家公司的蛋糕，一个行业的崛起在大多数情况下意味着另一个行业的衰落，这意味着，在没有发生突破性的技术革命时，全社会的价值增长和净利润的增长比值是更趋向于某个值的，而不是增长的。

木大再次强调，在这里认为长时间熨平了货币增发而带来的"泡沫性增长"，事实上，2008年以后看到的货币大量增发并没有对市盈率的中值产生影响。原因也很好理解，大量货币抬高了所有资产的价格，虽然公司价值因此而膨胀了，可是人力、原材料等成本也因此膨胀，相互抵消。如果剔除泡沫的影响，那么企业价值就是企业本身的价值，是企业的厂房、设备、产品、存货、投资、现金等价物等一系列资产减去负债以后的净资产，用这个净资产除以净利润，就是投入这么多的净资产能获得多少倍的净利润，投入100亿元的净资产能换来每年10亿元的净利润，就有了10倍的市盈率。当这个比值几十年甚至上百年在一个区间内波动时，我们就可以得出一个结论：从长期来看，剔除泡沫的影响，生产效率也是相对恒定的，因此，全社会的总资产产生的利润也是相对恒定的。从另一个角度来看这个问题，企业价值的增长，除了货币增发引起的泡沫，就是靠主营业务的利润增长，那么比值恒定也是很正常的事情。

具体来看，中证全指的市盈率中位数从2011年前的12.63倍提升到2011年后的15.69倍，而上证指数的市盈率中位数则从2001年前的37.43倍降到2011年后的12.63倍，深证成指的市盈率中位数从27.13倍降到22.13倍，上证50、沪深300和中证500的市盈率中位数也出现了不同程度的降低，如表4-9所示。

表4-9 不同指数市盈率变化情况

指　　数	时间区间	中位数	平均值	最大值	最小值
中证全指	2005—2011年	12.63	12.68	21.40	8.46
	2011—2022年	15.69	15.55	27.86	10.55
上证指数	1992—2001年	37.43	46.84	230.63	14.43
	2001—2011年	24.88	28.12	57.38	12.77
	2011—2022年	12.63	12.68	21.40	8.46
深证成指	1995—2001年	27.13	25.08	50.21	8.44
	2001—2011年	22.04	23.52	49.49	9.41
	2011—2022年	22.13	22.28	50.75	12.33
创业板指	2011—2022年	49.38	51.62	145.70	26.92
上证50	2005—2011年	16.62	19.94	48.56	10.79
	2011—2022年	9.98	10.12	15.03	6.94

续上表

指　　数	时间区间	中位数	平均值	最大值	最小值
沪深300	2005—2011年	18.92	22.30	50.41	11.70
	2011—2022年	12.21	12.23	18.48	7.88
中证500	2007—2011年	40.93	41.50	69.85	14.23
	2011—2022年	25.28	27.83	68.94	15.29
中证1000	2014—2022年	32.03	39.91	116.22	17.18

是我国创造盈利的效率降低了吗？

不是效率降低了，而是效率回归正常化了。

1990—2020年，我国GDP处于高速增长阶段，也是一个不断做大蛋糕的时代。2000年以前年均GDP增速高达9%，2010年前在加入WTO成为"世界工厂"的刺激下年均GDP增速甚至超过10%，后面5年又靠着地产和基建带来的红利将年均GDP增速维持在7%以上，我国GDP的增速肉眼可见地逐渐下滑，从高速增长慢慢掉落回正常增长区间，因为过去以基建和地产驱动的增长模式走到了尽头，这也是我国从2015年开始强调经济转型和可持续发展的根本原因。未来，沪深300的市盈率很可能像过去近百年的标普500的市盈率一样，在10～20倍震荡。

我们成功地论证了作为整体市场的指数，市盈率确实有理由在某个区间内震荡，只要中国经济还在继续发展，市盈率就不会永远上涨，也不会永远下跌，那么这个指标就可以作为我们"择时"的信号。当市盈率明显低于平均值时，极大的可能性是由于市场过于悲观后使得整体市值下行，在盈利不变或者小幅降低时市盈率就会大幅下行；相反，当市盈率明显高于平均值时，大概率是市场过于乐观使得整体市值里充满泡沫，在盈利不变的前提下市盈率将大幅上行。

所以，当主要指数的市盈率偏离中位数或者平均值时，就是择时的最好时机。

我们通常使用指数当前的滚动市盈率在过去10年市盈率中的百分位来表示指数当前是被"低估"还是被"高估"。以2011—2021年为例，沪深300在2014年5月19日达到11年内的市盈率最低值7.88倍，在2015年6月15日达到11年内的市盈率最高值18.48倍，所谓估值百分位就是用某一天的市盈率与最低点的差值除以最高点与最低点的差值。比如2023年1月3日沪深300的市盈率为10.70倍，那么此时估值百分位 = (10.70 − 7.88) ÷ (18.48 − 7.88) × 100% ≈ 26.60%。

对于选股范围是大盘蓝筹股的指数（如沪深300、MSCI A50、上证50）来说，公司的经营情况和盈利能力基本稳定，周期股较少，所以，盈利能力和资产收益率很少出现大幅的波动，如果市值出现大幅下行，比如处于过去10年的50%左右，则认为估值是合理的，如果低于30%就属于严重低估，如果超过80%则认为指数是被高估的。

  这里要注意两点：第一，高估和低估都只是形容当前市值与过去10年市值相比的相对位置，并不代表股价不会上行或下探，相反，高估以后市场情绪亢奋，不停地有新资金、新股民/基民进入市场，直到某个偶然事件刺破泡沫开始单边下行，低估以后股票无人问津，大家对股市避之不及，股价在什么时候会企稳回升，也基本由偶然事件或者国家维护市场的意志来决定；第二，要搞明白低估的原因，在全球通胀时期，周期股的盈利会大幅增长，中证500及钢铁、有色金属、煤炭、稀土等周期板块会因为利润大幅上涨而变得极度低估，甚至出现市值越涨估值越低的奇观，但是显然，由于这种高盈利不可持续，也就让这种"低估"失去了意义。

  下面继续用沪深300来对市盈率百分位的有效性进行验证，如图4-11所示。

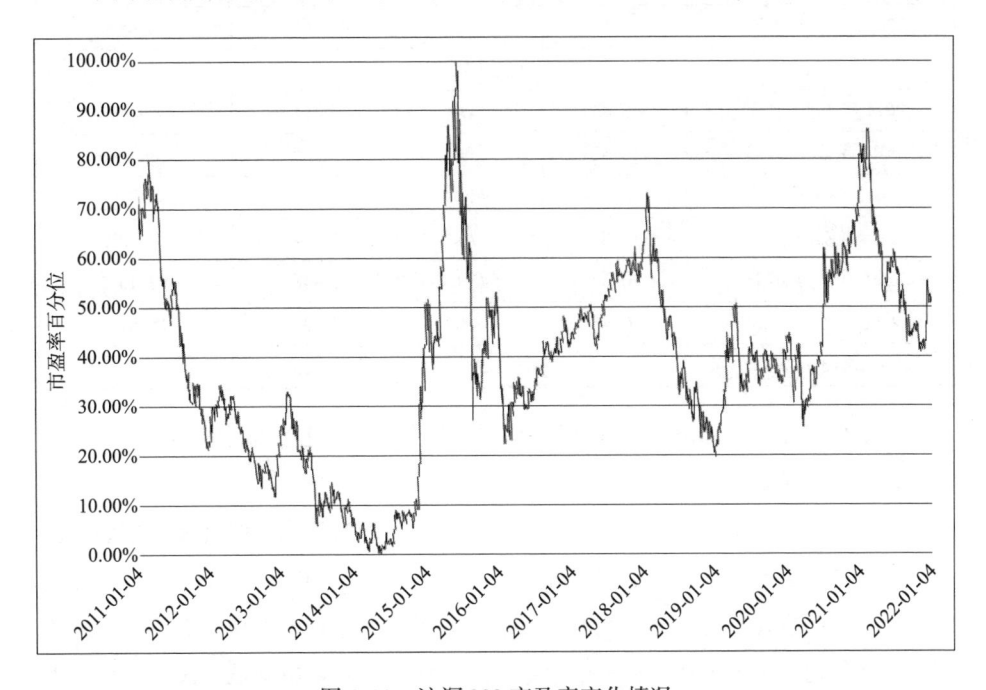

图4-11 沪深300市盈率变化情况

  如果设置20%为绝对低点，则会发现除了2012—2013年，沪深300的市盈率只有在2019年突破了20%，其余时候在20%估值百分位时买入几乎即刻可以享受上涨，而且涨幅往往在30%以上。当然，20%比较极端，一般也只会出现在特殊情况下，更有代表性的是25%和30%两个位置。可以看到，当沪深300的市盈率处于过去10年25%的位置时，多数会在一两个月内出现大幅反弹；处于30%的位置时，有一定可能出现继续下跌的情况，但随后而来的依然是指数级别的反弹。

表4-10统计了2011—2021年沪深300的市盈率达到百分位20%和25%后6个月后的涨跌幅，可以看到，除了2012—2013年这个特殊时期，其他时候在这两个位置买入沪深300，盈利的确定性很强。

表4-10　沪深300市盈率较低后反弹情况

日　　期	市盈率	百分位	沪深300指数	6个月后涨跌幅
百分位达到20%					
2012年8月14日	10.01	20%	2 357	16.12%
2013年4月15日	9.92	19%	2 436	1.27%
2014年12月1日	9.85	18%	2 819	69.81%
2019年1月2日	9.95	20%	2 969	30.45%
百分位达到25%					
2011年12月13日	10.44	24%	2 421	8.01%
2012年6月20日	10.52	25%	2 552	−7.05%
2013年3月4日	10.46	24%	2 545	−7.66%
2014年12月4日	10.81	27%	3 104	54.22%
2016年2月26日	10.52	25%	2 948	12.18%
2018年12月6日	10.45	24%	3 181	15.81%
2020年3月23日	10.59	25%	3 530	31.78%

但是也请注意，2012—2013年虽然是特殊时期，但是也告诉我们，这里是风险投资市场，风险永远存在。

木大在这里要格外强调，这种方法仅适合盈利相对稳定、管理相对成熟的公司，不只是中证500不适宜采用这种方法，即使是沪深300，在2005—2015年期间，这种方法也几乎是完全失效的，而未来如果市场不朝着健康、有序的方向发展，那么任何人都不该期待在一个对手有绝对优势的市场中赚钱。如果未来A股会逐步发展、不断完善，那么这种方法将会是长期有效的。图4-12为2005—2015年沪深300的市盈率变化情况。

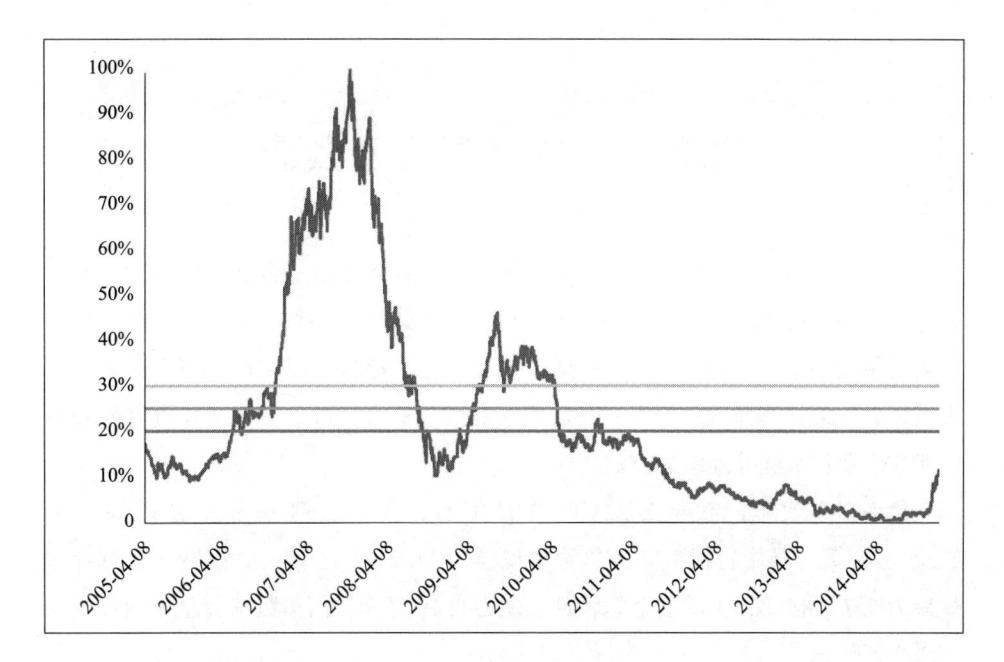

图 4-12　2005—2015 年沪深 300 的市盈率变化情况

第 5 章　主动基金怎么选

关于主动基金和指数基金如何选择的争论，自从指数基金创立以来就没有停止过，约翰·博格的每一本书都在推荐指数基金的投资方法，并创立了全球规模最大的指数基金——先锋领航 500 指数基金，巴菲特和查理·芒格都多次表示个人投资者的最佳选择就是买入一只低成本的指数基金，这也是普通投资者轻松享受优秀企业创造优异业绩的方法。

然而，事实上，截至 2022 年 10 月 1 日，我国公募基金总管理规模为 27.29 万亿元，其中货币型基金总管理规模为 11.21 万亿元，债券型基金总管理规模为 5.7 万亿元，主动基金总管理规模为 8.18 亿元，而指数基金总管理规模只有 2.2 万亿元。

这些数字告诉我们，即使巴菲特和约翰·博格都在向个人投资者推崇指数基金，绝大多数投资者还是选择了主动基金。根本原因是绝大多数投资者还是不满足于"市场平均收益"，而是希望能获得"超额收益"。

本章内容写给那些希望战胜市场的朋友，即使找到能够战胜市场的基金经理的概率很小，即使在他/她功成名就前就发掘他/她的概率更是微乎其微，还是有人希望凭借自己的努力可以在大海中捞起那根针。这可能不只是一种投资方式（尽管是不理智的投资方式），而是一种人生态度：永远不让别人告诉自己不行，别人做不到是因为方法不对或者不够努力，而自己将成为那个万中无一。

个人认为，本章是一种尝试，是一种结合定性和定量两种分析方法来筛选主动基金的方式，市面上多数所谓的"方法"都是泛泛而谈，有的方法不能具体应用，有的方法只有定性的概念。这里的目标就是找到一种选择主动基金的策略。

5.1　主动基金的历史业绩

在探讨方法之前，先来看数据：30 多年的 A 股历程，20 多年的公募基金历程，到底取得了什么成绩？

为了避免统计的混乱，先把主动基金分为三类——股票型、混合型、QDII，再根据基金的成立年限，每五年做一次统计。这里先忽略基金经理的变更，只根据基金成立时间和基金分类来进行统计，看看主动基金的整体收益如何。

简要回顾一下基金的分类方式。由于不同基金的投资标的不同，股票最低持仓、管理方式、风险暴露情况都不相同，比如一只股票占比最低可以到50%的基金和一只股票占比不得小于80%的基金的风险暴露程度是完全不同的，这两只基金之间的比较就意义不大，一只投资创新药行业的主动基金和一只投资大盘价值股的主动金之间也缺乏可比性。因此，要选择基金，先要了解基金的分类。

关于基金的分类，这里采用了晨星的基金分类方式。晨星公司于1984年创立于美国芝加哥，其主要业务就是为投资者提供专业的财经资讯、基金及股票的分析和评级，还会提供一些分析软件，2003年在深圳成立了中国总部来服务A股，这里采用的分类方式就来自晨星（中国）研究中心发布的《晨星中国基金评级概要说明》。

股票型基金在晨星基金分类里有十种以上，其中行业股票里有五种（医药、科技/传媒/通信、消费、金融地产、其他），为了方便表述，这里将五种行业型基金统一归入行业型基金，不再特别区分，分类如下。

大盘成长：投资沪、深两市大型成长型公司，投资市值处于总市值前70%、快速增长（盈利、收入、账面价值和现金流高增长）、估值较高的大盘股。

大盘价值：投资沪、深两市市值处于总市值前70%、低估值和低增长的公司。

大盘平衡：投资沪、深两市市值处于总市值前70%、不属于成长或价值风格的公司。

中盘成长：投资沪、深两市市值处于大小盘股之间的快速增长的股票，其中小盘股被定义为总市值后10%的股票。

中盘平衡：投资中盘且不属于成长或价值风格的公司。

沪港深：可以投资上海、深圳和香港上市企业的股票。

行业型：专注单个或多个行业，通常股票资产的50%以上投资于所描述的行业。

表5-1为晨星基金分类对应的基金数量和业绩表现（截至2022年12月31日）。

表5-1 晨星基金分类对应的基金数量和业绩表现

晨星基金类型	10~15年 数量（只）	10~15年 年化收益率	5~10年 数量（只）	5~10年 年化收益率	3~5年 数量（只）	3~5年 年化收益率
大盘成长	8	10.98%	119	15.48%	35	32.17%

续上表

晨星基金类型	10~15年 数量（只）	10~15年 年化收益率	5~10年 数量（只）	5~10年 年化收益率	3~5年 数量（只）	3~5年 年化收益率
大盘价值	0	—	4	14.62%	1	19.26%
大盘平衡	6	11.72%	18	12.24%	14	20.68%
中盘成长	2	14.65%	18	16.19%	8	25.85%
中盘平衡	0	—	4	14.62%	2	35.51%
沪港深	1	13.75%	22	14.15%	30	24.26%
行业型	5	14.15%	47	15.73%	21	22.26%
总数	22	—	232	—	111	—

数据来源：东方财富 Choice。

由于股票型基金的数量相对于混合基金的数量较少，所以表 5-1 只对数量和年化收益率进行了统计。可以看到，股票型基金在 2012 年以后才出现了大批量的增长，在 2012 年以前股票型基金的总数勉强超过 20 只。2012 年，基金就像雨后春笋般涌现出来，每个类型的基金数量都实现了翻倍，大盘成长型基金更是增长了不止 10 倍，在后面的几年里，大盘成长和沪港深基金依然是数量上增长速度最快的股票型基金。

大盘成长型基金的火爆并不意外，在过去的十几年里，先是 2012 年以后的成长股大牛市，直到 2016 年才偃旗息鼓，接着是 2018 年的医药和半导体行情，然后就是从 2019 年开始的新能源行情。相比而言，价值股只有 2019—2021 年才在北向资金的带动下走强，由于业绩相对稳定，除了确定性强，很难讲出更多故事，也因此缺少了吸引力。从短期因素来说，没有吸引力就意味着没有资金关注，缺少波动，行情乏味。于是，基金公司用脚投票，大量发行成长类相关的基金，也从另一方面助推了每个阶段的成长股行情。

沪港深基金的加速发展跟当时的市场形势有关。2015 年 7 月，《国务院关于积极推进"互联网+"行动的指导意见》出台，本就羽翼渐丰的几个互联网巨头在政策的助推下从概念股变成了成长股。基于股权架构或者盈利能力等原因，互联网企业多选择在港股或美股上市，于是就有了 2015 年以后沪港深基金的大量发行。

可以看出，对成立五年以上的基金来说，成长型基金的收益优势并不明显，如在成立 5~10 年的基金里只比价值型基金的收益率高出不到 1%，而成立十年以上的成长型基金的收益率甚至低于平衡型基金的收益率，只有在成立不足五年的基金里，成长型基金的收益率明显跑赢了价值型和平衡型基金。

可能有人会问，即使优势不明显，但是成长型基金在大多数情况下依然是跑赢价值型基金的，从长期来看，每年多1%的收益，累积起来依然是非常可观的利润，所以，成长型基金是更优的选择吗？

这里其实忽略了两个重要的因素：第一，过去10年是经济快速发展的10年，也是全球货币宽松的10年，本身就利好成长股；第二，成长型基金相比于价值型基金承担了更大的风险，而从风险补偿来说，1%是远远不够的。

由于股票型基金整体数量较少，这里没有统计其平均波动水平和风险收益补偿，在下面的混合型基金中会有更详细的数据对比。

晨星基金对混合型基金的分类如下（混合型基金的共同特点是股票类资产占比不少于70%，标准混合、保守混合、灵活配置除外）。

积极配置·大盘成长：投资沪、深两市大型成长型公司，投资市值处于总市值前70%、快速增长（盈利、收入、账面价值和现金流高增长）、估值较高的大盘股。

积极配置·大盘平衡：投资沪、深两市，既不属于价值风格，也不属于成长风格的基金（事实上，由于积极配置·大盘价值型基金数量过少，也被归于"大盘平衡型基金"）。

积极配置·中小盘：投资沪、深两市中小型公司股票，中小盘股指累计市值处于后30%的股票。

标准混合：投资股票、债券及货币市场工具，且不符合债券型基金和股票型基金分类标准的基金，固定收益类资产占比不超过50%，股票投资占比不超过70%。

保守混合：投资股票、债券及货币市场工具，且不符合债券型基金和股票型基金分类标准的基金，固定收益类资产占比超过50%，没有股票持仓占比要求。

灵活配置：投资股票、债券及货币市场工具，且在各类资产上配置较灵活的基金，没有股票持仓占比要求。

沪港深积极配置：主要投资沪、港、深三地的股票、债券和货币市场工具的基金，且不符合股票型、债券型和港股型基金的积极配置型基金。

行业基金：投资某行业资产占比不少于50%的基金，包括消费、医药、TMT。

5.2 主动基金怎么选

5.2.1 先选基金公司

截至 2022 年 12 月，我国公募市场共有 184 家至少有一只基金在管的基金公司（200 家有基金发售牌照），这里面既有南方基金、华夏基金这种于 1998 年第一批成立的公募基金（"老十家"），也有天弘基金这种曾靠货币基金跃居行业规模第一的公募基金，还包括"消费之王"易方达、只做精品的兴证全球、中美合资的景顺长城、贝莱德这种全外资控股的"外来户"。虽然不同的基金公司都有自己的风格和特点，但是总体来说，除少数走精品路线的基金外，公募基金还是以资管规模、产品数量和基金经理人数为王的。

如表 5-2 所示，木大统计了公募基金除货币基金和 QDII 外产品数量最多的 20 家基金公司，其实即使用资管规模或者基金经理人数来统计，基本还是这 20 家，只是排名会略有变化。

表5-2 发行基金总数前20的公募基金

序号	基金公司	成立时间	旗下基金数（只）	基金经理数（人）	基金资产规模（亿元）	平均管理基金（只）	平均管理规模（亿元）
1	华夏基金管理有限公司	1998-04-09	336	77	7 071	4.36	91.83
2	博时基金管理有限公司	1998-07-13	325	74	5 487	4.39	74.15
3	广发基金管理有限公司	2003-08-05	321	78	7 157	4.12	91.76
4	易方达基金管理有限公司	2001-04-17	297	63	10 731	4.71	170.33
5	南方基金管理股份有限公司	1998-03-06	292	70	5 859	4.17	83.70
6	鹏华基金管理有限公司	1998-12-22	277	66	4 622	4.20	70.03
7	嘉实基金管理有限公司	1999-03-25	273	90	4 810	3.03	53.44
8	富国基金管理有限公司	1999-04-13	271	74	6 744	3.66	91.14
9	招商基金管理有限公司	2002-12-27	258	65	6 082	3.97	93.57
10	汇添富基金管理股份有限公司	2005-02-03	249	58	5 859	4.29	101.02
11	国泰基金管理有限公司	1998-03-05	229	51	3 181	4.49	62.37
12	工银瑞信基金管理有限公司	2005-06-21	223	57	4 673	3.91	81.98
13	华安基金管理有限公司	1998-06-04	208	49	3 811	4.24	77.78
14	银华基金管理股份有限公司	2001-05-28	179	54	2 851	3.31	52.80

续上表

序号	基金公司	成立时间	旗下基金数（只）	基金经理数（人）	基金资产规模（亿元）	平均管理基金（只）	平均管理规模（亿元）
15	平安基金管理有限公司	2011-01-07	163	29	2 410	5.62	83.10
16	天弘基金管理有限公司	2004-11-08	163	40	3 308	4.08	82.70
17	景顺长城基金管理有限公司	2003-06-12	159	38	3 885	4.18	102.24
18	大成基金管理有限公司	1999-04-12	156	41	1 650	3.80	40.24
19	建信基金管理有限责任公司	2005-09-19	156	47	2 147	3.32	45.68
20	中银基金管理有限公司	2004-08-12	154	41	2 730	3.76	66.59
	合计		4 689	1 162	95 068	—	
	184家基金公司合计		10 012	3 045	165 024		

数据来源：东方财富Choice。

可以看到，产品数量最多的依然是"老十家"之一的华夏基金，基金经理数量最多的也是"老十家"之一的嘉实基金，易方达是这里面唯一一家资管规模突破万亿元的基金公司，即使算上货币基金和QDII基金，易方达也以1.60万亿元的总资管规模领先第二名广发基金（1.31万亿元）和第三名天弘基金（1.16万亿元），是公募基金的"规模之王"。

不过，正如之前提到的，由于目前我国资本市场的整体容量增长没有公募基金资管规模增长得那么快，所以，资管规模可以是优势，也可以是制约。一定的资管规模可以保证基金和基金公司不会因为市场波动造成的大规模赎回而做出非常规举动，然而资管规模过大就会造成基金经理投资的标的受限（中小盘股一不小心就买到了举牌线），也就是前面所说的戴上了"镣铐"。

不只是资管规模，在管基金数量也会对业绩产生影响。一方面，基金经理在管的所有基金持股不能超过该股市值的10%；另一方面，基金经理及其团队的精力有限，管理过多的基金势必会影响基金经理的专注度。

因此，木大计算出了这20家公司的基金经理平均每人管理的基金数量和基金规模，可以看出，易方达不但资管规模是最大的，基金经理平均资管规模也是最多的，平均管理基金数排名第二，虽然这只是平均数，但确实高出行业平均水平一大截。当然，对这个数据可以有很多种解读，我们可以认为是市场对易方达产品的认可，但是在木大看来，人均平均资管规模高于100亿元就说明公司资管规模的增长速度超越了公司的基金发行速度和人才培养速度，是一个不好的信号。甚至可以说，因为短期的市场火爆导致了资管规模迅速膨胀，而公司既没能很好地通过限购等方式来控制资管规模,也没能通过迅速地培养新人来稀释资管规模(本身也非一朝一夕之功)。

顺便提一下,业界公认(或者自我定位)为走"精品路线"的基金公司中欧基金和兴证全球基金,人均资管规模分别为104亿元和107亿元,人均管理基金数量分别为3.33只和1.76只。由此很难看出中欧基金跟上述20家基金公司有何不同,而兴证全球基金的确在人均管理基金数量上远小于其他老牌基金公司,确实做到了相对专精。

资管规模可能成为掣肘基金经理发挥的"镣铐",但是从总体来看,除了上述少数的精品型基金公司,资管规模无疑还是对基金公司能力最大的认可。在10家2000年前成立的基金公司中,华夏基金、博时基金、南方基金等依然处于公募基金的金字塔顶端,而同样列席"老十家"的长盛基金的资管规模在2022年二季度末只剩下不到540亿元,已经彻底掉队。市场行情好,基金业绩好,就可以打出名声,就会有越来越多的人申购,资管规模也会越来越大,这是基金公司发展壮大的自然状态,当市场波动时少亏损,当牛市来临时多创造超额收益,这样才能把"雪球"越滚越大。所以,对成立时间较久的基金公司来说,资管规模大,基金经理人数多,就是其能力的最好证明。另外,资管规模还有一个好处,就是基金公司的抗风险能力会随资管规模而提升,在很大程度上可以规避基金被清盘的风险。

看完了资管规模,下面来看看大多数人更关心的东西:业绩。

平均业绩的比较重点不在于谁比谁高一两个点,毕竟在这20家公司,包括排名靠后的很多基金公司里,几乎每家都能找出几位出类拔萃的基金经理,而这里所说的业绩是十几位甚至是几十位基金经理业绩的平均值,不能拿来进行某两家公司的对比。但是,长期的平均业绩可以代表一家基金公司的综合实力,它的投资水平、投研能力、运作能力、管理模式等,都可以体现在长期业绩中。不过,为了具备可比性,我们在这里只挑选了各公司不同类型基金近五年的表现,如表5-3所示。

表5-3 发行基金总数前20的公募基金各类基金收益率

序号	基金公司	近五年不同类型基金累计收益率					基金经理平均持有比例	机构投资者平均持有比例
		股票型	混合型	债券型	指数型	货币型		
1	华夏基金管理有限公司	27.82%	45.33%	25.35%	11.58%	13.82%	0.41%	39.52%

续上表

序号	基金公司	近五年不同类型基金累计收益率					基金经理平均持有比例	机构投资者平均持有比例
		股票型	混合型	债券型	指数型	货币型		
2	博时基金管理有限公司	29.92%	52.17%	23.93%	19.81%	13.44%	0.22%	55.44%
3	广发基金管理有限公司	12.86%	53.89%	24.09%	7.85%	13.54%	0.39%	41.54%
4	易方达基金管理有限公司	16.55%	76.28%	31.61%	17.53%	13.78%	0.07%	43.94%
5	南方基金管理股份有限公司	11.14%	50.87%	26.53%	3.05%	14.00%	0.41%	39.78%
6	鹏华基金管理有限公司	32.10%	48.98%	29.15%	13.36%	13.82%	0.28%	50.77%
7	嘉实基金管理有限公司	44.74%	35.21%	24.26%	8.89%	13.25%	0.48%	39.95%
8	富国基金管理有限公司	27.39%	74.22%	26.62%	20.91%	13.31%	0.34%	43.43%
9	招商基金管理有限公司	39.65%	57.22%	23.33%	24.93%	13.07%	2.27%	43.58%
10	汇添富基金管理股份有限公司	19.82%	46.73%	21.14%	12.88%	12.96%	0.19%	30.34%
11	国泰基金管理有限公司	32.00%	42.13%	16.25%	17.04%	10.30%	0.10%	53.30%
12	工银瑞信基金管理有限公司	70.49%	62.98%	22.54%	-4.59%	14.12%	0.63%	48.26%
13	华安基金管理有限公司	20.22%	50.84%	34.38%	11.43%	13.66%	0.38%	42.96%
14	银华基金管理股份有限公司	41.74%	51.38%	22.99%	24.95%	8.89%	0.73%	39.94%
15	平安基金管理有限公司	17.95%	77.58%	22.27%	32.77%	14.81%	2.31%	59.45%
16	天弘基金管理有限公司	21.11%	37.92%	28.96%	18.36%	13.21%	0.28%	47.00%
17	景顺长城基金管理有限公司	30.28%	53.16%	18.92%	0.71%	13.31%	0.47%	52.08%
18	大成基金管理有限公司	29.70%	63.00%	21.30%	12.44%	12.70%	0.52%	47.62%
19	建信基金管理有限责任公司	59.94%	65.26%	19.74%	24.30%	14.54%	0.14%	41.32%
20	中银基金管理有限公司	50.97%	45.99%	25.82%	11.34%	13.76%	2.09%	62.61%

*同期沪深 300 指数累计涨幅为 -4.68%，年化收益率为 0.95%。

数据来源：东方财富 Choice。

这里先指出一个意想不到的结果，即过去五年沪深 300 的累计涨幅是 -4.68%，而表 5-3 中所有基金（包括指数型和货币型）的业绩都超过沪深 300 的业绩。当然，这是平均业绩，换句话说，各家公司是有一半的基金没能达到这个业绩的。更重要的是，这个收益率是净值的增长率，并不是持有人真正的收益率，里面没有计算持有人需要支付的买卖费用、持有成本（管理费、托管费等）、隐性的交易成本和税费成本。后面我们会具体计算不同基金的成本，但主动基金整体的成本在每年 2%~3%，如果将表 5-3 中的数据减去 2.5%，那么很多基金的表现其实远没有现在看起来的惊艳。

从表 5-3 中可以看到，尽管大型基金公司会发行全品类的基金产品，但是从业绩上看,各大公司擅长哪个方向几乎一目了然。比如主动基金规模最大的易方达,债券型基金的业绩出众,混合型基金的成绩也不输给第一名的平安基金,可是股票型基金的成绩几乎在这20家基金公司里垫底。平安基金的混合型和指数型基金的业绩都排名第一,而股票型基金的成绩却不尽如人意。工银瑞信的股票型基金的业绩远超过同行平均水平,混合型基金和债券型基金的业绩也相当出色,但是指数型基金的业绩却是20家基金公司里唯一为负的,算上持有成本,工银指数型基金是跑输沪深300的。

其实,同一家公司在不同类型基金上的业绩差别迥异也很好理解。不同类型基金的管理方式差异很大,比如股票型基金的股票仓位不得低于80%,由于目前A股市场整体市值限制,规模较大的基金能选择的股票就变得十分有限,而当市场出现较大回调时,股票型基金除了"立正挨打",没有其他选择。相反,混合型基金的股票持仓量可以低至50%,可以通过股债轮动等方式减少市场大幅调整时的损失,甚至靠增配债券创造更多的超额收益。除了这种基金类型本身所带来的劣势,基金公司对基金经理的管理方式(注重近6个月业绩排名和注重5年平均业绩排名)和对人才(基金经理、投研团队等)的投入也将会大幅影响业绩水平。虽然每位基金经理的投资水平、能力圈不尽相同,但是在同一家公司里注定会受到该公司的投资文化、管理文化、考核方式的影响。因此,在选择不同类型的基金时,木大建议选择该类型基金长期业绩相对靠前的公司。

除了传统的用业绩评价基金公司的方式,这里还有一个思路,即看基金经理和机构投资者的买入情况。大家应该还记得,在自己刚开始投资之路时,很多书籍和专家都会通过各种复杂的数据计算得出一个结论:不要持有现金,不要持有黄金,最保值的方式是持有优质股票。由于基金从业人员不能进入股票市场交易,所以,那些动辄百万年薪的基金经理除了持有不动产和现金,唯一合法投资证券市场的渠道就是购买自己的基金。如果他们宁愿持有现金而不愿意长期持有自己的基金,那么他们还值得我们信任吗?要知道,作为基金持有人,每年拿出初始投资额的2%~3%购买基金,就是希望基金经理能创造超过市场平均水平的收益,可是如果他认为自己能超越市场平均水平,那么他为什么不购买自己管理的基金呢?类似的逻辑,在机构投资者中包含养老基金、银行、共同基金(FOF)、捐赠基金和保险公司等,可以看出,相比于"高风险高回报",这类基金更偏向于取得"稳定且安全"的收益,所以,对于厌恶风险的投资者来说,机构投资者占比就是一个很好的参考指标。

由于各家基金公司平均规模不同，木大根据比例计算出了各家公司平均每只基金基金经理本人持有的金额以及机构投资者的持有比例，如表5-3所示。

可以看出，基金经理的自持规模差别不止10倍。平均资管规模93.57亿元的招商基金，平均每人会持有2.12亿元自己管理的基金；而平均每人管理170亿元的易方达基金，平均每人只持有1 200万元自己管理的基金。在这20家基金公司中，只有三家持有自己管理的基金超过1亿元，只有四家持有自己管理的基金超过5 000万元。

在机构投资者方面，中银基金的机构投资者占比最高，达到60%以上，这跟中银基金80%以上的货币型和债券型基金占比有关，它一直以来就是以"重债券，轻权益"闻名的。相比较而言，机构投资者占比排名第二的平安基金则没有这方面的特点，其权益和固收发展较为均衡，而且指数型基金和混合型基金的过往收益都不错。

比较基金公司业绩其实不是一种主流的基金筛选方式，英雄不问出处，很多基金公司都是先有了几位明星基金经理，然后才有了后面的快速扩张和发展的，谁也不能保证大公司的业绩就一定会好于小公司的业绩。除了风险控制能力、资管规模所带来的稳定性及可以给团队开出高薪，头部基金公司并没有在市场里占有绝对优势。但是，这里就像之前所讲的中小盘股和大盘价值股的区别一样，在过去十几年，勇气和孤注一掷确实可以带来很高的回报率，但是这仅仅存在于市场成长期，一旦市场走入成熟期，风险控制、长期增长、稳定收益确实是头部基金公司能带来的优势。

5.2.2 小心明星光环

对于很多新入市的基金投资者来说，选择基金的方式很简单，即看别人推荐哪只。无论是亲戚、朋友、同事，还是基金App、银行理财顾问，总会有人告诉他们，在过去的半年或一年中，持有某只基金的收益率达到很夸张的程度，以此作为该基金值得购买的理由。

这种选择基金的逻辑也很直白：这只基金之前一直在涨，说明基金经理的管路水平很高，因此，该基金后续一定也会继续涨。这么一说，这个逻辑听起来有点儿像刻舟求剑，但事实上，如果你留心观察就会发现，身边绝大多数第一次买基金的人就是这样进行基金选择的，包括但不限于基于"金牛奖得主""去年收益冠军"等光环的选择方式，逻辑与之类似，因为以前收益好，所以，以后收益也会好。

为了验证这个逻辑，木大选择了2011年（10年前）、2015年（7年前）和2017年（5年前）混合型基金和股票型基金的收益前三名（排除指数和指数增强型基金），并且给出了随后两年以及最近两年该基金的收益及排名情况，由于绝大多数基金在此期间都有更换基金经理的情况，所以这里只给出了第一年在任或者统计期间在职时间较长的一位基金经理。

首先来分析2011年的收益及排名情况，如表5-4所示。

表5-4 2011年的收益冠、亚、季军随后几年的业绩表现

类型	基金名称	基金经理	收益率	同类排名	收益率	同类排名	收益率	同类排名	收益率	同类排名	收益率	同类排名
时间			2011年		2012年		2013年		2020年		2021年	
股票型	兴全全球视野	A	-13.89%	5/102	4.52%	90/155	18.26%	24/206	45.85%	470/1423	13.70%	553/1764
	易方达消费行业	B	-15.06%	9/102	-2.28%	145/155	17.40%	28/206	72.52%	187/1423	-11.19%	1637/1764
	汇丰晋信消费红利	C	-16.83%	18/102	3.97%	94/155	8.58%	60/206	62.84%	278/1423	-3.74%	1356/1764
混合型	交银优势行业	D	-0.74%	1/394	-2.05%	414/472	10.97%	312/548	35.93%	1828/3297	19.76%	731/4373
	国泰金鹿	E	-1.49%	2/394	4.69%	226/472	2.17%	460/548	49.51%	1351/3297	9.28%	1533/4373
	银河收益	F	-1.49%	3/394	6.93%	163/172	-2.63%	510/548	19.27%	2434/3297	8.18%	1713/4373
同期沪深300涨跌幅			-24.05%		9.80%		-5.33%		29.89%		-3.52%	

数据来源：东方财富Choice。

在股票型基金中，当年的冠军是兴证全球的王牌基金——兴全全球视野，该基金是兴全基金的当家产品，曾由当时的"公募基金第一人"、11座金牛奖获得者W管理，从2007年开始交由其亲传弟子A管理，2011年靠着对回撤的控制能力夺得了主动股票型基金的收益第一，在随后的两年里表现也一直名列前茅，从2015年开始交给了别人管理。

易方达消费行业也是一只名气比较大的基金，它是以消费主题见长的易方达基金的王牌基金，2010—2012年由初代基金经理管理，从2012年开始由B管理。所以，2011年的第二名并不是由B完成的，而随后的2012年就迎来了该基金的第一个低潮——排名倒数，2013年又重回第一梯队，2021年再次沦为末流。

汇丰晋信消费红利基金的名气没有那么大，但其稳定性其实是超过易方达消费行业基金的，但是也在2012年和2021年遭遇了"寒流"，当然这跟当时的市场行情有很大的关系。有意思的一点是，这只基金当时的基金经理于2017年加入兴全基金，从那时起开始管理上面所说的兴全全球视野基金。

在混合型基金中，交银优势行业在2009—2015年一直由第一任基金经理负责

管理，虽然在2011年获得了冠军，但是在随后两年里成绩都处于第四梯队，2015年由D接手，成绩中规中矩。国泰金鹿的基金经理调整十分频繁，在2011—2021年之间发生了九次基金经理的调整，但该基金的表现却相对稳定，基本保持在第二梯队。银河收益是上述六只基金里唯一一只十年均由同一位基金经理管理（或共同管理）的基金，F从2010年开始管理（中间有一年交给了其他人单独管理），尽管如此，该基金并没能一直保持在第一梯队，随后两年都处于同类基金排名的末尾。

相比于后面两个区间的基金，10年的跨度更具有代表性，毕竟这期间经历了2012—2014年的"历史大底"，又经历了2015—2016年的"史诗级牛熊转换"，还有2018—2021年的消费和科技齐飞的牛市，无论是什么风格的基金经理，都有足够的时机在这一期间实现突破。但是从成绩上也能看出来，除了兴全全球视野和交银优势行业两只2011年的冠军基金可以保持相对靠前的位置，其他几只基金在登顶后并没能长期保持在第一、第二梯队，反倒因为板块轮动的变化业绩迅速恶化，作为"弱周期"行业的消费型基金更是随着消费板块的景气度一起波动，实在没能体现出自己穿越周期的能力。

另一个比较普遍的结论是，混合型基金的跌幅远小于股票型基金的跌幅，而上涨幅度却可以与股票型基金媲美。在典型的2011年行情中，混合型基金的普遍跌幅控制在2%以内，而股票型基金的跌幅突破了10%，在随后的2012年和2013年的弱反弹中，混合型基金的表现也没有太弱于股票型基金，2020年和2021年也是如此。原因很简单，混合型基金可以通过降低股票仓位（低至50%）来规避风险和创造超额收益，而股票型基金需要随时保持80%的股票仓位。

接着来分析2015年的收益及排名情况，如表5-5所示。

表5-5　2015年的收益冠、亚、季军随后几年的业绩表现

类型	基金名称	基金经理	收益率	同类排名	收益率	同类排名	收益率	同类排名	收益率	同类排名	收益率	同类排名
时间			2015年		2016年		2017年		2020年		2021年	
股票型	富国城镇发展	AA	104.58%	1/334	−11.86%	304/595	−12.70%	673/703	60.23%	305/1423	17.03%	421/1764
	景顺长城中小创精选	BB	94.35%	2/334	−11.88%	305/595	−14.07%	680/703	29.70%	879/1423	25.11%	160/1764
	申万菱信量化小盘	CC	87.48%	3/334	5.11%	25/595	3.52%	514/703	30.84%	856/1423	13.06%	545/1764
混合型	易方达新兴成长	DD	171.78%	1/744	−39.83%	1393/1400	15.19%	533/2197	59.17%	978/3297	21.94%	536/4373
	富国低碳环保	EE	163.06%	2/744	−28.67%	1334/1400	33.20%	114/2197	9.78%	3001/3297	16.13%	851/4373
	新华行业灵活配置	FF	160.38%	3/744	−9.95%	856/1400	10.63%	809/2197	53.30%	1219/3297	−9.31%	4040/4373
同期沪深300 涨跌幅			7.22%		−9.26%		24.25%		29.89%		−3.52%	

数据来源：东方财富Choice。

2015年是2008年之后的又一个历史大顶，这一年上证指数创下了历史第二高点5 178点，又在随后的半年多时间里跌回2 638点，几乎"腰斩"。下面这些基金都是经历了这一年的大起大落依然名列前茅的优秀代表。

股票型基金的收益冠军是富国城镇发展，该基金在2014—2016年由初代基金经理管理，2016年第二任基金经理上任后管理到2019年，后交给了第三任基金经理。在2015年一鸣惊人以后，该基金连续两年都"后续乏力"，业绩处于中下游的位置。景顺长城中小创精选在2015年由第二任基金经理接手管理至2022年11月，业绩相对稳定，基本保持在中游和中上游的水平。申万菱信量化小盘的基金经理变动比较频繁，2015年主要由两位基金经理共同管理，这也是三只股票型基金中唯一一只次年依然保持在第一梯队的基金，后期也保持在中游以上的水平。

混合型基金的收益冠军是易方达新兴成长。该基金主要由第一任基金经理管理到2019年，后交给了第二任基金经理。"冠军魔咒"再次显现，这只2015年的冠军基金在2016年立马跌到谷底，业绩排名倒数第七，2017年又回到了第一梯队。富国低碳环保也是类似情况，第二任基金经理从2014年管理到2020年，后交给了第三任基金经理，其间也经历了2015年的收益亚军和2016年的收益倒数，在随后的几年里也各有胜负。相比较而言，第三名的新华行业灵活配置在"登顶"后，在随后两年里表现稳定很多，没有出现前两者的大起大落，但是从基金经理来看，该基金自2015年以来竟然有12次的基金经理变更，非常不利于基金业绩的稳定性。

综合观察，一方面，2015年收益排名前三的基金依然表现出了后续乏力，除了申万菱信量化小盘，其他基金都没能保持前一年的水准，甚至部分基金直接从前三名掉落到倒数的位置；另一方面，混合型基金的整体收益情况跟股票型基金的整体收益情况差异比较大。注意，这些基金不代表平均水平，大家可以根据排名情况和沪深300涨跌幅来判断当年大概的收益水平。

最后来分析2017年的收益及排名情况，如表5-6所示。

表5-6 2017年的收益冠、亚、季军随后几年的业绩表现

类型	基金名称	基金经理	收益率	同类排名	收益率	同类排名	收益率	同类排名	收益率	同类排名	收益率	同类排名
时间			2017年		2018年		2019年		2020年		2021年	
股票型	易方达消费行业	AAA	64.97%	2/703	−23.47%	383/899	71.36%	38/1098	72.52%	187/1423	−11.19%	1637/1764
	国泰互联网+	BBB	61.95%	3/703	−32.22%	763/899	37.21%	543/1098	78.46%	133/1423	3.04%	960/1764
	嘉实沪港深精选	CCC	51.43%	9/703	−30.51%	710/899	39.62%	464/1098	45.28%	477/1423	−6.76%	1489/1764

续上表

类型	基金名称	基金经理	收益率	同类排名	收益率	同类排名	收益率	同类排名	收益率	同类排名	收益率	同类排名
时间			2017年		2018年		2019年		2020年		2021年	
混合型	华安新丰利	DDD	213.50%	2/2197	−19.85%	1768/2751	43.15%	881/2928	38.75%	1738/3297	7.92%	1702/4373
	鹏华宏达	EEE	124.65%	3/2197	2.63%	279/2751	6.53%	2671/2928	13.21%	2831/3297	5.11%	2443/4373
	中融新经济	FFF	122.41%	4/2197	−18.67%	1680/2751	50.67%	552/2928	81.35%	321/3297	30.05%	259/4373
同期沪深300 涨跌幅			24.25%		−23.64%		39.19%		29.89%		−3.52%	

数据来源：东方财富 Choice。

在股票型基金中，在 AAA 的管理下，易方达消费行业再回巅峰，拿下股票型基金的收益冠军，并且在随后的三年里都名列前茅，直到 2021 年白马股集体"熄火"才又一次跌回第四梯队。国泰互联网+则没有了之前的锐气，2017 年后一直由 BBB 管理，表现中规中矩。嘉实沪港深精选一直由 CCC 管理，在次年就泯然众人，从近五年来看只能说表现平平。

在混合型基金中，华安新丰利在 2016—2021 年一直由第一任基金经理掌舵，2021 年交棒给了第二任，业绩方面在 2017 年拿到混合型基金的收益冠军后 2018 年有所回落，之后一直处于中等偏上的排名。鹏华宏达至今一直由 EEE 管理，但是其业绩除了 2017 年和 2018 年，其他都乏善可陈。中融新经济的基金经理变更非常频繁，从 2017 年至今已变更六次，奇怪的是，它却是这六只基金里业绩稳定性最好的。

从整体来看，可以得到两个一般性结论。

（1）市场对"收益冠军"和"明星基金经理"没有偏爱，第二年的业绩往往泯然众人，后期业绩也很普通，只有少数保持了较高水准，业绩表现极为随机。

（2）再优秀的基金经理和选股策略也要屈服于市场整体表现，选择基金要结合该时间段的市场表现。

注意，这里的基金收益率并不是作为持有人的我们真正能赚到的钱，而是简单地将一年内净值的变化率表现出来，这里面既没有考虑持有成本，也没有考虑基金经理买卖而产生的费用，更忽略了因为持有时间较短而缴纳的股息红利税造成的损失。换句话说，持有人的收益率一定是低于净值收益率的，部分是可以计算的，部分甚至是无法公开查询的"看不见的成本"。

基金无法长期保持优秀并不是我们发现的新大陆，事实上，约翰·博格早在自己的著作里明确表示，随着时间的推移，无论选择的那只基金过去的业绩如何，这些基金的业绩将不可避免地回归均值。"夏普比率"的创造者威廉·夏普在研究了100只股票型基金10年的记录后发现,没有足够的证据证明过去10年优秀可以对下一个10年有预示作用。马克·卡哈特对1962—1993年的1 892只基金进行了分析,尽管顶端和底部的基金有高于10%的概率继续保持在自己的区间里,但是这个结果纯属偶然。约翰·博格最后总结道,依靠历史记录挑选会在未来提供优越业绩的基金,这是一项富有挑战性的任务。事实上,这个翻译可能过于谦逊,在原文里使用了"challenging"一词,在很多场合下表达得更偏向否定,意思是难度很大。

为什么主动基金很难一直保持优秀业绩呢?即使考虑了市场波动,不只看业绩的绝对值,而是参考同类基金的排名,也很少有基金可以长期保持在业绩排名前列。不仅如此,回顾公募基金二十多年的发展历程,有不少优秀的基金经理在公募基金上打出名号后"奔私",转向限制更少、交易规则更灵活、投资标的更丰富的私募基金。看看这些"公转私"后基金经理的业绩,会发现他们并没有了当时在公募基金上的锐气,往往业绩平平,甚至有进入私募基金后业绩大不如前的"明星基金经理"。

原因可以简单地解释为,在基金经理自身的投资策略、基金交易规则和市场风格轮动的驱使下,这轮行情有效的投资策略会在风格转换的时候失效(比如拥抱核心资产转换为拥抱赛道、大盘风格转换为中小盘风格等),由于二者在风险控制、投资时机和驱动因素上都有很大的差异,很难兼顾,在本轮行情下风生水起的基金经理注定会在下一轮行情中难以适应,这样一来一回,最终的业绩也就从适合自己风格时的惊艳"被平均"为普通业绩,这样一来就有了所谓的均值回归法则,即向市场均值的回归是长期共同基金回报率的决定性因素。

5.2.3　7步选基金

既然基金经理的业绩最终都会受到均值回归的影响,而且在市场风格的变换中难以兼顾,那为什么还要煞费苦心地在这里面寻找"更优质"的基金经理,而不是随意选择等待均值回归?

在飞行员中流传着这样一句格言:这里有老飞行员,也有勇敢的飞行员,但是,这里没有勇敢的老飞行员。

作为高风险投资,人们常常认为"冒险"是投资成功的必要条件,当我们把A股当成一个巨大的"赌场"时,自然会认同"高风险高回报"这句话。可是,如果这里并不是完全随机的"赌场",那么风险和收益间的平衡就应该成为我们考虑的因素之一。这也是巴菲特所说的，成功的秘诀有三条：第一，尽量避免风险，保住本金；第二，尽量避免风险，保住本金；第三，坚决牢记第一、第二条。

从保住本金的角度，要选择可靠的、大规模的基金公司，保证自己选择的基金不会因为市场波动而被清盘，自己购买的基金所属的基金公司不会因为风吹草动而出现流动性问题。从避免风险的角度，要选择长期业绩优秀的基金经理，而不是短期业绩亮眼的基金经理。

对于短期业绩亮眼的基金经理，在前面没有提到的一点是，业绩突然格外亮眼，往往意味着"赌对了"，而不是"判断正确了"，二者有本质的差异。对基金经理这个群体来说，已经很少存在"信息差"，也就是说，可以假设大公司的基金经理都拥有同样的信息，而基金经理就是基于这些信息做出买卖判断的。如果大家普遍看好一只基金，会不约而同地买入；普遍看衰一只基金，则会争先恐后地卖出。如果有人慧眼如炬地识别出了别人卖出的"好标的"，就可以获得一定的超额收益。

这里有一个程度的问题，也就是风险控制的问题。大家都不看好的标的或者方向肯定是存在一定风险的（甚至是很大的风险），作为基金经理看到了大家忽略的优点决定买入是合理的，但是作为管理几十亿元、数百亿元资产规模的基金经理，如果大仓位买入某个方向或行业，而忽略自己的风险敞口，则可以说是"豪赌一把"了。更重要的是，赌赢了，由于他比别人更激进地布局了这个方向，自然会获得更多的超额收益，也会因此跻身当年的收益第一梯队，然而这背后是他将自己作为基金经理的谨慎抛到脑后的"错误奖励"；赌输了，绝大部分后果都由身为持有人的你我来承担。

1. 粗筛

选基金和选股票都有一个困境，即过去的业绩不能代表未来的业绩，今年的辉煌可能是盛极而衰的开始。上市公司的兴衰大多还能从财报中看出蛛丝马迹，还能从内部员工那里获得一些关于公司运营情况的消息，比如资不抵债、应收账款大幅增加、股东大举套现、联合创始人不和等，虽然难免有突发状况和财务造假，但是可以通过上市公司历年财报、公告及机构的调研报告对一家上市公司获得一定程度的了解。相比较而言，主动基金也是每季度发布一次报告，可是实质性内容少得可怜，除了持仓变化和一段多数是套话的"投资策略和运作分析"，基本没有其他有效信息。简单来说，除了该季度的净值变化（盈亏）和部分股票的增/减持信息（买入或者卖出股票），对于主动基金的其他运行情况，作为持有人的我们是一律看不到的。

　　造成这种"不透明"的原因，一方面，主动基金在制度上就需要把持有人和基金经理隔离开来，让基金经理有足够的空间来自由操作而不受持有人的影响，特别是在市场波动较大的时期；另一方面，虽然共同基金也有超过百年的历史，然而迄今为止，除了收益率、夏普比率、换手率等几个常用指标，还没有可以精准评价基金经理投资水平的量化指标。上面的内容也证明了，将某一年的收益率作为选择基金的指标是远远不够的，正如企业的盈利能力一样，需要关注的是基金经理长期的收益情况。

　　当然，上市公司跟基金不同，上市公司的管理者负责制定发展战略，具体的战术和实际操作由其他人来执行，他们影响的是大方向，具体的效果并不由一个人决定。相反，一支主动基金团队虽然包含投研、市场、交易、财务等多个部门，但是基本上由基金经理来对信息进行甄别，然后做出买卖的指示，基金的表现就是由基金经理一人（或多位基金经理）决定的，加上主动基金投资本身具有一定的"艺术性"而非像指数基金那样复制指数，所以，基金经理本身的主观因素将极大地影响基金的收益。

　　巴菲特长期持有的公司，如可口可乐、喜诗糖果，都具有长生命周期和行业垄断的特点。相比于华尔街经常追求的"成长性"和想象空间，巴菲特选择追求长期经营所带来的体制和机制的稳定性，以及行业和企业进入成熟期后所带来的确定性，所以，长期优秀是巴菲特所持有股票的共同特点。

　　所以，我们在选择基金经理时，不应注重其在某一年的业绩，而应考察他的长期业绩。

　　研究长期收益，需要以基金经理为主。基金可能会出于各种原因更换基金经理，而且由于新上任的基金经理无法重新建仓，所以，会在未来很长一段时间内受到上一位基金经理持仓的影响。在选择基金经理时，需要研究这位基金经理自主建仓（新发基金）后的业绩表现，再参考他/她接手其他基金后的业绩表现，进行综合评价。

　　为了方便比较，木大分别研究了在同一只基金上任职时间超过 10 年、7 年和 5 年的基金经理。这个时间跨度的选择是根据几个牛熊周期来划分的。前面也说过，2011 年以后是一个长达三年的熊市，直到 2014 年才真正有了起色，任职时间超过 10 年的基金经理都多少经历了那个近 10 年的最低点，对市场和政策都有不一样的理解，也因此要比年轻的基金经理多一丝清醒和冷静。任职时间超过

7 年的基金经理虽然少了 2011—2014 年的"冷板凳"历练,但是"有幸"经历了 2015—2016 年这一波 A 股历史上的第二大牛熊转换,体验了大盘的集体上涨,也体验了 12 次千股跌停,还在 2016 年伊始体验了两次"熔断",算是经受了惨烈的牛熊洗礼。任职时间超过 5 年的基金经理其实并不符合木大的选择标准,在 2017—2021 年并没有真正的牛熊转换,中间虽然也有过不小的波动,但程度跟 2008 年和 2015 年相比都不足挂齿。而且近几年资管行业发展迅速,基金经理的队伍也迅速扩大,这也导致了新生代的基金经理水平良莠不齐,为了避免"踩雷",宁愿从上述的三类基金经理中进行选择。

这种选择方式会遗漏两类基金经理:一类是从业时间不足 5 年的基金经理;另一类是虽从业时间超过 5 年,但在管基金成立时间不足 5 年的基金经理。

第一类基金经理显然不在我们考虑的范围内。

有人会觉得,自己可以努力找到这里面的"千里马",毕竟明星基金经理也都是从默默无闻一步一步走过来的。这个道理跟之前讨论是否应该购买新兴产业的股票一样,我们可以用自己的所有力量去给新兴产业助威,但是我们不会拿自己的钱去冒险。在选择基金经理时也是一样的,可以关注和支持年轻基金经理的成长和发展,甚至可以提出很好的建议,但是面对股票型或混合型基金这类本来就是高风险的投资抉择,需要尽可能降低自己的风险敞口。新兴基金经理未来的收益率不一定会比资深基金经理未来的收益率差,但是投资管理是一门经验艺术,见过的风浪越多,越能够在上下翻腾的行情中稳扎稳打,就这一点来说,资历越深的基金经理在这方面的优势越大。

第二类基金经理是不该被忽略的,这里面包括公募界的傅××(在兴全基金上任职 9 年后转投睿远)、专注科技类的刘××(中邮、融通、广发)等,但是木大在这里只是用一种方法来进行基金筛选,大家可以用同样的方法对这些被忽略的基金经理进行比较和考量。而且,正如前面所说,基金公司对基金经理的影响不可忽略,这些更换了基金公司的"明星基金经理"是否还能重复之前的荣光,还是需要时间说话的。作为持有人,我们并不需要陪伴他们一起完成这个"磨合",我们还有更多、更好的选择。

在绝大多数情况下,基金经理任职时间超过 10 年的基金就是这位基金经理的"王牌产品",因为时间跨度足够长,中间又经历了三个牛熊周期,可以对该基金经理的投资能力有一个比较全面的了解。对于任职时间超过 10 年的基金经理,第一个筛选条件是年化回报率高于 12%。

这里需要区别几个概念：年化回报率、几何平均年化收益率和算术平均年化收益率。

年化回报率可以有不一样的算法，也可以采取不同的比较方式。最基本的是算术平均数收益率，就是拿过去每年的回报率求平均值。这种方法显然不适合用来进行有连续复利效应（这个阶段的本金和利息会成为下个阶段的本金）的投资回报率计算，所以，通常采用几何回报率，即基金经理任职以来的复合回报率。比如计算某只基金 2011—2021 年的年化回报率，就是先计算 2010 年 12 月 31 日到 2021 年 12 月 31 日的净值变化（复权）率，然后计算对应的每年复合增长率，即

任职年化回报率(几何年化收益率) = (1 + 任职以来总回报率)[(-1) ÷ (任职年数)] × 100%

木大采用"任职时间≥10 年"和"任职年化回报率≥12%"两个条件在灵活配置型、偏股型、平衡混合型及股票型基金中进行筛选，共筛选出 14 只基金，如表 5-7 所示。

表 5-7 任职时间超过 10 年、任职年化回报率超过 12% 的基金

基金类型	基金经理	基金名称	管理规模（亿元）	任职年限（年）	任职年化收益率（%）	任职基金数（只）	几何平均回报率（%）
灵活配置型	周××	中欧新蓝筹混合 A	619	11.4	13.77	11	10.44
	应×	南方稳健成长混合	82	9.9	12.20	11	6.21
偏股型	李×	广发制造业精选混合 A	134	11.1	18.66	12	9.53
	朱××	富国天惠成长混合 A/B（LOF）	317	17.0	17.72	2	17.41
	杜×	上投摩根新兴动力混合 A	154	11.3	16.85	7	9.35
	余×	景顺长城核心竞争力混合 A	121	10.9	16.15	8	9.83
	杨×	诺安先锋混合 A	42	16.7	14.69	4	18.24
	伍×	鹏华盛世创新混合（LOF）	22	10.8	13.21	9	3.12
	王××	工银大盘蓝筹混合	27	9.9	12.90	12	10.07
	梁×	鹏华新兴产业混合	192	11.3	12.87	16	9.42
	姚×	建信优选成长混合 A	16	10.7	12.77	9	12.65
平衡混合型	陈×	易方达平稳增长混合	430	10.1	16.01	14	12.48
股票型	赵××	国富中小盘股票	165	13.2	12.68	8	5.38
	萧×	易方达消费行业股票	488	10.1	15.10	10	12.71

基金经理任职时间超过 10 年的基金并不多，去掉偏债的混合型基金，股票型基金和混合型基金加起来也不足 50 只，而这里面收益率还能保持在 12%以上的只有 14 只，而且是连续 10 年以上，其实非常难得。

如果要继续从这 14 只基金里选择一只，该如何选择？

第二个筛选条件就是管理规模。可以看到，这 14 只基金的管理规模差别极大，有单只管理规模超过 600 亿元的基金，也有单只管理规模不足 20 亿元的基金。这里先排除所有管理规模在 200 亿元以上的基金，原因在之前讲基金规模的时候已经说过，不再赘述，筛选结果如表 5-8 所示。

表 5-8　任职时间超过 10 年、任职年化回报率超过 12%且管理规模适中的基金

基金类型	基金经理	基金名称	管理规模（亿元）	任职年限（年）	任职年化收益率（%）	任职基金数（只）	几何平均回报率（%）
灵活配置型	周××	中欧新蓝筹混合 A	619	11.4	13.77	11	10.44
	应×	南方稳健成长混合	82	9.9	12.20	11	6.21
偏股型	李×	广发制造业精选混合 A	134	11.1	18.66	12	9.53
	朱××	富国天惠成长混合 A/B（LOF）	317	17.0	17.72	2	17.41
	杜×	上投摩根新兴动力混合 A	154	11.3	16.85	7	9.35
	余×	景顺长城核心竞争力混合 A	121	10.9	16.15	8	9.83
	杨×	诺安先锋混合 A	42	16.7	14.69	4	18.24
	伍×	鹏华盛世创新混合（LOF）	22	10.8	13.21	9	3.12
	王××	工银大盘蓝筹混合	27	9.9	12.90	12	10.07
	梁×	鹏华新兴产业混合	192	11.3	12.87	16	9.42
	姚×	建信优选成长混合 A	16	10.7	12.77	9	12.65
平衡混合型	陈×	易方达平稳增长混合	430	10.1	16.01	14	12.48
股票型	赵××	国富中小盘股票	165	13.2	12.68	10	5.38
	萧×	易方达消费行业股票	488	10.1	15.10	10	12.71

接着，考察他们的任职基金数。从表 5-8 中可以看到，任职基金数的差别也很大，这里面有一部分前端、后端的差别，所以需要仔细甄别。比如鹏华的基金经理梁×实际管理的基金（A、C 基金计为同一只）是 7 只，工银的基金经理王××在管基金为 6 只，虽然没有十几只那么多，但是依然超过我们对基金经理在管基金不多于 5 只的要求，根据这一原则，应×、李×也应被排除，剔除后的结果如表 5-9 所示。

表5-9 剔除在管基金过多的基金经理后的结果

基金类型	基金经理	基金名称	管理规模（亿元）	任职年限（年）	任职年化收益率（%）	任职基金数（只）	几何平均回报率（%）
灵活配置型	周××	中欧新蓝筹混合A	619	11.4	13.77	11	10.44
	应×	南方稳健成长混合	82	9.9	12.20	11	6.21
偏股型	李×	广发制造业精选混合A	134	11.1	18.66	12	9.53
	朱××	富国天惠成长混合A/B（LOF）	317	17.0	17.72	2	17.41
	杜×	上投摩根新兴动力混合A	154	11.3	16.85	7	9.35
	余×	景顺长城核心竞争力混合A	121	10.9	16.15	8	9.83
	杨×	诺安先锋混合A	42	16.7	14.69	4	18.24
	伍×	鹏华盛世创新混合（LOF）	22	10.8	13.21	9	3.12
	王××	工银大盘蓝筹混合	27	9.9	12.90	12	10.07
	梁×	鹏华新兴产业混合	192	11.3	12.87	16	9.42
	姚×	建信优选成长混合A	16	10.7	12.77	9	12.65
平衡混合型	陈×	易方达平稳增长混合	430	10.1	16.01	14	12.48
股票型	赵××	国富中小盘股票	165	13.2	12.68	8	5.38
	萧×	易方达消费行业股票	488	10.1	15.10	10	12.71

在剩下六只基金中，使用当前的参数已经无法进行筛选，我们需要更多的参数。

从前面讲的内容中可以看出，相比于收益的"亮眼程度"，木大更在意的是业绩的稳定性。既然无法找到收益永远第一的基金，那我们退而求其次，选择业绩长期处于"良好"和"优秀"之间的基金，也就是选择业绩排名长期处于前50%的基金。

表5-10所示是这六只基金2011—2021年在同类基金（二级分类，混合型/股票型）里的排名百分比。可以看到，赵××的国富中小盘股票除了2013—2014年掉到了第三梯队，其他时候基本都处在第一梯队或者第二梯队的前列，当然，这跟指数型基金也参与股票型基金的业绩排名有关。在混合型基金里，杜×的上投摩根新兴动力混合A的相对百分位较高，但是稳定性（标准差）不足；相反，余×的百分位没那么出众，但是稳定性较强。另外三只稳定性较强的基金，业绩长期维持在中等或中等偏上的位置。

表 5-10　选择业绩长期排名靠前的基金

基金经理	基金名称	同类基金业绩排名百分位（%）											平均百分位（%）	标准差（%）
		2011年	2012年	2013年	2014年	2015年	2016年	2017年	2018年	2019年	2020年	2021年		
杜×	上投摩根新兴动力混合A	—	0.85	2.37	98.91	17.18	81.43	2.32	97.64	4.13	11.80	8.71	32.53	42.03
余×	景顺长城核心竞争力混合A	—	0.21	27.74	28.46	56.59	67.00	1.68	84.66	18.07	40.37	57.53	38.23	28.07
杨×	诺安先锋混合A	78.17	92.16	52.37	48.83	49.61	63.50	53.80	64.01	55.46	44.01	2.01	54.90	22.53
伍×	鹏华盛世创新混合（LOF）	90.86	15.04	44.34	30.17	43.15	51.14	22.62	56.49	17.01	58.30	45.92	43.19	21.95
姚×	建信优选成长混合A	80.20	53.81	52.55	22.40	30.23	54.93	42.79	58.38	30.16	33.09	62.43	47.36	17.29
赵××	国富中小盘股票	21.57	0.65	74.76	63.67	6.89	18.82	24.75	13.01	29.14	25.16	35.71	28.56	22.54
"—"表示基金还未成立														

或许再查看一个参数，可以帮我们更清晰地看到上面的年化收益率和这里的排名到底是怎么实现的，即理论换手率。

理论换手率是根据每年的年报，用报告中买卖股票的平均价格除以持有股票的市值计算出来的，反映的是一年内持仓股票更换的频繁程度。举一个极端的例子，如果基金经理在一年内毫无操作，那么理论换手率就是0，如果持有平均市值为50亿元，累计卖出了100亿元，累计买入了100亿元，那么换手率就是（100 + 100）÷ 2 ÷ 50 × 100% = 200%。

换手率高已经成为整个主动管理型基金的发展趋势。市场风格变化、基金公司考核制度、持有人大批量赎回等因素都会影响基金经理换手率的高低。在基金经理本身风格激进，或在基金公司里地位较低，抑或是基金公司考核制度本身偏向短期（如6个月、1年业绩排名）等情况下，基金换手率就会飙升，而长期高换手率的基金经理是本大希望避开的。

注意，高换手率不意味着低收益，事实上，表5-11中几位高换手率的基金经理也实现了11年年化12%以上的业绩，证明他们的投资策略是有效的。但是高换手率意味着高交易成本（交易费用、分红补税），在实现一样的收益水平下，高换手率会支付更高的成本。表5-11展示了各只基金的换手率情况。

表 5-11　各只基金的换手率情况

基金经理	基金名称	理论换手率（%）											平均换手率（%）
		2011年	2012年	2013年	2014年	2015年	2016年	2017年	2018年	2019年	2020年	2021年	
杜×	上投摩根新兴动力混合A	481.20	400.19	274.04	297.72	790.49	556.92	352.85	360.70	385.03	299.22	167.69	396.86
余×	景顺长城核心竞争力混合A	—	222.51	149.50	150.60	213.63	97.84	171.83	82.67	97.37	122.49	203.08	151.15

续上表

基金经理	基金名称	理论换手率（%）											平均换手率（%）
		2011年	2012年	2013年	2014年	2015年	2016年	2017年	2018年	2019年	2020年	2021年	
杨×	诺安先锋混合A	186.88	139.54	222.09	167.33	263.74	275.66	279.23	1,201.79	1,319.17	328.89	173.03	414.30
伍×	鹏华盛世创新混合（LOF）	362.36	268.26	318.91	257.31	249.68	168.15	192.21	158.90	330.85	233.56	213.70	250.35
姚×	建信优选成长混合A	319.33	243.67	189.71	246.37	328.09	335.80	222.64	263.25	245.94	241.07	200.94	257.89
赵××	国富中小盘股票	257.98	193.87	200.16	291.17	474.55	267.89	334.77	171.72	128.47	112.35	125.11	232.55

"—"基金还未成立

这里要再提到净值收益率计算方法的问题。由于净值本身都是估算值，收益率又是根据净值变化计算的数值，而只有在卖出后账户里收到的钱才是持有人真正赚到的钱。基金经理得到了更好的排名，我们承担了所有代价。

举一个简单的例子，表5-11中换手率最高的诺安先锋混合A，2018年的管理规模为28.38亿元，收益为-3.24亿元，交易费用为8 207万元，占总管理规模的2.89%，占当年亏损的25.33%。同期换手率最低的景顺长城核心竞争力混合A，管理规模为19.95亿元，收益为3.17亿元，交易费用为470万元，占总管理规模的0.24%，占当年收益的1.48%。这意味着，如果年初投入1万元，那么前者需要支付289元的交易费用，后者只用支付24元的交易费用。从长期来看，二者的净值收益率差别不大（14.69%和16.15%），而交易成本将会让前者的劣势越来越大，而这个成本都由持有人来支付。

把换手率和业绩排名百分位、业绩排名百分位标准差放在一起时，可以得出一个不是很严谨的结论：换手率低不一定能带来好业绩，但是换手率高可能导致业绩不稳定。表5-12展示了本轮筛选的最终结果。

表5-12 本轮筛选的最终结果

基金经理	基金名称	平均百分位（%）	标准差（%）	平均换手率（%）
杜×	上投摩根新兴动力混合A	32.53	42.03	396.86
余×	景顺长城核心竞争力混合A	38.23	28.07	151.15
杨×	诺安先锋混合A	54.90	22.53	414.30
伍×	鹏华盛世创新混合（LOF）	43.19	21.95	250.35
姚×	建信优选成长混合A	47.36	17.29	257.89
赵××	国富中小盘股票	28.56	22.54	232.55

这样一来，筛选出四只基金。暂时不考虑"唯一性"，把这四只基金先放在

旁边，等从另外两类基金里用同样的方式进行筛选后，把三类放在一起，然后进行进一步的精筛。

对于任职同一只基金 7 年以上的基金经理，因为时间上不如 10 年以上得久，所以，在年化收益率上要提高标准，要求任职年化回报率达到 15% 以上，因此，筛选条件为"任职年限≥7 年"和"任职年化收益率≥15%"，这样，我们就得到了 29 只基金。

符合任职时间超过 7 年条件的非指数、非债券（含偏债）型基金共有 262 只，收益率超过 15% 的基金有 29 只，依然超过 10% 的比例，如表 5-13 所示。

表 5-13　任职时间超过 7 年、任职年化回报率超过 15% 的基金

基金类型	基金经理	基金名称	管理规模（亿元）	任职年限（年）	任职年化收益率（%）	任职基金数（只）	几何平均回报率（%）
灵活配置型	金××	财通价值动量	76.70	7.9	20.64	10	13.26
	孙×	民生加银策略精选	83.01	8.3	20.35	12	4.34
	莫××	万家品质生活	93.69	7.2	20.32	13	15.68
	张×	华泰柏瑞创新升级	53.12	8.5	20.21	9	13.16
	周××	华商新趋势优选	141.29	7.5	19.88	11	17.66
	陈×	易方达新经济	430.37	7.7	19.02	14	12.48
	陈××	华富价值增长	40.39	8.1	18.60	9	11.23
	程×	国泰聚信价值优势	136.35	8.9	18.51	17	8.30
	何×	交银优势行业	188.13	7.3	17.64	4	16.40
	蒋×	华安动态	90.19	7.4	15.92	13	5.88
	张×	景顺长城策略精选	13.84	8.0	15.75	4	10.51
偏股型	姜×	建信健康民生	41.64	8.6	23.67	6	11.17
	陈×	易方达科翔	430.37	8.5	22.85	14	12.48
	谢××	兴全合润	675.90	9.8	19.87	5	17.87
	王×	交银新成长	186.38	8.0	19.64	3	15.19
	何×	交银阿尔法核心	188.13	7.1	19.47	4	16.40
	罗××	诺德价值优势	67.33	7.9	18.37	6	9.31
	魏×	中欧盛世成长	10.73	9.6	18.03	4	11.11
	刘××	景顺长城鼎益	758.85	7.3	16.55	10	10.15
	李××	银华中小盘	468.79	7.3	16.49	15	8.83
	鲍××	景顺长城能源基建	81.67	8.3	16.46	8	10.40

续上表

基金类型	基金经理	基金名称	管理规模（亿元）	任职年限（年）	任职年化收益率（%）	任职基金数（只）	几何平均回报率（%）
偏股型	杜×	上投摩根新兴动力	153.93	7.3	16.11	7	9.35
	饶××	华安升级主题	109.36	7.1	16.02	9	14.02
	杨××	景顺长城优选	303.97	8.0	16.02	13	9.07
股票型	陶×	建信改革红利	154.97	8.5	21.79	11	13.94
	杜×	工银战略转型	183.00	7.7	18.32	9	11.41
	陈××	安信价值精选	82.84	8.5	17.40	9	7.10
	范×	圆信永丰优加生活	165.76	7.0	17.18	14	10.65
	刘×	大成高新技术产业	78.45	7.3	16.45	7	9.69

排除管理规模超过200亿元的基金，同时进一步排除基金经理任职基金数（A、C基金计为同一只）超过5只的基金，剩下18只基金，如表5-14所示。

表5-14 剔除在管基金过多的基金经理后的结果

基金类型	基金经理	基金名称	管理规模（亿元）	任职年限（年）	任职年化收益率（%）	任职基金数（只）	几何平均回报率（%）
灵活配置型	金××	财通价值动量	76.70	7.9	20.64	10	13.26
	张×	华泰柏瑞创新升级	53.12	8.5	20.21	9	13.16
	周××	华商新趋势优选	141.29	7.5	19.88	11	17.66
	陈××	华富价值增长	40.39	8.1	18.60	9	11.23
	程×	国泰聚信价值优势	136.35	8.9	18.51	17	8.30
	何×	交银优势行业	188.13	7.3	17.64	4	16.40
	张×	景顺长城策略精选	13.84	8.0	15.75	4	10.51
偏股型	姜×	建信健康民生	41.64	8.6	23.67	6	11.17
	王×	交银新成长	186.38	8.0	19.64	3	15.19
	何×	交银阿尔法核心	188.13	7.1	19.47	4	16.40
	罗××	诺德价值优势	67.33	7.9	18.37	6	9.31
	魏×	中欧盛世成长	10.73	9.6	18.03	4	11.11
	鲍××	景顺长城能源基建	81.67	8.3	16.46	8	10.40
	杜×	上投摩根新兴动力	153.93	7.3	16.11	7	9.35
	饶××	华安升级主题	109.36	7.1	16.02	9	14.02

续上表

基金类型	基金经理	基金名称	管理规模（亿元）	任职年限（年）	任职年化收益率（%）	任职基金数（只）	几何平均回报率（%）
股票型	杜×	工银战略转型	183.00	7.7	18.32	9	11.41
股票型	陈××	安信价值精选	82.84	8.5	17.40	9	7.10
股票型	刘×	大成高新技术产业	78.45	7.3	16.45	7	9.69

在这 18 只基金里根据业绩排名百分位变化来进行筛选，并且加大难度，需要基金在过去 7 年内平均业绩排名保持在 50% 以内，同时标准差不能超过 30%，且 7 年内不能落在业绩最后 25% 之内（年业绩排名百分位 > 75%），筛选结果如表 5-15 所示。

表 5-15 选择长期业绩较为优秀的基金经理后的结果

基金经理	基金名称	同类基金业绩排名百分位（%）							平均百分位（%）	标准差（%）
		2015年	2016年	2017年	2018年	2019年	2020年	2021年		
金××	财通价值动量	12.92	80.57	23.03	67.50	3.69	39.07	9.35	37.80	27.83
张×	华泰柏瑞创新升级	26.10	68.07	4.19	46.64	37.53	26.54	24.67	34.84	18.62
周××	华商新趋势优选	17.05	56.50	26.31	50.13	4.44	12.50	13.79	27.82	18.49
陈××	华富价值增长	23.77	50.00	32.50	77.86	12.09	20.02	8.58	36.04	22.67
何×	交银优势行业	6.72	9.79	36.37	20.25	28.62	55.44	16.72	26.20	15.71
张×	景顺长城策略精选	40.96	36.71	50.34	65.32	28.31	25.14	1.88	41.13	18.74
姜×	建信健康民生	8.01	51.57	41.47	77.79	4.85	22.69	3.80	34.40	26.06
王×	交银新成长	16.54	23.93	4.92	53.14	11.10	33.58	63.14	23.87	20.27
何×	交银阿尔法核心	56.33	21.57	29.27	23.30	16.94	54.41	16.49	33.64	15.83
罗××	诺德价值优势	45.99	62.57	2.41	72.48	53.76	0.21	51.50	39.57	26.48
魏×	中欧盛世成长	7.88	63.86	23.30	86.73	25.14	3.85	88.61	35.13	33.70
鲍××	景顺长城能源基建	13.05	42.64	12.84	47.22	73.09	84.17	18.16	45.50	26.84
杜×	上投摩根新兴动力	17.18	81.43	2.32	97.64	4.13	11.80	8.71	35.75	37.02
饶××	华安升级主题	31.40	51.21	37.73	70.01	11.92	10.34	93.73	35.44	28.34
杜×	工银战略转型	—	15.97	19.63	37.49	15.30	1.69	10.15	18.01	10.90
陈××	安信价值精选	13.77	1.68	4.98	43.60	35.97	25.86	49.77	20.98	17.59
刘×	大成高新技术产业	—	9.75	5.41	9.90	35.06	21.36	9.75	16.30	10.14

这样一来，筛选结果从 18 只基金变成了 10 只基金。在这 10 只基金中，继续计算它们的平均换手率，筛掉平均换手率超过 300% 的基金，发现筛掉了绝大多数

基金，不利于后面的比较，因此略微放宽，把换手率门槛提高到400%，剩下6只基金，如表5-16所示，留待下一步进行"精筛"。

表5-16 剔除换手率过高的基金经理后的结果

基金经理	基金名称	2015年	2016年	2017年	2018年	2019年	2020年	2021年	平均换手率（%）
张×	华泰柏瑞创新升级	1163.23	605.15	501.15	472.98	532.78	544.72	781.33	657.33
周××	华商新趋势优选	220.86	276.08	430.90	412.08	467.08	464.56	242.09	359.09
何×	交银优势行业	965.32	1 110.94	724.26	417.20	240.83	258.43	322.57	577.08
张×	景顺长城策略精选	551.46	444.91	419.55	280.90	229.63	242.08	187.62	336.59
王×	交银新成长	711.37	377.84	330.75	303.57	230.14	193.45	176.30	331.92
何×	交银阿尔法核心	523.64	1 029.32	789.20	456.13	295.98	303.36	304.64	528.90
罗××	诺德价值优势	526.79	140.87	167.95	153.30	312.86	146.91	119.21	223.98
杜×	工银战略转型	1 750.41	487.35	344.94	266.45	250.99	268.16	174.08	506.05
陈××	安信价值精选	225.85	213.71	148.01	131.84	84.59	95.82	134.32	147.74
刘×	大成高新技术产业	1 032.38	354.26	171.03	138.90	158.56	151.57	122.32	304.15

对于任职同一只基金5年以上的基金经理，时间进一步缩短，所以，在年化收益率上进一步提高标准，要求任职年化回报率达到18%以上，因此，筛选条件为"任职年限≥5年"和"任职年化收益率≥18%"，这样，我们就得到了31只基金。从里面剔除管理规模超过200亿元和任职基金数超过5只的，我们得到12只基金，如表5-17所示。

表5-17 任职时间超过5年、任职年化回报率超过18%的基金

基金类型	基金经理	基金名称	管理规模（亿元）	任职年限（年）	任职年化收益率（%）	任职基金数（只）	几何平均回报率（%）
灵活配置型	周××	中信建投智信物联网	30.14	5.4	21.52	5	16.87
	莫××	万家新兴蓝筹	93.69	6.8	20.68	13	15.68
	国××	中邮新思路	78.20	5.3	19.92	12	12.82
	周××	海富通改革驱动	187.91	6.5	19.76	10	9.57
	神××	平安策略先锋	83.53	6.3	19.61	7	9.46
	周××	华商优势行业	141.29	6.2	19.24	11	17.66
	张×	银河智造	41.65	6.6	18.80	9	13.93
	彭×	融通中国风1号	41.79	5.2	18.44	8	17.65

续上表

基金类型	基金经理	基金名称	管理规模（亿元）	任职年限（年）	任职年化收益率（%）	任职基金数（只）	几何平均回报率（%）
偏股型	单×	工银信息产业	88.51	5.3	20.73	6	-5.97
	林××	国泰事件驱动策略	14.32	5.4	18.11	3	11.81
股票型	张××	工银物流产业	35.90	6.7	19.65	3	11.29
	赵××	汇添富高端制造	44.72	5.6	18.84	12	9.78

在12只基金里根据业绩排名百分位变化来进行筛选，并且加大难度，需要基金在过去5年内平均业绩排名保持在50%以内，同时标准差不能超过30%，且5年内不能落在业绩最后25%之内（年业绩排名百分位>75%），筛选结果如表5-18所示。

表5-18 选择长期业绩较为优秀的基金经理后的结果

基金经理	基金名称	同类基金业绩排名百分位（%）					平均百分位（%）	标准差（%）
		2017年	2018年	2019年	2020年	2021年		
莫××	万家新兴蓝筹	7.10	69.39	32.27	9.07	6.38	24.84	27.13
周××	华商优势行业	32.73	56.09	6.35	32.64	21.91	29.94	18.16
彭×	融通中国风1号	18.89	70.77	0.96	29.45	30.19	30.05	25.64
张××	工银物流产业	30.87	9.01	19.85	10.61	4.54	14.98	10.49
赵××	汇添富高端制造	—	26.70	57.92	20.38	13.38	29.59	19.65

这样一来，筛选结果从12只基金变成了5只基金。在这5只基金中，继续计算它们的平均理论换手率，筛掉平均换手率超过300%的基金，只剩下3只基金，留下进行精筛，如表5-19所示。

表5-19 剔除换手率过高的基金经理后的结果

基金经理	基金名称	理论换手率（%）					平均换手率（%）
		2017年	2018年	2019年	2020年	2021年	
莫××	万家新兴蓝筹	328.80	232.51	134.19	238.06	198.20	226.35
周××	华商优势行业	211.69	167.68	419.23	301.79	176.05	255.29
张××	工银物流产业	365.44	417.74	283.85	221.47	142.22	286.14

至此，我们从10年、7年和5年任职期的主动基金中筛选出了符合条件的几位基金经理，剔除任职年限的差别，基本符合业绩较好、业绩排名较稳定和平均换手率较低的标准。

2. 精筛

如表5-20所示，根据这些标准，我们已经确保了所选基金长期业绩的稳定性和持股的稳定性，至少从数据来说，这些基金具备长期跑赢市场的条件，部分基金也确实有长期跑赢市场的业绩记录。

表5-20　基金经理任职时间超过10年、7年和5年的较优质基金

基金经理	任职时间	基金名称	任职年化收益率（%）	平均业绩排名（%）	平均换手率（%）
余×	≥10年	景顺长城核心竞争力	16.15	38.23	151.15
伍×		鹏华盛世创新	13.21	43.19	250.35
姚×		建信优选成长	12.77	47.36	257.89
赵××		国富中小盘	12.68	28.56	232.55
周××	≥7年	华商新趋势优选	19.88	27.82	359.09
张×		景顺长城策略精选	15.75	41.13	336.59
王×		交银新成长	19.64	23.87	331.92
罗××		诺德价值优势	18.37	39.57	223.98
陈××		安信价值精选	17.40	20.98	147.74
刘×		大成高新技术产业	16.45	16.30	304.15
莫××	≥5年	万家新兴蓝筹	20.68	24.84	226.35
周××		华商优势行业	19.24	29.94	255.29
张××		工银物流产业	19.65	14.98	286.14

既然都符合条件，那么如何在此基础上精筛呢？

回到基本逻辑，作为持有人，收益率并不是简单的基金净值变化率，而是该基金在收益中扣除所有成本、费用以后分到投资者手上的钱，再除以本金。也就是说，年化收益率并不能代表我们拿到的收益，这里面还要扣除在指数基金部分所说的成本。

由于申购和赎回费用是一次性收取的，其他费用是按年收取的，因此，在计算时将申购和赎回费用进行了5年平均的处理，而平均交易费用和平均交易佣金计算的是基金经理任职期间发生的费用占当年基金总规模的比例，最终这13只基金的持有成本如表5-21所示。

表 5-21 13 只基金的持有成本

基金经理	基金名称	平均交易佣金	平均交易费用	管理费/年	托管费/年	申购费	赎回费	总费用/年
余×	景顺长城核心竞争力	0.26%	0.43%	1.50%	0.25%	1.50%	0.50%	2.84%
伍×	鹏华盛世创新	0.46%	0.79%	1.50%	0.25%	1.50%	0.50%	3.40%
姚×	建信优选成长	0.37%	0.63%	1.50%	0.25%	1.50%	0.50%	3.15%
赵××	国富中小盘	0.48%	0.80%	1.50%	0.25%	1.50%	0.50%	3.43%
周××	华商新趋势优选	0.87%	1.46%	1.50%	0.25%	1.50%	0.50%	4.48%
张×	景顺长城策略精选	0.45%	0.72%	1.50%	0.25%	1.50%	0.50%	3.32%
王×	交银新成长	0.80%	1.30%	1.50%	0.25%	1.50%	0.50%	4.25%
罗××	诺德价值优势	0.39%	0.65%	1.50%	0.25%	1.50%	0.50%	3.20%
陈××	安信价值精选	0.36%	0.58%	1.00%	0.25%	1.50%	0.50%	2.58%
刘×	大成高新技术产业	0.36%	0.57%	1.50%	0.25%	1.50%	0.50%	3.08%
莫××	万家新兴蓝筹	1.07%	1.68%	1.50%	0.25%	1.20%	0.50%	4.84%
周××	华商优势行业	0.65%	1.05%	1.50%	0.25%	1.50%	0.50%	3.86%
张××	工银物流产业	1.52%	2.56%	1.50%	0.25%	1.50%	0.50%	6.23%

这里的费用实际上包含两部分：一部分是公开收取的管理、托管、申购、赎回费用；另一部分是非公开收取的隐性费用，即发生在基金交易中但是最终由持有人来买单的费用。

在公开费用方面差别不大，只有一只基金的管理费低于平均水平，申购费一律按 10 万元本金计算，赎回费一律按大于一个月小于一年计算。

在隐性费用方面差别就非常大了，部分基金的交易佣金只有不到 0.3%，而有的基金的交易佣金超过 1.52%；交易费用也有类似的趋势，从 0.43% 到 2.56%，差别 5 倍有余。

拿每只基金的成本和收益率进行对比，会进一步发现，原来成本对基金收益率有惊人的吞噬作用，部分基金的成本竟然占了收益的 30% 以上。换句话说，如果 1 万元一年的收益为 1 000 元（10%），还额外付出了 300 元的成本，那么实际收益应该是 1 300 元。

我们已经肯定了这些基金的长期优秀，至少是穿越了一个牛熊周期还能保持业绩排名靠前的基金，而且换手率较低，所以，大概率不是依靠短线的频繁交易来实现业绩的，投资逻辑经受住了时间的考验。在这样的条件下，要进一步筛选，就要靠成本了。

这里再次拿出均值回归理论，即无论多么优秀的基金，最终收益率都会趋于正常和平庸，即使是我们筛选出来的优秀基金经理，也无法避免这个趋势。如果再次拿出我们第一批筛选出来的任职 10 年以上的基金经理，则会发现他们的平均年化收益率在 14%左右，对木大来说，在某种程度上，这就是优秀基金经理的"回归线"，继续跟踪后面两批基金经理，会发现其业绩也会无限趋近于 14%～15%。

在这个理论下，长期收益率都趋于一致，那么作为持有人的收益率就由成本率来决定，成本率越高，收益率越低。所以，最终的筛选条件是成本率，只选择成本率小于 3%的基金。

当然，还有更为细致的筛选方式，比如仔细研究每只基金在不同时期的持仓，以此来判断基金经理的投资风格。这种方式在木大眼里形式大于实际意义，毕竟对绝大多数基金投资者来说，选择基金就是认为自己的股票投资能力不足，想节省时间和精力来进行投资，而且基金经理的持仓也不是实时公开的，通过每年的年报来分析基金经理的投资能力实在是有点管中窥豹，不得其法。

还有一种比较常用的方法，就是对回撤控制或者夏普比率进行比较，目的是找到业绩优秀且回撤控制能力较强的基金经理。这种方式相对合理，但是在均值回归理论的基础上，木大认为，成本才是最重要的考量因素。

总结一下筛选方法。

第一步，根据任职年限对基金经理进行划分。

10 年为一档，7 年为一档，5 年为一档，具体年限本身不重要，可以设置成 15 年/10 年/5 年任职区间或者其他任职区间，重要的是基金经理在管理该基金时至少穿越过一个牛熊周期。对从业时间虽长但近年来并没有管理同一只基金超过 5 年的基金经理应谨慎考虑，除非你对他的投资风格和业绩极为认可。

第二步，在每档里设置年化收益率的基准线。

就数据而言，任职时间越长，年化收益率越低，所以，在设置时需要根据任职年限进行一定的调整。另外，工作量比较大的方式是业绩需要超过同期沪深 300（主动基金最常用的业绩比较标的）的年化收益率，这样会涵盖更多的基金，方便后面的筛选。

第三步，限制单只基金的管理规模和在管基金的总管理规模。

根据《证券投资基金管理运作办法》，一只基金持股不得超过基金资产的 10%，基金经理所有基金持有同一只股票不得超过该股票市值的 10%，同时，一只基金持有上市公司股份超过5%时需向监管机构书面报告（向监管机构和市场公开）。沪深300的平均市值在700亿元左右，中位数在400亿元左右，这意味着，40亿~70亿元就是基金经理持仓的极限，而对于部分千亿级基金经理来说，50亿元（仓位为5%）已经达到他们的举牌线，100亿元（仓位为10%）可能已经超过该股票市值的10%，中小盘对他们来说更是毫无意义。

这是一个监管机构、上市公司和基金公司需要共同解决的问题，对我们来说，避开管理规模过大的基金是目前最好的办法。在上面筛选的案例中选择了管理总规模不超过200亿元，如果想进一步筛选，则可以对单只基金的管理规模进行控制。在木大眼里，单只基金的管理规模在100亿元以下一个不错的区间，总管理规模在20亿~50亿元就更理想了。

第四步，限制在管基金数量。

有人会认为，在管基金数量多不代表不能创造更好的业绩，毕竟上面所说的基金管理规模问题就可以通过发行新基金等方式来进行规避或者部分解决。2019—2021年，部分基金公司的扩张模式就是先通过优秀的业绩打造出"明星基金经理"，然后在该经理风头正劲时发行新基金来吸引投资者，也就有了大家看到的一些基金经理同时管理（或共同管理）十几只基金的"盛况"。

木大看到的是，公募行业的几位从业时间超过10年且业绩一直比较优秀的基金经理在管基金数量都很少。富国天惠的朱××从2005年开始管理富国天惠成长混合，至今只管理过富国天惠成长混合一只基金（2017年发行了成长混合C）；睿远基金的傅××从业时间13年，在兴全10年间只管理过两只基金，2019年加入睿远后也只管理了睿远成长价值混合（A、C）一只基金。这两位基金经理在市场上的号召力肯定大过绝大多数新晋基金经理的号召力，毕竟长期业绩摆在那里，新、老投资者都会很愿意为他们买单。然而，他们为什么没有选择趁着长期业绩出众大量发行新基金，反而选择守着自己的"一亩三分地"，值得思考。

如果他们都自觉没有能力管理两三只基金，那么为什么有的基金经理可以管理十几只基金呢？所以，木大的观点是，对于管理基金超过五只（A、C基金计为同一只）的基金经理，不予考虑。

第五步，限制基金的长期业绩排名。

在本部分内容一开始，我们就论证了某年的收益冠军对其后面的业绩几乎毫无作用，所以，短期的亮眼甚至惊艳业绩的价值很有限。但是，如果在一个很长的时间段里找寻排名一直相对靠前的基金，随着时间区间的加长，则可以逐渐挖掘出在不同市场环境里都能保持业绩稳定和相对优秀的基金。在上面的案例中，我们要求基金经理的业绩在任何单个年份不得低于同类排名的75%，当然，也可以更为严苛，要求不得低于50%，但是这样的基金确实少之又少，特别是在时间跨度较长的时候。

第六步，限制平均换手率。

比起其他指标，这个指标的可靠性相对较低，倒不是说这个指标不重要，而是说这个指标是根据基金公司的年度报告和半年度报告进行计算的，而由于基金年报往往发布于次年的三四月份，而且持仓也并非完全公开，所以，这个指标有严重的滞后性，且无法做到准确，建议和下面的交易成本结合考虑。但设置这个指标的目的十分明确，就是通过量化的方式来衡量基金经理的买卖频率，高频买卖意味着这位基金经理会随着市场变化做出"预判"并迅速修改自己的投资策略，低频买卖意味着这位基金经理不太会因为市场波动而对自己的投资策略进行调整，至于哪个更优，这可能是股票和基金投资行业争论了一百多年的问题。木大只知道，这一百多年来最成功的投资者叫沃伦·巴菲特，他的投资方式也发生过变化，但他大概是全世界换手率最低的投资者。

曾几何时，换手率超过150%会被认为是"趋势交易"基金经理，而在上面的筛选中大家也看得出来，低于150%换手率的基金经理已经是凤毛麟角，事实上在上面找出来的基金经理中只有一人做到了低于150%的平均换手率，所以，我们不得不降低标准，限制理论换手率不高于200%，在某些情况不得不降低到"不高于300%"。

第七步，限制交易成本。

在均值回归理论下，所有基金经理的成绩最终将回归"平庸"，那么从长期来看，收益率趋同，只有低成本、低佣金的基金才能给我们带来超额收益。

从上面的总结中也能看出来，虽然有比较清晰的步骤，但对于每一步的指标设置，木大并没有很严格的限制，甚至会有一种"怎么样都行"的感觉。事实也确实如此，这里我们讨论的是一种选择主动基金的方法，注重的是自上而下的选择逻辑一致性，也讨论了不同指标及其数字的设置原因。所以，这里的重点不是立马给出投资建议，告诉大家应该买哪只基金，而是教给大家一种相对清晰和简单的基金筛选思路。

需要注意的是，这里所有的筛选条件都是用来"排除"基金的，而不是用来选择基金的。也就是说，这种方法是在讨论如何在海量的公募基金中一步一步

"拣精剔肥"，选出更符合自己要求的基金，并不是一种用来衡量单只基金优劣的方法，不符合这些条件的基金也可能有十分优异的业绩表现，完全符合这些条件的基金也可能在下一轮牛熊中泯然众人。

巴菲特、约翰·博格这两位成功的投资者都认为，作为个人投资者，购买指数基金才是正道，可是绝大多数投资者不满足于"平均收益"，想找到自己的"超额收益"来战胜市场，证明自己是那个慧眼识英雄的伯乐，在大海里捞到那根针。木大自己也鼓励大家听取两位大师的意见，但是就像我们听到的每个人生道理一样，纸上得来终觉浅，绝知此事要躬行，那么本章内容希望大家在亲自寻找的时候不会陷入高成本的陷阱中，在木大绵薄之力的帮助下，尽全力找到符合自己要求的优秀基金。

第三部分

基金怎么买

第二部分内容都在讨论具体的基金选择问题，花了很多笔墨，跟大家分享了指数基金和主动基金的选择方法。其实，正如第5章末尾所说，基于均值回归理论，我们付出再多的努力，到最后可能也只得到一个平庸的结果。

不过，也不必气馁，人生常态如此，投资世界更是这样。真正读懂巴菲特和彼得·林奇的人都知道，他们的成功既有实力作为基础，也有运气的成分。即使是世界上最成功的投资者也得靠运气，我们因为缺乏了一点儿运气而没能到达他们的高度，也实属正常。

这一部分我们把镜头拉远一点，不再聚焦于单只基金应该怎么选择，而是把目光放在了基金投资组合的打造和仓位的管理上。

对于"投资组合"这个概念我们并不陌生，事实上，每只基金都是一个投资组合，基金经理正在以特定的策略来管理里面的股票、债券和货币市场工具等标的，对你我来说，基金投资组合就是在回答这个问题：买哪只（或者哪几只）基金？

投资组合回答了买谁的问题，那么仓位管理事实上就是在回答另外两个问题：什么时候买？买多少？

所以，本部分内容将会教给你如何打造自己的基金投资组合，以及如何进行仓位管理，最后将以实际案例的方式把所有内容串联在一起。

第 6 章　管理你的基金

本章主要讲解如何管理你的基金，也就是通常所说的仓位管理，再说得浅显一点儿，就是在什么时候，买入什么基金，买入多少份额，并在什么时候卖出，然后再买入什么的问题。

很多投资类的书籍会花费大量的篇幅讲述如何选择基金，但是对于仓位管理的讲解总是十分简略，因为仓位管理是一件因人而异的事情，每位投资者的资金状况不同，风险承受能力不同，性格也不同，因此，仓位管理方式也会千差万别，很难有一个统一的标准。

木大另辟蹊径，用不同的仓位管理策略投资同一个基金组合来对比不同策略的收益和波动情况，并在 2011—2021 年这个 10 年区间内进行回测。

未来 10 年的行情不会重复过去 10 年的行情，但木大认为，这些策略中蕴含的分散风险、长期持有、避开泡沫等原则是不会过时的。从美股两百多年的历史来看，每个时期的泡沫和风险看起来都那么新鲜。

6.1　投资组合

1952 年，哈里·马科维茨在《金融杂志》上发表了一篇题为《资产组合的选择》的论文，在这篇论文中将线性代数和概率论应用于投资组合的选择中，讨论了不同证券间内在的相关性和趋势。1959 年，他出版了《证券组合选择》一书，详细讲解了证券组合的基本原理，奠定了证券投资组合理论的基础，他因此被称为"现代投资组合理论之父"，并且凭借该理论获得了 1990 年的诺贝尔经济学奖。马克维茨的理论开创了在不确定条件下进行资产组合投资的理论和方法，第一次用定量的方法论证了分散投资的意义。

这个理论的假设是投资者可以用期望收益和方差来评价投资组合的效果和风险，在忽略交易成本和税收的前提下，厌恶风险和追求高收益的理性投资者会选择更高收益和更小标准差（风险）的投资组合。所以，投资组合的最终目的就是通过多样化来分散或者降低风险，并且在承受适当风险的条件下获得最大的期望回报。

这个理论的精华是，一个投资组合的收益是里面各类证券（股票、债券、不动产等）收益的加权平均数，而这个收益会低于组合里收益最大的证券，但是会高于组合里收益最小的证券。同时，只要里面各类证券的相关性足够小，组合承受的风险就会小于单独投资任何一种证券的加权平均数。也就是说，分散投资不相关的证券，可以降低投资组合的风险。最终的结论是，通过投资各个相互独立的资产，收益可能不如单独"赌"对一类资产来得多，但是风险也会低于单独押注于一类资产的风险。

那么，在搭建基金组合时，就要选择多只基金来规避风险，而且不同基金间的相关性不高。

所谓资产的相关性，指的是两个标的涨跌的相似性，如果二者同涨同跌，那么它们的相关性就越高（比如沪深300和上证50）；涨跌越不同步，则表示它们的相关性越低（比如上证指数和国债指数），可以用相关系数来表示。举例来说，根据东方财富Choice数据，沪深300跟标普500的相关性是0.370 4，跟德国DAX的相关性是0.328 5，跟国债指数的相关性是 -0.198 5，跟人民币汇率的相关性是0.163 0，跟NYMEX轻质原油的相关性是0.251 1，跟COMEX黄金的相关性是 -0.002 3。可以看出，沪深300跟其他国家的主要指数还存在部分相关性，跟原油、人民币汇率的相关性比较低，而跟黄金和国债指数都是负相关的。

看得出来，投资组合可以用于很多个层面，既可以用于大类资产（股票、债券、不动产、期货等）的配置，也可以用于具体的股债配置，还可以用于单只基金内部的股票组合的搭建。而本章的投资组合主要针对的是基金组合的配置，关于大类资产的配置将会在下一章中详细讲解。

那么，怎么去搭建一个基金组合呢？

第一步，确定收益目标，了解自己的需求。

在确定收益目标之前，先要了解现实状况，也就是能挣多少钱。我们在第二部分内容中提到过，2000—2019年，A股的名义收益率是7.6%，债券的名义收益率是3.6%，同期股指、债券和5年期银行定期存款的年化收益率和累计收益率如表6-1所示。

表6-1　2000—2019年各主要股指的收益率

指数名称	年化收益率	累计收益率
Wind全A	8.49%	225.89%
上证指数	8.68%	229.88%

续上表

指数名称	年化收益率	累计收益率
上证 50	5.63%	172.93%
沪深 300	4.99%	162.73%
中证 500	3.90%	146.61%
中证 1000	4.13%	149.89%
中证全债	3.88%	146.33%
5 年期银行定期存款	3.20%	137.02%

全收益指数的收益率代表的是在考虑了分红再投资，但不考虑买卖和持有成本的基础上市场的平均收益率。这意味着，如果把市场上所有的投资者聚集在一起，那么只有一半人的收益率超越了这个收益率，另一半人的收益率还没有达到这可怜的 10 年平均每年 5% 的收益率，跟这个对应的是中债指数 3.88% 的收益率和 5 年期银行定期存款 3.20% 的收益率。

可能会有人问：如果股票投资只能带来比银行定期存款多 2.5% 的收益，而股票是公认的高风险资产，那还有必要投资股票吗？

有必要，因为流动性、收益率和确定性。

在流动性方面，股票投资是具有一定流动性的，而且无论是获利还是亏损都可以按照最新的价格结算离场，也因此提供了低买高卖的机会；而银行定期存款需要完全牺牲 5 年的流动性来换取这 3.20% 的收益率，这期间如果提前支取，就会按照活期存款的利率来计算收益。

收益率可以参考表 6-1 中的累计收益率，这 2.5% 左右的收益差距所带来的区别是巨大的。如果在 2011 年第一个交易日投入 100 万元在沪深 300 指数基金上，2021 年这笔钱变成了 162.73 万元，而银行定期存款只有 137.02 万元，这 25.71 万元的差额是我们 10 年前本金的四分之一。而且这里的收益率是根据本金不变且过程中完全不进行操作来计算的，事实上，正如在主动基金部分所看到的，当加入适时的低买高卖时，股票还可以增加自己的潜在收益，而 3.20% 的 5 年期银行定期存款是没有任何操作可能的。

最重要也是经常被投资者忽略的一点是，持有股票，特别是长期持有优质股票或基金，其确定性其实并不比银行定期存款的确定性差多少。A 股的历史太短，我们只能看到从 2005 年股权分置改革到 2021 年 A 股的收益率在 10% 左右，这个区间只有 16 年。杰里米·J·西格尔在《股市长线法宝》一书中研究了美国股票市场 1802—2008 年（206 年）的不同资产收益率，他的研究结果是：股票的实际回报率是7%，债券的实际回报率是3.5%。虽然在不同阶段会有差距，每个阶段的经济引擎也完全不同，中间还经历了各种改变历史进程的大事件，但在扣除通胀因素后，在两百多年间，美国股票市场的实际回报率围绕7%上下波动，时间越长，波动越小。

为什么是7%？

在指数基金部分详细讲解了市盈率近百年都围绕14倍波动的原理，即在计算机革命以后人类工业生产的效率就是每年以$1÷14≈7.14\%$的效率在增长的。假设美国所有的上市公司组成了一个巨大的"美国工厂"，那么它每年收益的增长率就是7.14%，在生产效率没有改变的前提下，创造了7.14%额外收益的工厂就多了7.14%的额外价值，那么它的市值（股价）也会因此增长7.14%。

因此，只要"工厂"的经济体系是稳定的，即使没有更新、更高效的技术，它也能创造更多的额外价值。如果"工厂"出了很大问题，那影响的绝不只是额外收益的创造能力，而是整个工厂是否能继续运转的问题，在这种情况下，手上的是现金还是股票，是没有本质区别的。换句话说，只要你认为经济会继续发展，那么从长期来看持有股票是"安全"的，因为生产力水平、工业体系和全球市场就在那里。如果你不这么认为，那么你其实不但不应该持有股票，连本币都不应该持有，因为当一个国家的经济体系崩溃时，无论是何币种，几乎都失去了所有的价值。以上就是投资的底层逻辑，也是为什么选择持有股票而不选择持有长期存款。

既然长期持有的年化收益率在7%左右，如果是买入后不打算再费神管理的投资者，7%的年化收益率就是一个合理的目标；而对于在持有期间会有所主动操作的投资者而言，9%~10%的收益目标是可以预期的，当然，依然是长期年化收益率。

第二步，确定自己可以承受多少回撤。

注意，这里所说的不是收益率的波动情况，而是真实的下跌所造成的回撤，从表面现象上来讲，就是账户在那个时刻真实的亏损情况。

表6-2为2011—2021年各主要股指的最大回撤幅度和每年的平均回撤情况。可以看到，2011—2021年各主要股指的平均最大回撤超过50%，而每年的平均回撤也基本在20%以上。这意味着在买入基金后，每年都有出现当年下跌超过20%的情况，在极端情况下（比如在市场估值最高点买入），回撤可能超过50%。

表6-2　2011—2021年各主要股指的回撤情况

指数名称	年化收益率	最大回撤	平均回撤
上证指数	8.68%	-55.78%	-21.52%
中证全指	4.79%	-52.30%	-19.75%
上证50	5.63%	-43.80%	-20.35%
沪深300	4.99%	-46.06%	-20.71%
中证500	3.90%	-64.14%	-24.37%
中证1000	4.13%	-71.79%	-18.15%
平均	5.35%	-55.64%	-20.81%

这里要说明的是，最大回撤计算的是2011—2021年从指数的最高点到最低点的回撤幅度，而平均回撤计算的是从每年的最高点到最低点的回撤幅度的算术平均数，在某种程度上，它们代表的是我们长期持有相应指数，每年可能看到的年度浮动亏损幅度和2011—2021年内最大可能的亏损幅度。

木大从不鼓励预测涨跌，或者用技术分析的方式来"预判"未来的行情，但是只要认真理解了本章的内容，只要不是极端情况，我们很难经历50%以上的回撤，但是平均每年20%的回撤基本是可以预期的。更谨慎地看，2011年和2018年沪深300的回撤都达到30%，2022年沪深300的回撤也达到29%。

第三步，选择基金品种和比例。

这一步最终是在回答三个问题：买几只基金？买哪几只基金？每只基金买多少？

第一个问题是买几只基金，毕竟基金本身也是一个划定了投资范围的投资组合，那么这个问题的本质是，如果只考虑股票和债券两种投资标的，则应该以什么比例分配？

验证的方法很简单，木大做了一个回测，如表6-3所示，在2008—2022年，长期持有不同比例的股票（沪深300）和债券（中证全债）能取得什么样的收益？

表6-3　不同比例股债基金的收益和波动情况

股票/债券比例	年化收益率（%）	标准差
100/0	12.61	0.582 4
80/20	11.60	0.501 4

续上表

股票/债券比例	年化收益率（%）	标准差
60/40	9.78	0.487 3
40/60	9.03	0.307 5
20/80	6.27	0.219 4
0/100	5.00	0.050 7

可以看出，在这个组合里，股票的年化收益率是12.61%，债券的年化收益率是5.00%，而当采用不同比例持有股票和债券时，收益率和波动率就在二者之间。结合第一步和第二步设置的目标，基本就可以选出理想的股债比例：当要求10%左右的收益率时，60/40的股债比例就很接近我们的要求；当60%的股票出现30%的回撤时，整个组合的回撤不会超过18%。

当然，这是一个非常基本的组合，它其实利用了股票和债券之间的负相关性，这样即使股票行情较差，债券部分也可以保持一定的收益，甚至有一定的增益作用。在此基础上，可以无限丰富自己的投资组合，把股票组合分为国内股票/国外股票、价值股/成长股、弱周期股/强周期股的对冲组合，把债券组合分为国债/企业债、信用债/转债的组合，甚至可以在组合里面加入黄金、原油这些大宗商品投资标的，让组合变得"面面俱到"，具备很强的抗风险能力。

比选择尽可能多的不相关标的更重要的是理解自己选择的标的。前面用了大量的笔墨，也只不过把投资A股基金的底层逻辑梳理了一遍，还略去了很多过于专业和复杂的概念。美股也好，越南、印度股市也罢，跟A股一样，跟所在国家的经济、政治、历史、市场等都有着千丝万缕的联系。在没有完全弄懂A股之前，不建议大家去碰其他国家的股市，宁可错过虚妄的收益，也不投资自己不懂的东西。至于外币、黄金和大宗商品，甚至不建议投资者去试图弄懂它们，不碰就好。

那么，假设想搭建一个50/50的股债组合，应该怎么做呢？

最基本的方法是用一半资金购买一只股票型基金，用另一半资金购买一只债券型基金，就做到了50/50。

可是，且不说选择一只"优质"股票的难度有多大（实际上难度高于选择一只优质的基金），购买并持有单只股票其实是典型的"把所有鸡蛋放在同一只篮子里"的行为，将自己暴露在极大的、不可控的风险中。

事实上，根据彼得·林奇的建议，我们不需要持有很多只股票，普通投资者可以把自己的投资组合限制在 5 只股票以内，或者他的另一种说法是，对一个小投资组合来说，持有 3~10 只股票比较合适。这些数字都源于尽可能地取得收益和规避单一持股所造成的风险。持有 5 只股票，就有 5 倍的概率找到大牛股，只要 5 只股票中有一只涨了 10 倍，即使其他 4 只股票没有变化（或者涨跌互相抵消），那么你的收益率也可达到 200%。

但是，彼得·林奇也对选股提出了要求：①你个人的工作或生活经验使你对这家公司了解很深；②通过一系列标准进行检查，你发现这家公司具有令人兴奋的远大发展前景。

这两个条件看起来平平无奇，但事实上对投资者的要求极高。对公司了解深入，要求我们不但对公司的管理、产品，甚至是发展战略十分了解，还要对管理层的人品有十足的把握。通过一系列标准进行检查，首先要保证自己的检查标准是行之有效的，其次要甄别（事实上无法甄别）自己通过公开渠道获取的数据是真实有效的经营数据，而非公司为了粉饰业绩而"精雕细琢"出来的报表。毫不夸张地说，个人投资者通过这两个标准选股几乎是不可能完成的任务。在美股市场，个人投资者占比从 1965 年的 85% 降到 2020 年的 30%，也从侧面印证了这一点。

所以，对绝大多数投资者来说，选择不同类型的基金来搭建自己的投资组合，才是最为稳妥、有效的。

如何通过基金实现 50/50 的股债组合呢？

仍然有一种最基本的方法，即购买一只或多只平衡型的混合基金。

由于平衡型基金可以在普通股与债券（包括优先股）中进行平衡配置，并且可以用 25%~50% 的基金资产进行债券和优先股投资，所以，基本可以认为是一类初始条件就满足 50/50 的基金。持有平衡型基金就可以做到 50/50，而且基金经理还会根据实际情况进行比例调整和再平衡，省去了很多麻烦。

与之相对的方法是持有纯股和纯债的基金，由于二者都有持有股票或债券不低于 80% 的限制，那么持有相同比例的股票型基金和债券型基金就完成了 50/50 的配置。

其他组合就比较多了，基本都是偏股、偏债、纯股、纯债的相互组合，单看组合方式很难区分孰优孰劣，甚至会出现选择困难，所以，需要一些基本原则来对组合进行"瘦身"或者指引。

第一，持有基金总数不超过 5 只。

根据 2021 年各基金年度报告，普通型股票基金平均持有 125.68 只股票（最多 1 101 只），指数型基金平均持有 147.34 只（最多 1 053 只），指数增强型基金平均持有 227.86 只（最多 613 只），偏股型基金平均持有 112.68 只（最多 703 只），偏债型基金平均持有 92.73 只（最多 1 285 只），灵活配置型基金平均持有 110 只（最多 854 只）。沪深 300 中的 300 只股票的总市值就已经占据了沪、深两市市值的一半以上，而数量却不到沪、深两市股票总数（4 000 余只）的 1/10。如果不算重复持仓，那么持有 4 只偏股型或股票型基金就会间接持有 500 只以上股票，超过沪深 300 的持仓数量，那么为什么不直接选择持有一只沪深 300 指数基金呢？

如果没有投资单个行业指数基金的计划，那么较为理想的投资方式是持有 1~2 只指数基金，1~2 只主动基金，以及 1 只债券型基金。事实上，如果读完后面有关指数基金和主动基金的对比，相信大家会认为持有 2 只指数基金加 1 只债券型基金足矣。

第二，控制成本。

基金相关费率排序：纯指数型＜指数增强型＜主动型。这里的排序规律同样适用于股票型和债券型基金。还要提示一点，尽管债券的长期收益（3.5%）远不如股票的长期收益，但主动型债券基金的平均费率是高于指数基金的平均费率的。

均值回归理论和之前提到的美股两百多年 7% 的平均年化收益率都在告诉我们，当把时间拉得足够长时，在国民经济正常增长的基础上，股票市场的整体收益几乎是可以预期的，这就意味着，每年付出的成本对我们的长期收益起着决定性作用。如果相信主动基金的业绩最终会平庸化（接近指数收益甚至低于指数收益），那么我们是否还愿意付出 2~3 倍的表面持有成本，以及背后因为频繁交易造成的隐性持有成本？

所以，在选择基金后，需要对成本进行仔细核算。如果最终业绩都趋同，那么为什么不选择费率最低的基金？

第三，查看持仓，避免大量重复。

跟之前一样，木大不要求大家根据持仓甚至跟踪持仓变化来判断一位基金经理的投资风格，意义不大。但是，大家需要对自己选择基金的股票持仓进行一个大致梳理，比如，查看每只基金最近 2~3 年的所有季报和年报，然后列出每只基金持有的股票和仓位，接着检查不同基金持仓的重复性。对于选择了多只主动基金的投资者而言，这一点格外重要，因为如果两只基金在较长的一段时间里都有大量的相似持仓（或者相似行业），那么这两位基金经理的投资风格和行情判断是趋同的，而大概率他们的成本是不同的，此时应该只保留成本较低的那只基金。

此外，还需要对选择的主动基金和指数（如沪深300、科创50、MSCI A50等）进行比对，如果没有明显的不同，那么何必要额外支付2~3倍的管理费而不是直接选择成本较低的指数基金呢？

6.2 主动还是被动

成本的高低比较也开启了本章的重要内容之一，即选择主动基金还是被动基金。

在一般印象上，主动基金具有更高的收益，因此，需要支付更高的管理费和隐性成本；被动的指数基金收益接近指数收益，需要支付相对较低的管理费和隐性成本；而指数增强型基金介于二者之间。

在上面这段话中，有多少是事实呢？

依照前面的方式，选出三个时间区间里不同类型基金中业绩的前5名，再参照同时期的主要指数表现，来对比主动基金和被动基金，如表6-4所示。在这里剔除了行业指数基金，只保留宽基或策略型宽基。

表6-4 不同任职时间主动基金和被动基金收益对比

任职10年以上							
指数型		指数增强型		混合型		股票型	
基金名称	年化收益率（%）	基金名称	年化收益率（%）	基金名称	年化收益率（%）	基金名称	年化收益率（%）
诺安中证100	9.59	易方达上证50增强	10.69	广发制造业精选	18.66	易方达消费行业	15.10
工银深证红利	8.95	富国中证500指数增强	9.57	富国天惠成长	17.72	国富中小盘	12.68

续上表

任职10年以上							
指数型		指数增强型		混合型		股票型	
基金名称	年化收益率(%)	基金名称	年化收益率(%)	基金名称	年化收益率(%)	基金名称	年化收益率(%)
大成中证500沪市	7.31	富国中证红利指数增强	7.84	上投摩根新兴动力	16.85		
农银沪深300指数	6.19	建信深证100指数增强	6.84	景顺长城核心竞争力	16.15		
华泰柏瑞沪深300	5.61	兴全沪深300指数	6.02	易方达平稳增长	16.01		

2011—2021年各大指数年化收益率　　上证指数：2.45%；上证50：7.73%；沪深300：6.60%

任职7年以上							
指数型		指数增强型		混合型		股票型	
基金名称	年化收益率(%)	基金名称	年化收益率(%)	基金名称	年化收益率(%)	基金名称	年化收益率(%)
建信央视财经50	9.59	建信中证500指数增强	12.21	建信健康民生	23.67	建信改革红利	21.79
大成中证红利指数	8.95	富国中证红利指数增强	11.78	易方达科翔	22.85	工银战略转型	18.32
汇添富沪深300	7.31	景顺长城沪深300指数增强	10.55	建信改革红利	21.79	安信价值精选	17.40
广发沪深300	6.19	富国沪深300指数增强	10.43	财通价值动量	20.64	圆信永丰优加生活	17.18
华宝中证100	5.61	富国中证500指数增强	9.03	民生加银策略精选	20.35	大成高新技术产业	16.45

2015—2021年各大指数年化收益率　　上证指数：1.74%；上证50：6.31%；沪深300：7.23%；中证500：5.97%；中证1000：5.02%

任职5年以上							
指数型		指数增强型		混合型		股票型	
基金名称	年化收益率(%)	基金名称	年化收益率(%)	基金名称	年化收益率(%)	基金名称	年化收益率(%)
工银深证红利	9.45	西部利得中证500指数增强	9.83	新华鑫益	23.85	工银物流产业	19.65
华润元大富时中国A50	8.15	华宝沪深300增强	8.11	中融产业升级	23.46	汇添富高端制造	18.84

续上表

任职5年以上							
指数型		指数增强型		混合型		股票型	
基金名称	年化收益率(%)	基金名称	年化收益率(%)	基金名称	年化收益率(%)	基金名称	年化收益率(%)
大成中证500沪市	7.31	易方达上证50增强	7.25	汇安丰泽	22.50	新华策略精选	18.54
易方达创业板	7.06	宝盈中证100指数增强	7.20	中信建投智信物联网	21.52	华夏节能环保	17.47
博时沪深300指数	6.58	招商中证1000指数	7.01	工银信息产业	20.73	嘉实物流产业	17.33
2017—2021年各大指数年化收益率 上证指数：3.33%；上证50：10.54%；沪深300：10.90%；中证500：4.63%；中证1000：-0.31%							

如果只看前5名的业绩，那么，无论在哪个时期，主动基金（混合型、股票型）的年化收益率都远高于指数型基金的年化收益率，在三个时间区间里基本都是以两倍以上的水平领先于指数型基金的，而由于指数增强型基金的业绩仅比指数型基金的业绩好看一点，所以，基本也跟主动基金形成了接近两倍的业绩差距。

不过，如果跟相同时期的指数相比，那么优秀的指数型基金基本还是可以跑赢指数的，并且可以看出指数增强型基金的确可以超越指数型基金。

上面是在各类基金中挑选出了收益最高的5只基金进行比较的，虽然部分说明了一些趋势，但是不明显。下面加入显性成本和隐性成本，并统计了各时间区间里每个类型的所有基金，如表6-5所示。

表6-5 不同任职时间主动和被动基金持有成本对比

指数型											
任职10年以上				任职7年以上				任职5年以上			
显性成本	隐性成本	平均年化收益率	标准差	显性成本	隐性成本	平均年化收益率	标准差	显性成本	隐性成本	平均年化收益率	标准差
1.01%	1.39%	4.61%	2.68%	1.21%	2.48%	1.85%	6.25%	1.16%	3.88%	2.63%	4.46%
指数增强型											
任职10年以上				任职7年以上				任职5年以上			
显性成本	隐性成本	平均年化收益率	标准差	显性成本	隐性成本	平均年化收益率	标准差	显性成本	隐性成本	平均年化收益率	标准差
1.78%	1.12%	6.75%	2.62%	1.77%	5.11%	6.01%	4.71%	1.84%	8.77%	5.83%	4.29%

续上表

股票型											
任职10年以上				任职7年以上				任职5年以上			
显性成本	隐性成本	平均年化收益率	标准差	显性成本	隐性成本	平均年化收益率	标准差	显性成本	隐性成本	平均年化收益率	标准差
2.35%	5.98%	13.89%	—	2.33%	8.59%	9.79%	5.30%	2.28%	9.70%	11.71%	5.99%
混合型											
任职10年以上				任职7年以上				任职5年以上			
显性成本	隐性成本	平均年化收益率	标准差	显性成本	隐性成本	平均年化收益率	标准差	显性成本	隐性成本	平均年化收益率	标准差
2.30%	6.89%	11.26%	3.45%	2.16%	9.04%	9.23%	5.14%	1.91%	9.10%	9.09%	4.73%

这两类成本在前面几个章节中都有提及。显性成本主要指的是基金每年收取的管理费、托管费、销售服务费，加上买卖时一次性收取的申购费和赎回费，这里假设持有5年，因此，将申购费和赎回费平摊给了5个持有年。隐性成本主要指的是基金每年的交易费用，在这里用每年年报的交易费用除以基金当年的管理规模得出一个比例，不过由于不同基金公司的计算方式不尽相同，计算时只是对各只基金在各时期的交易费用求平均数，并且剔除了明显不合理的数字（如当期交易费用占基金总管理规模的20%），因此，只作为参考。

从表6-5中可以看出，虽然在平均年化收益率上依然是指数型＜指数增强型＜混合型＜股票型，但是指数型和指数增强型的稳定性是高于股票型和混合型的稳定性的，这意味着持有指数型和指数增强型基金的体验感更好、波动更小。

话说回来，虽然指数型基金波动小，但是看着那不到5%的平均年化收益率，再看看混合型和股票型基金平均水平都在9%以上的收益率，似乎仍然是主动基金胜出。

不对。

木大一再强调，基金的收益率是根据净值的变化机械地计算出来的，跟持有人真正的持有收益差距非常大，而且由于每个持有人买入和卖出的时间点不同导致收益千差万别，所以，基金公司也不会公布自己的持有人的平均收益究竟是多少。

根据净值计算收益率的方法不但忽略了每个人的持有成本，也不会计算因为基金经理的买卖而产生的交易费用，当算上这两者后会发现，收益率变得不太一样。

如果做一个简单的加减法，用各类基金的平均收益减去它们的显性成本和隐性成本，就会发现一种奇怪的现象，如表6-6所示，那就是无论哪类基金，只有任职10年以上的基金经理才能保持正收益（尽管也只有5%左右），其他时期所有类型的基金收益都变成了负值。

表6-6　不同任职时间主动和被动基金调整后收益

基金类型	10年	7年	5年
指数型	2.21%	-1.84%	-2.41%
指数增强型	3.85%	-0.87%	-4.78%
股票型	5.56%	-1.13%	-0.27%
混合型	2.07%	-1.97%	-1.92%

这一点从隐性成本的逐年上升也能计算出来。无论哪类基金，随着任职时间标准的降低，所有基金类型的隐性成本都在提高，主动基金的隐性成本甚至达到9%以上。

在这里大家肯定会对数据的准确性有所怀疑，毕竟，如果这是真实情况，那么谁还会选择收益是负值的这些基金呢？

确实，这些数据都是平均后的结果，不同基金经理因操作而产生的交易费用可以有十倍甚至数十倍的差距，确实不是真实的数据反映。但同时，正因为这是平均后的结果，所以，它更具有代表性。这意味着，在绝大多数情况下，虽然混合型、股票型基金的收益较高，但是它们的平均交易成本接近甚至超过它们本身所能创造的收益。

木大对于收益率和交易成本占比是否可以直接做减法进行了很长时间的思考，得出的结论是：这种算法不是一种精确的算法，也不能用来量化某只基金，但是它是一种定性的参考。收益率虽然是根据净值变化计算出来的，但净值本身也代表的是基金管理规模的变化，同样，交易成本占比对应的也是基金管理规模，所以，二者直接做减法是有数学意义的。

交易成本代表着基金在进行交易时支付的交易佣金及在卖出时支付的分红补税等支出，买卖越频繁，交易成本就越高。更重要的是，交易成本并不包含在每年固定的管理费之内，而是从基金每年产生的收益中抽取的。换句话说，看似基金只收取了显性费用，但是交易成本依然是由持有人支付的（从基金总资产中扣除），即使基金的当年收益为负，持有人依然要支付所有的显性费用和隐性费用。

所以，当考虑了所有成本和收益后，主动基金和被动基金的选择就变得相对容易了。指数型基金的成本相对低廉且波动较小，增指数强型基金的成本次之，但是收益更高且波动性与指数型基金的波动性类似，混合型基金和股票型基金的成本过高，需要对单只基金的隐性成本进行重点考量后再进行选择，如果再考量均值回归理论，那么指数和指数增强型基金才是首选。

在 2008 年召开的伯克希尔·哈撒韦公司股东大会上，有人问巴菲特：假如你只有三十来岁，没有其他经济来源，只能靠一份全日制工作来谋生，没有时间分析研究投资，却有一笔存款维持一年半的开支，那么如何投资自己所攒的第一个 100 万美元？

巴菲特回答道："我会把所有的钱都投资到一只低成本的跟踪标准普尔 500 的指数基金上，然后继续努力工作。"

综合前面的内容，如果你依然坚信会有人战胜市场（尽管数据并不支持），那么你可以选取一部分仓位来配置主动基金；如果你明白了均值回归理论就像万有引力一样作用于每位投资者，就选择指数基金。

6.3 仓位管理

相比于基金选择，仓位管理的难度要更胜一筹。基金选择好歹有过去业绩的参考，在运气不坏的情况下，结果也不至于太糟糕。仓位管理则不同，如果决策错误，则可能需要 2~3 倍的时间才能得到相同的结果。

这里引用一个段子：同事买了 100 元的基金，亏了以后花 10 000 元去补仓，拿 10 000 元救援 100 元，这哪是补仓啊？这里的拿 10 000 元救援 100 元就是一种仓位管理，虽然不是合理的管理，但是也是管理。正如本部分开头所说，仓位管理其实是在解决两个问题：什么时候买？买多少？

什么时候买，可以理解为一般意义上的择时。

择时是投资中十分常见的话题，大家经常听到的"低买高卖""追涨杀跌"其实都是在形容择时。所谓择时，就是选择买入和卖出的时机，在价格较低的时候买入，然后在价格上涨之后卖出，差价扣除买卖成本就是盈利。

那么，怎么做到低价买入高价卖出呢？

第一种方法严格来说不能称为方法，但很多人实际上采用的就是这种方法，也就是靠"感觉"来进行判断。

这种"感觉"的来源不一，有的人看看某只股票或者指数的 K 线图，发现当前的价格已经跌到最近几个月比较低的位置，然后结合最近听说的不知真假的消息，比如"新能源是重点发展方向"，由此得出某个板块未来肯定能越涨越高的结论，那么这位投资者关于买卖的判断就完成了。

木大把这种判断方式叫作"刻舟求剑"。

根据不断变动的价格来确定位置，然后对高低的判断也取决于之前的股价，完全不理会股价背后的意义，强行归纳出一套几乎不相关的逻辑来佐证自己的判断。

第二种方法是确实有一套自己的方法论，事实上，比起巴菲特、芒格所代表的价值投资，这种方法的受众范围更广、接受度更高，也更能"满足"投资者快速获利的愿望，即技术分析法。

技术分析法是利用股票（基金）价格的图表及大量的辅助指标来对股票价格未来的走势进行判断，找到可能性更高的趋势，然后利用这种趋势进行买卖操作的。这种方法有三个基本假设：一是市场行为涵盖了一切信息；二是股票价格是存在趋势的；三是历史还会重演。

市场行为涵盖了一切信息，也就是有效市场理论，是西方主流金融市场理论之一，现在很多的资产定价模型，比如CAPM（资产定价模型）、APT（套利定价理论）都是基于有效市场理论发展而来的。经济学家研究了各种期货、股票交易的价格变化，却发现他们找不到周期性的变化规律，相反，这些价格就像随机漫步一样，完全是由随机的方式构成的，变动是不可预期的。1970年，尤金·法玛对有效市场进行了定义：如果在一个证券市场中，价格完全反映了所有可获得的信息，每种证券价格都等于其背后的价值，这样的市场就被称为有效市场。这意味着，股票也好，期货也罢，在一个有效市场中，它的最新价格有效地反映了市场上所有的因素（比如基本面、公司决策、投资决策、股息变化等）。但是，尤金·法玛也提出了有效市场的前提：市场里的投资者是理性的、追求利益最大化的、积极参与竞争的，并且每个人都能轻易获得最新的重要信息。

股票价格是存在趋势的，意思是股票价格将沿着某种已经形成的趋势继续走下去，直到新的趋势形成。当多头（认为股价未来会涨而高价买入的人）达成共识时会推高股价，当空头（认为股价未来会跌所以开始抛售，等股价下跌后再接回的人）达成共识时股价就会下跌，而当多空开始"博弈"时股价就会陷入混乱，直到一方占据主导形成新的趋势。有趣的是，尽管后来很多技术分析方法都基于有效市场理论，可是尤金·法玛本人认为，股价在统计上不具有"记忆性"，所以，投资者无法根据历史价格来判断未来的走势。

历史还会重演，跟上面的意义类似，意味着过去出现的趋势未来还可能出现，所以，可以通过研究过去来对未来的趋势进行"预测"。

在这三个假设都成立的基础上，五花八门的技术分析方法由此展开。

主流的技术分析方法有利用 MACD、KDJ 指标，利用 K 线形态，以及利用均线等，这里不展开描述，但是技术分析的核心都是根据当前的市场反应（如价格支撑、成交量、多空力度的大小、不同指标的形态等）来判断下一步的行情走势，由于短期内市场由情绪来主导，所以，技术分析就是在用量化的方式"预测"市场的情绪。至于市场的情绪是否可以被预测，不在本书的讨论范围之内。

第三种方法就是本大使用的判断方法，即价值回归法。

市场在大多数情况下是无效的，因为在有效市场的假设里要求投资者是理性的且可以同等程度获得重要信息这一条是不存在的，所以，当前的股票价格是不能反映股票的真实价值的。事实上，短期的价格大多来自市场的情绪，而长期的价格来自股票的真实价值，当前市场过于乐观时，人们支付的价格就会远超股票本身的价值，导致股票供不应求；而当市场过于悲观时，人们就只愿意支付远低于价值的价格，导致股票无人问津。而这个价值是由股票背后的那家公司来决定的，也就是所谓的"估值"。

格雷厄姆采用清算的方法来估算一家公司的价值，即一家公司在破产清算的时候，公司当前所有资产能变现的钱减去所有的负债后剩下的净资产就是这家公司的"价值"，而当市场价格远低于这个"价值"时（流出了安全边际），格雷厄姆就会买入这只股票，也就是著名的"捡烟蒂"投资法。

巴菲特深得格雷厄姆的真传，在投资的前期靠着"捡烟蒂"的方法在 20 世纪 50 年代获利颇丰。但是到了 20 世纪 60 年代，随着股票价格整体抬升，这种价格远低于其内在价值的情况越来越少，让巴菲特失去了可投资的标的。后来，他遇到了查理·芒格，芒格建议他不要只买便宜货，而要购买有价值但是被低估的好公司，即关注企业未来自由现金流的创造能力而不只是破产后的清算价格。

无论是"捡烟蒂"投资法，还是自由现金流法，都有一个共同的基础，即市场是无效的，无法反映股票背后的真实价值。但是，由于市场情绪总在极度悲观和极度乐观中摇摆，所以，价格也围绕着某个中枢上下波动，而这个中枢就是企业的价值。加上从长期来看，好的企业是不停创造盈利的，其价值是不断升高的，所以，就有了在长时间内股票价格和其内在价值之间的关系，如图 6-1 所示。

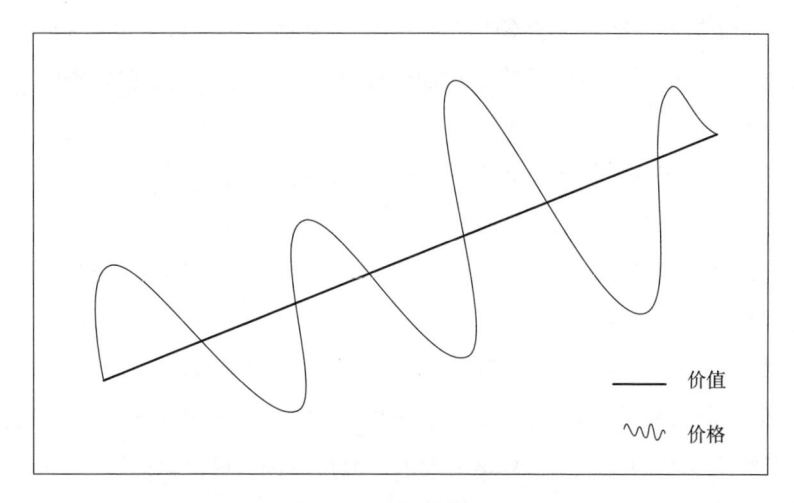

图 6-1 价值与价格的关系

在这一理论下，股票价格的高低并不重要，重要的是它跟内在价值相比是高还是低。

在第二部分股票和基金的选择问题中已经讨论过，股票内在价值的确定其实是非常复杂的，而且可以说是充满陷阱的，并不适合普通投资者。好在对指数基金来说，也有确定其"价值"的方式，这就是在前面提到过的市盈率。

市盈率是一个过于简单的模型，简单地将股票的价格和公司的盈利能力进行比较，得到一个比例，就可以拿来衡量公司的价值，似乎跟上面所说的复杂的估值方法差别很大。但事实上，正如之前木大对市盈率的描述一样，对于成熟的公司来说，从长期来看，在没有大幅的生产效率提升的前提下，一家成熟的公司，一个较为稳定的行业，甚至是一个较为成熟的经济体，其市盈率代表的就是生产效率，那么市盈率中枢也应该是不变的。

在此基础上，就有了确定指数基金投资择时的方法——市盈率法。通过研究指数在过去一个或者多个经济周期里的市盈率变化，找到其市盈率的中枢位置，当市盈率明显低于中枢时大幅买入，当市盈率明显高于中枢时卖出，取得收益。用一种简单的表示方法就是确定在这个时期里市盈率的最高值和最低值，然后用最新的市盈率在二者中的百分比[（最新市盈率－最低市盈率）÷（最高市盈率－最低市盈率）×100%]来确定此时是否适合投资。

以沪深 300 为例，2011—2021 年，滚动市盈率的最低值出现在 2014 年 5 月 19 日，市盈率(TTM)＝7.88 倍，最高值出现在 2015 年 6 月 8 日，市盈率(TTM)＝18.48 倍，那么 2011—2021 年任意一天的动态市盈率必然在二者之间，而市盈率中枢是13.18倍。当动态市盈率明显低于13.18倍时，可以认为沪深300被低估；而远高于13.18倍时，可以认为沪深300被高估。借用上面格雷厄姆的理论里，市盈率低于13.18倍，可以认为沪深300里的公司价值已经低于"合理水平"，或者说市场给它们定的价格已经低于它们本身能创造的价值，那么，当市场因过于悲观而给出远低于其价值的价格时，就是良好的买入时机。

这么说来，如果每种指数都可以采用这样的方法来判断买卖时机，那么投资基金岂不是变得无比简单？

可惜，适合采用这种方法来判断买卖时机的指数并不多。

正如上面所说，我们需要拿指数至少最近十年的市盈率作为对比，而且指数中的成分股以盈利和成长性相对稳定为主，换句话说，是由成熟行业和公司构成的指数。符合这一点的主流宽基指数只有上证50和沪深300，而上证50的行业分布不够均衡，所以，也不是一个理想的标的。

中证500涵盖了很多周期型股票，因此，盈利的波动很大，可以用"三年不开张，开张吃三年"来形容。近年来，中证500的市盈率一直处于历史低位，主要是因为里面的周期股的盈利在以数倍的速度增长。然而，这种盈利增长往往是由于货币超发和资源紧缺造成的，而这两个条件会随着货币收紧和企业扩产而发生转向，导致很多周期股的股价又被下行周期打回原形。在这样的剧烈波动下，市盈率不能用来判断其估值高低。中证1000虽然没有中证500那么强的周期性，但是其涵盖的公司以中小盘和成长股为主，可以认为是"专、精、特、新"企业含量比较高的宽基指数，但是也因此不符合上面所说的成熟行业、成熟公司的标准，何况里面的公司更新速度较快，指数成立时间也不足10年（2014年10月17日上市），因此，也不能使用10年市盈率百分位的方式来判断其估值。科创50也是相同的原因（2020年11月16日上市）。

别误会，木大不是说这些指数不值得买，相反，科创50从成长性的角度来说可能是所有主流指数中最具配置价值的指数，只是由于其成立时间较短，判断买卖时机就不能靠简单的市盈率。如果有朋友想研究判断方法，则可以参考彼得·林奇的PEG理论来对成长型指数进行估值。不过，由于涉及对整个板块未来盈利增速的预测，这里不做赘述，也不建议初级投资者尝试。

这里要补充一下，除了宽基指数，部分稳定的行业指数也可以采用10年市盈率百分位的方式来判断其目前的估值如何，但是该行业需要符合上面提到的几个条件——长期、稳定、成熟、适用于市盈率估值。

白酒行业就属于比较典型的可以用市盈率来进行估值的行业，因为其业绩相对稳定，行业内的竞争格局也相对固定。而业绩波动较大的光伏、煤炭等行业就不适合用市盈率来进行估值。银行、保险等行业因为其本身的盈利构成与其他行业不同，也不适合用市盈率来进行估值。

请注意，无论是对企业估值还是对指数估值，都属于"毛估"，也就是说，估值不需要精确到小数点后几位，精确那么多也没有意义，重要的不是数字本身，而是其相对的位置。市盈率处于10年百分位的49%不一定是低估，但是处于10年百分位的13%就一定是低估了。

指数基金这样判断，那么主动基金怎么办？

很遗憾，主动基金不存在一个这样的估值，原因很简单，我们无法准确知道此刻基金的持仓里有哪些股票，每只股票都持有多少，所以，无法计算持仓的估值水平。即使能拿到准确的持仓，由于其涵盖行业众多，并非每个行业都适合采用市盈率来进行估值，且没有过去10年的数据作为参考，因此，几乎完全没有意义。

好在每只基金都有一个比较基准，一般是由一个主流的宽基指数加上同业存款组成的，如果是混合型基金则可能还会再加一只债券型基金。所以，可以利用主动基金业绩比较基准中的指数来进行大概估值的判断。当然，如果是以大盘价值股和大盘成长股为主要投资对象的基金，那么沪深300的估值可以作为参考。

知道了什么时候买、什么时候卖，仍然需要回答下一个问题：买多少？卖多少？

为了避免混乱，先用相对简单的情况来举例，然后一步一步地处理更为复杂的情况。

最基本的情况是，在2011年1月4日这一天，本金为100万元，后续没有增量资金，选择的标的也很简单，看了木大的书，决定只投资一只指数基金，即跟踪沪深300指数的基金。

这时候的选择有四种。

（1）100万元满仓购买沪深300指数基金，然后持有不动到2021年12月31日卖出。

（2）将100万元分成10份，每份10万元，也将沪深300估值百分比分为10份（100÷10），当估值落入某个区间（如40%）时，就用100万元的60%来买入指数基金，剩余的钱放在银行里存为活期。

(3) 采取（2）同样的买卖方法，但是剩余的钱用来购买货币基金。

(4) 采取（2）同样的买卖方法，但是剩余的钱用来购买债券型基金。

为了公平起见，所有方案都选择同样的指数基金、债券型基金和货币基金，活期存款不计利息，最终成绩如表6-7所示。

表6-7　不同策略下投资组合的收益情况

策略类型	初始本金（万元）	最终总金额（万元）	期间最高（万元）	期间最低（万元）	年化收益率（%）	收益波动率（%）
满仓指数基金	100	224.61	244.30	69.17	7.63	44.08
指数+活期		207.02	214.96	76.48	6.84	37.77
指数+货币		222.42	229.12	78.85	7.53	42.01
指数+债券		231.71	236.28	77.62	7.94	44.17

可以看到，指数+债券的策略获得了最高的年化收益率7.94%，也是收益波动率最高的策略；满仓指数基金的策略获得的年化收益率次之，收益波动率也略低于前者；指数+货币的策略收益波动率略小，年化收益率比指数+债券的策略低了0.41%；而指数+活期的策略虽然收益波动率最小，但是年化收益率也是最低的。

如果看期间收益起伏，则可以从另一个层面反映出不同组合的波动和盈亏情况。满仓指数基金的期间最高收益曾达到244.30万元，发生在2021年春节之后，而期间最低收益则发生在2014年3月，浮亏超过30%，是四种策略中浮亏幅度最大的。在这方面指数+债券的组合表现出了自己的稳定性，期间最大浮亏幅度为22.38%，最高收益与满仓指数基金的最高收益相差无几。指数+货币的组合浮亏幅度最小，可以说是四种策略中最稳定的。指数+活期由于没有除股票型基金外的收益补充，因此，虽然能躲避一定的风险，但是损失了一部分收益。

这里需要指出，在四种策略的计算中，都没有考虑持有成本，包括交易成本和持有成本。货币基金本身没有交易费用，活期也没有交易费用，一直持有指数基金就只有最初和最后的两笔交易手续费。四种策略里唯一会产生一定费用的就是债券型基金。

这里用到的债券型基金为主动债券型基金，持有费用为0.8%/年，申购费为1%，持有超过7天赎回费用为0。在11年内，平均持有债券的仓位大概为33%，也就是33万元，平均每年交易次数为8～10次，这样计算下来，债券型基金的持有成本为0.8%×33%＝0.26%，交易成本为9×10%×1%＝0.9%，合计1.16%。即使抹掉零头，债券型基金需要每年从收益中扣掉1%的持有和交易费用，使得指数+债券组合的年化收益率下降到 6.94%，仅高于指数+活期组合的年化收益率。

通过简单的数据很难看透每种策略具体的表现，下面来分析每种策略的具体情况。

满仓指数基金的方式最简单，就是在 2011 年 1 月 4 日用 100 万元以 1.580 元的净值全仓买入指数基金，11 年以来没有动过，加上基金分红，最终走势如图 6-2 所示。

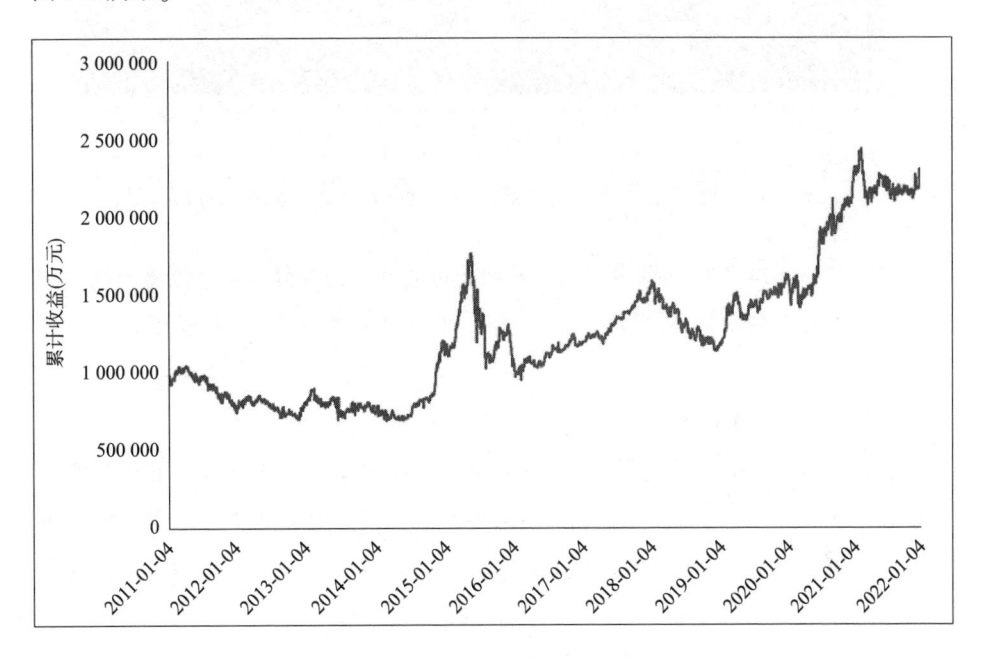

图 6-2 满仓沪深 300 的累计收益情况

因为这种策略在 11 年内都没有什么动作，就是跟着指数基金的走势，反倒可以为后面的三种策略做参考。

由于三种策略都采用同样的仓位配置，所以，先来看 11 年以来的股票基金和非股票基金的仓位情况，如图 6-3 所示。

正如上面描述的那样，指数基金的仓位根据沪深 300 的市盈率百分位进行调整，当市场大幅上涨时，市盈率百分位达到 80%，指数基金的仓位就会下调至 20%；相反，当市场大幅回落时，市盈率百分位跌到 20%，指数基金的仓位就会上调至 80%。以 10% 为单位进行仓位调整，并且至少保有 10% 的指数基金，市盈率百分位在 10% 以下就满仓指数基金。

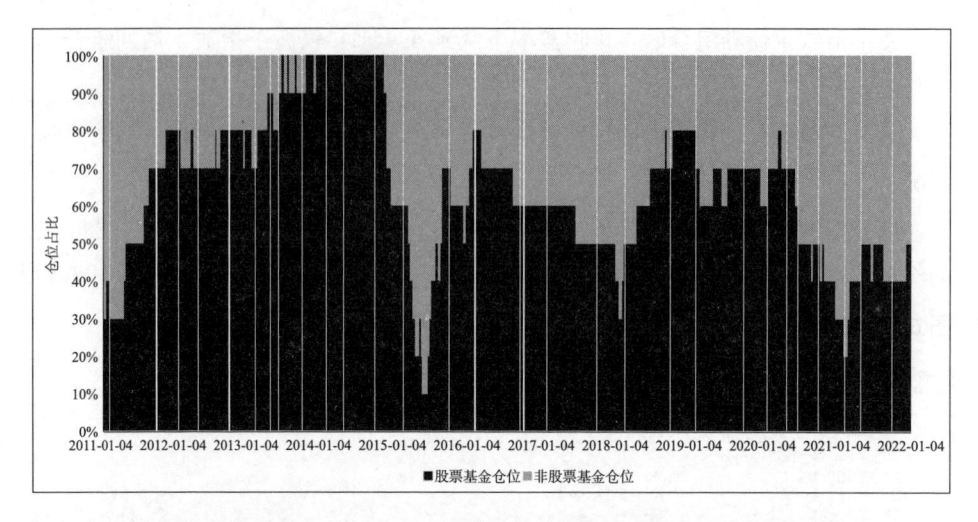

图6-3　根据市盈率百分位调整策略的股票基金和非股票基金的仓位情况

在2012—2014年的回调中，大幅卖出非指数基金的部分，将仓位逐步调整到指数基金，最终在市场最低点达到满仓，然后随着牛市的到来逐步减仓，到2015年牛市顶点卖到了只有10%左右，然后继续下跌慢慢补仓，基本上是一个相对机械和简单的买卖逻辑。

下面一起来对比一下指数+活期和指数+货币基金。二者在择时和仓位配置上策略完全一致，唯一的区别是没有买股票的那部分资金是否产生收益。在这里假设活期利率为0，而货币基金在这11年里累计产生了35.14%的收益，如图6-4所示。

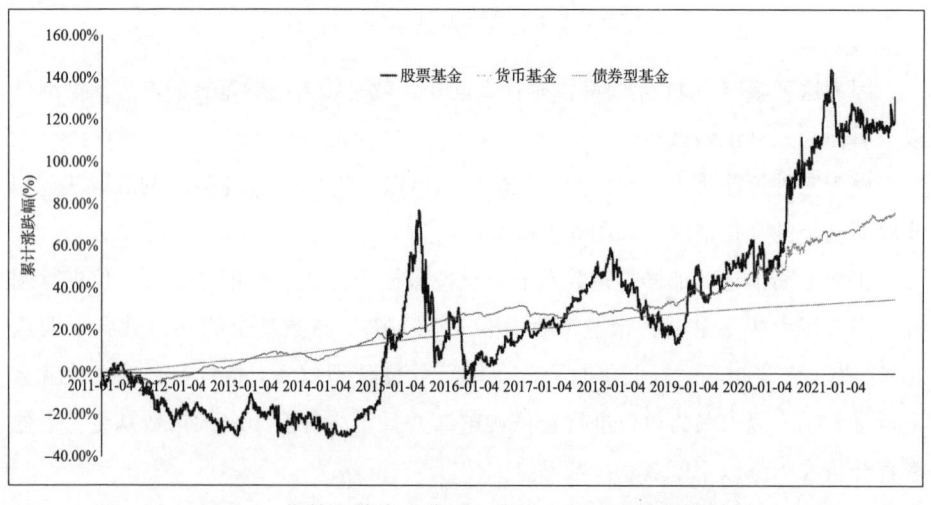

图6-4　指数、债券和货币三类基金的累计收益情况

指数基金的整体波动较大，但基本维持了震荡向上的走势；剩下的货币基金和债券型基金虽然上涨的斜率不同，但两类基金的整体走势是上涨的。

在这里就可以看出表 6-7 中的数据是怎么产生的。货币基金虽然涨幅较小，但是基本没有回落，所以，加剧了组合的波动；相反，当市场剧烈波动时，货币基金起到了一定的避险作用，因此，指数+货币组合的波动要远小于指数+债券组合的波动。相反，债券型基金的收益率更高，但是中间也有过不同程度的回撤，特别是 2013 年的"股债双杀"造成了大幅回撤，两种本应相互补充且相关系数为负值的基金却同时出现了大幅回撤，于是就有了四种策略里最高 42.67% 的回撤。

需要注意的是，这里看到的四种策略的优劣势仅限于这 11 年区间内，它对未来并没有明显的代表性。如果从中抽取片段，会发现不同时间段里"最好"策略是不同的，都会跟当时的股、债、市场利率有很强的关联性。但是从整体上可以看出，无论采用什么样的组合配置，长期收益率基本在 7% 上下浮动，如图 6-5 所示。

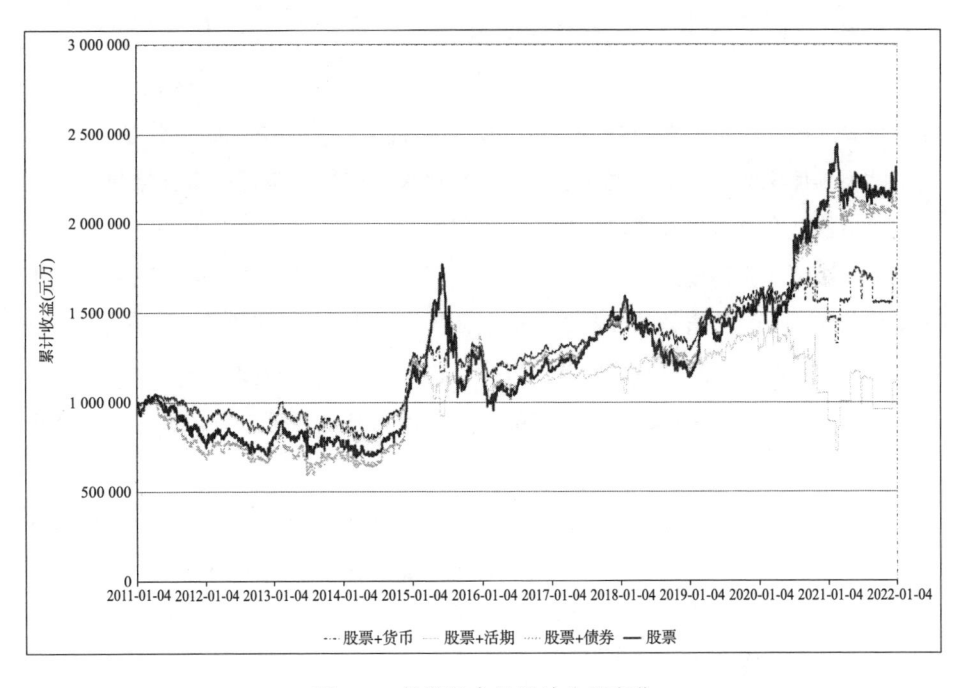

图 6-5　各类组合的累计收益变化

这里我大不是在寻找"最佳"组合，事实上，后面我们会回测更多的、更复杂的策略，大家会发现还有更高收益的策略。但是回到本部分前面的内容说过，搭建组合的第一件事是确定自己的预期收益，第二件事是确定自己能承受多少回撤。从这里的四种策略中可以看到，收益相对较高的两个组合意味着更高的波动性，在这有限的选择里，为了获得7%以上的收益率，在某个时刻，我们的100万元本金会变成69万元，大多数人是承受不了这样的回撤的。所以，这里虽然主要是在给大家列举一些仓位管理的例子，但事实上是在强调预期收益和预期回撤的重要性，从这一点来讲，在绝大多数情况下，高收益意味着更高的波动性。

另外需要注意的是，不只是股票型基金，在这11年里，股、债、货三只基金都是整体上涨的走势，而这个走势的大背景是2008年以后的基建和地产"黄金十年"、货币宽松和互联网平台的启动，可以说集齐了"天时、地利、人和"三个条件才有的行情，未来10年是否还有这样的条件，大家需要自行判断。如果没有这么好的条件，那么在选择策略上是不是该偏向低波动？毕竟现在是后视镜视角，我们看到，在2012—2014年的低谷后A股有了强势反弹，但是如果回到当时，或者2022年4月、2022年10月这种时间点，朋友圈、公众号、炒股群，几乎所有的地方都在告诉你，大盘没戏了，那么我们是否真的可以忍受30%以上的本金回撤？

如果把指数基金换成优秀的主动基金，那么每种策略的收益率都会有较大幅度的提高，波动率也会由此增加，因为除了收益率，其他情况跟指数基金类似，这里就不具体说明了，毕竟主动基金的收益率差异较大，不同的选择结果千差万别，而指数基金整体还是锚定指数本身表现的。

下面让情况变得复杂一点，我们不满足于指数基金的平均收益，而是决定将股票部分配置50%的指数基金和50%的主动基金，收益会变得如何呢？

如图6-6所示，回测的结果是：当持有这种比指数基金收益率高出很多的主动基金时，买入后坚定持有才是最好的方法，因为基金经理自身在进行着股债平衡，其效率是高于我们自己调整的。

但是跟前面一样，这只是一次在知道结果的情况下选择的基金，而现在选择一只基金后，10年后是否能跑赢指数和指数基金其实是完全未知的。在这样的前提下，大家需要自己衡量选择主动基金还是指数基金，或者图6-6中这种指数基金+主动基金的组合。

另一种更教科书的配置方法来自格雷厄姆的智慧——股票和债券的动态平衡法。方法很简单，直接以50%的本金买入股票，以50%的本金买入债券，然后在每年第一个交易日做一次再平衡，将总资产重新调平为1∶1的股票和债券比例。这种策略的回测结果是：年化收益率为6.93%，最终累计金额为209.06万元，期

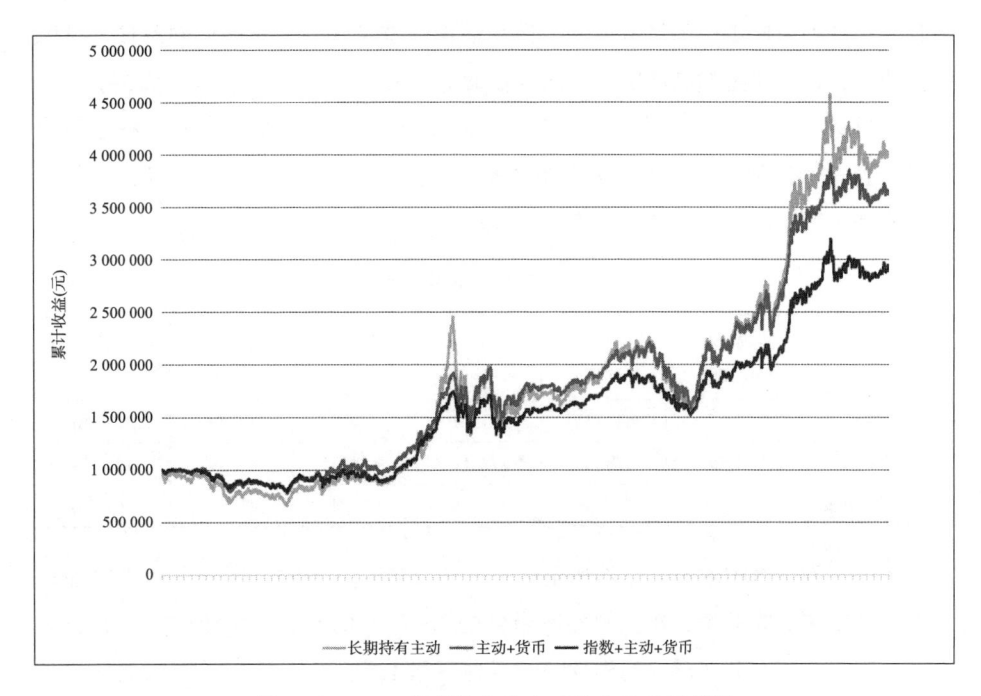

图6-6　50∶50指数基金和主动基金的收益情况

间最高为212.08万元，最低为86.10万元，收益波动率为34.98%。比起上面四种策略，这类策略的最大优势是操作方便、策略简单，每年只需要第一个交易日进行一次再平衡就可以了，收益并没有比上面几种方法的收益差多少。而且由于持有时间较长、交易次数较少，反而减少了买卖债券和指数基金而产生的成本，保住了收益。

以上几种方法虽然各有特点，但是整体维持着一个原则：绝不空仓（除了指数＋活期）。在这个原则下，无论配置债券型基金还是货币基金，都是在追求资金效率，即使获取货币基金那样的微小收益也不让资金空放在账户里，以保证收益的最大化。这样做的好处是，当真正的牛市来临时，无论仓位是多少，我们一定是有一定的股票仓位的，不会因为空仓而导致错过了一波5年甚至10年难得一遇的涨幅。

跟这类方法相对的是另一种更有耐心的策略，即长时间持币观望，只在市场进入"击球区"后才出手。这里比较几个不同的"击球区"会带来什么样的收益。

"击球区"是一个来自棒球的概念。天才棒球手泰德·威廉姆斯对自己的击球区域进行了分区，而他只会在确定性高的格子中击球，不是每一次都挥棒，但要保证挥棒的时候击中的概率最大。换句话说，就是舍弃大量的低确定性、低收益的机会，追求少量的高确定性、高收益的机会。

这里选择三个"击球区"，分别为市盈率百分位 30%、25%、20%，在这三个节点全仓（依然是 100 万元）买入指数基金，然后在 80%、85% 和 90% 百分位卖出持有债券型基金，回测结果如表 6-8 所示。

表 6-8　低位满仓策略回测结果

策略类型	初始本金（万元）	最终总金额（万元）	期间最高（万元）	期间最低（万元）	年化收益率（%）	收益波动率（%）
30－80		441.31	441.31	79.79	14.45	104.50
25－85	100	473.62	473.62	83.33	15.19	113.58
20－90		330.69	330.69	92.94	11.49	80.25

可以看到，这种耐心等待然后全仓杀入的方式带来的收益率要远高于之前的全时满仓带来的收益率，年化收益率最低的 20－90 策略也达到 11.49%，收益波动率要高于之前，其实浮亏的程度与前四种策略不相上下，但是潜在收益率要高很多。

这种方法的收益率远高于之前的主要原因是在低位更多地买入了便宜的筹码。之前的方法虽然在逐步买入，但是由于在起始点（2021 年 1 月 4 日，70% 以上的市盈率百分位）买入了一定量的高价筹码，逐步买入还需要摊平之前的成本价；而后面这种策略完全没有这种困扰，可以在低位大量吸筹，然后在高位抛出锁定利润。

但是，这种方法的劣势也得到了体现：20－90 策略的收益率相对较低，是因为这 11 年间市盈率百分位从 20% 涨到 90% 只有一次，只享受了一波上涨红利，而剩下的两种策略都有多次盈利机会，于是利润叠加起来就高于 20－90 策略的利润。所以，大家需要合理且不贪婪地设置买卖点，否则不但可能利润不高，还会出现完全没有击球就被三振出局的情况。

这种方法的拓展方式也有很多，比如把击球点设为 30－90、35－95，或者 30% 先买半仓 25% 再买半仓，80% 先卖一半 90% 再卖一半，等等。大家可以自行制定各种策略，没有标准答案，但是需要坚持的原则是在相对安全的时候大胆买入，在相对高位（而不是绝对高位）卖出锁定利润。

6.4 增量资金

上面是针对存量资金的仓位配置方法，对大多数人来说，还有另一个重要的资金来源——工作带来的增量资金。

增量资金的处理方式可以很简单，就是将它作为本金的一部分，在下一次买卖中将增量资金按相同的比例进行买入操作。比如沪深 300 从 40% 的市盈率百分位跌到 30% 的市盈率百分位，增量资金的投资方式是将仓位配置调整为 70% 的指数基金和 30% 的货币基金，或者在"击球区"策略中，将增量资金作为储备的低位吸筹的资金配置就好。

不过，增量资金还有一种更为著名的配置方式，那就是几乎每位投资者都听说过的定投。

定投的原理很简单，即在规定时间（如每月 15 日、每周星期四）用相同的金额买入，忽略波动，也忽略上面所谓的择时，持续买入，然后在市场高点卖出。无论在什么时间点开始买入，在市场波动的影响下，下跌就会摊薄之前高位买入时的成本，持续在低位买入就可以大幅降低持有成本，当市场回暖时，自己的成本已经极低，此时开始盈利，然后在市场处于高位时逐步卖出，收割利润。图 6-7 为定投中有名的"微笑曲线"。

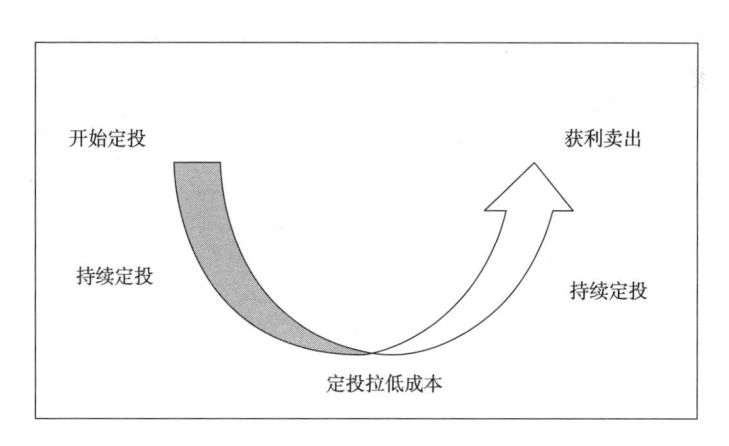

图 6-7 定投中的"微笑曲线"

由于定投更符合大多数人缺乏存量资金而每个月有稳定薪资进账的财务状况，并且对择时和市场判断的要求较低，所以备受推崇。巴菲特在 1993 年致伯克希尔·哈撒韦股东的信中写道，通过定投指数基金，一个什么都不懂的投资者通常能打败大部分的专业基金经理。

不只是增量资金，如果假设股市 5 年为一个周期，甚至可以将自己的存量资金均分为 60 份（5 年 × 12 个月），然后采用定投的方式来进行配置，尽管这种方式牺牲了很多潜在收益，对资金的利用效率极低。

定投跟前面的策略一样，也可以有很多不同的策略，可以用简单的"傻瓜式"定投，即完全不考虑择时的等额定投，也可以用上面讲过的市盈率百分位法对不同时间的买入份额进行规划，效果也跟策略的精明程度及管理投资花费的时间有关。

不过，无论多么简单的定投方式，仍然需要解决上面提到的两个问题：什么时候买？买多少？

最简单的"傻瓜式"定投法对这两个问题的回答都很简单：随时买，买一点点。这种定投策略的最大优势就在于完全不考虑择时，在每周或者每月同一时间用同样的金额买入基金，然后一直买入，直到需要钱或者退休的时候卖出。

当然，也可以略带一点儿策略，即买入策略不变，但是并不是一直持有，而是在到达市场高点（如市盈率百分位达到 90%）时卖出，然后重新开始定投。

通过 2011—2021 年的回测来对比一下这三种方法的收益，如表 6-9 所示。

表 6-9　不同定投策略的回测收益结果

策略类型	本金（万元）	总金额（万元）	最高总额（万元）	累计收益率（%）	年化收益率（%）
月定投	45.00	90.00	93.99	100.00	6.50
周定投	47.88	95.89	99.97	100.02	6.52
周定投 +90% 卖出	47.88	84.14	85.48	75.73	5.26

可以看到，提前卖出并没有提高收益，反倒因为错过了市盈率百分位超过 90% 时带来的额外收益。而周定投和月定投的数据差距极小，拉长时间来看，二者的收益率几乎是一样的。

还可以进一步提高定投的智能化程度，用变动更大的策略来进行分析。比如在市盈率百分位低于 30% 的时候加倍定投，然后在市盈率百分位高于 80% 时停止定投，在市盈率百分位达到 90% 时清仓锁定利润并重新开始定投，最终成绩如表 6-10 所示。

表6-10 智能定投的回测收益结果

策略类型	本金（万元）	总金额（万元）	最高总额（万元）	累计收益率（%）	年化收益率（%）
智能定投	63.13	104.89	104.89	66.15	4.72

可以看到，尽管智能定投花费了更多的时间来对持仓进行管理，但是其收益率明显不如完全机械式的周定投和月定投的收益率。事实上，定投+高位卖出的两种策略的效果都没有机械买入的效果好。

为了分析原因，木大计算了每种定投方式的成本，如图6-8所示。最上面的虚线是基金本身的净值，下面的每一条线就是各类定投方式的成本，而中间的差值就是每种策略的盈利。可以看到，周定投和月定投的成本几乎毫无差别，两条线基本上长期重合，而"90%卖出策略"和智能定投因为中间的卖出导致在高位持续买入高成本的筹码而成本上升，即使叠加累计的收益，最终的利润率也没有超过周定投和月定投的利润率。

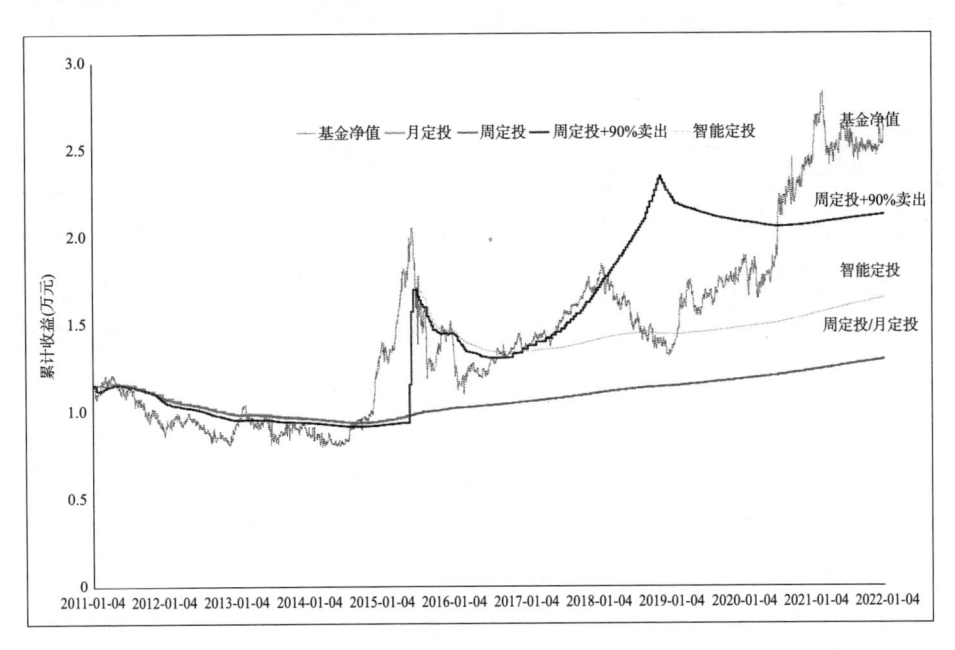

图6-8 不同定投策略的累计收益曲线

是否存在更智能且收益更多的定投策略？答案是肯定的。比如在市盈率百分位90%的时候卖出，等市盈率百分位跌至70%再开启定投就可以有效拉低成本，或者更保守一点儿，等市盈率百分位跌至50%以下再开启定投，都有可能超过周定投和月定投的收益。但是这期间可能有很长一段时间资金处于闲置状态，而且定投开启的位置设置得越低，资金闲置时间就会越长，甚至一直无法等到合适的开启时间。

最后，木大把本章提到的策略放在一起进行比较，结果如表6-11所示。

表6-11 不同投资策略的收益及波动情况

策略类型	累计收益率（%）	年化收益率（%）	收益波动率（%）
满仓指数基金	224.61	7.63	44.08
指数＋活期	207.02	6.84	37.77
指数＋货币	222.42	7.53	42.01
指数＋债券	231.71	7.94	44.17
股债平衡	209.10	6.93	34.98
30－80	441.31	14.45	104.50
25－85	473.62	15.19	113.58
20－90	330.69	11.49	80.25
月定投	200.00	6.50	—
周定投	200.27	6.52	—
周定投＋90%卖出	175.73	5.26	—
智能定投	166.15	4.72	—

可以看到，凡是比较简单的操作，年化收益率都接近7%，也很符合之前提到的7%收益波动理论；相反，如果进行一定的调仓操作，那么结果可能更好，也可能更差。对存量资金来说，仓位调整和择时有很大的机会带来更高的收益，特别是低位买入高位卖出策略；而对定投来说，大量的调仓反倒有损于策略的整体收益。

总结下来，除了空仓等待"击球区"的三种策略，其他类型的仓位配置的收益率差别并不大，简单的定投与指数－固收组合的收益率差别平均不到1%。而且这两大类策略本身的定位也不同，一类针对存量资金，另一类针对增量资金，其区别近似于全款买房和贷款买房，对存款和现金流的要求截然不同，所以，没有太大的可比性。

然而，对大多数人来说，并不需要拘泥于某种策略，因为大多数人既有配置存量资金的需求，又有规划未来可预知收入的需求，所以，大家可以各取所需，选择多种策略来满足自己的配置需求，这些策略只是作为一些参考，让大家在搭建自己的策略时知道如何思考。

这里绝大多数情况都采用沪深 300 指数基金来作为主要的股票仓位配置，如果选择优秀的主动基金，那么效果自然会更好，毕竟部分主动基金自带 15% 的年化收益率，加上有效的策略，20% 以上的年化收益率也不是遥不可及的。木大想再次强调，本章内容都是回测计算，带有一点"刻舟求剑"的味道，是否对未来有那么强的指导意义，见仁见智。使用指数基金来进行计算的主要原因在于，指数基金是以指数为锚的，在某种程度上，即使这些策略的收益率无法实现，但是它们相对于指数的"超额收益"是可以预期的。但是主动基金的收益锚定在基金经理上，过去 10 年优秀的基金经理很难保证下一个 10 年依然优秀。相反，指数基金的选择相对容易，即使是表现平庸的指数基金（年化收益率为 7.63%），依然可以通过优秀的策略来把年化收益率提高到 15% 左右，不用依赖基金经理的表现，也不用支付给基金公司更多的管理费用和交易费用。根据均值回归理论，所有基金经理的业绩最终都会接近市场平均收益率，那么何必要冒险和支付额外的费用呢？

第 7 章　管理你的钱

如果让木大从零开始，系统地教授一门投资理财的课程，那么资产配置应该会是"木大投资课程"的第一课。因为做资产配置需要回答几个非常基本的问题，但是据木大观察，很多投资者都没有思考过这几个问题。只有想明白了这几个关键问题，确立好的目标，才能完成自己的大类资产配置；有了大类资产配置提供的安全性和风险补偿能力，才有可能做好本书剩下部分的权益型基金选择。

在前面的内容中反复提到，几乎所有的回测、所有的业绩及所有的分析，都是基于长期持有和长期投资的，大多是基于 10 年期，最短也不会短于 5 年的持有时间。但是，如果没有做好大类资产配置，既没有存款、保险、理财、医保、养老金，也没有房产、车等资产或者其他资产，那么任何一个常见的人生转折就会导致你的投资中断，此时如果不得不清仓筹集现金，那么造成的损失将不再是浮亏，而是永久性的本金亏损。

当然，上面大多是偶然事件，可能有人不太愿意为了偶然事件而做太多努力，毕竟人生无常，未来的事情谁也说不准。但是有一点是每个人在做任何资产配置或投资前都需要问自己的，也是本章的第一节：我们为什么要投资？

7.1　投资的目的

这个问题的答案似乎简单到无须多言，绝大多数人做投资，目的很一致：赚钱。

可是，赚多少钱合适呢？

这就引出了投资的第一个关键问题：投资的目标是什么？

（1）成为中国首富。

（2）在毕业 5 年内攒够人生的第一个 100 万元。

（3）在毕业 10 年内攒出一套房子的首付。

（4）在 55 岁实现财务自由。

（5）在 70 岁退休时可以过上体面的生活。

（6）在偏远地区建 10 所希望小学。

这些目标的格局、实现的难易程度、总金额都千差万别，但是它们有一个共性，即都是可以量化的指标。比如成为中国首富，就可以将2022年富豪排行第一的农夫山泉创始人钟睒睒的592亿美元身家设为目标，55岁实现财富自由可以将一个家庭20~30年内的总开销设为目标。

作为"为什么投资"的答案，赚钱是远远不够的，因为赚100元也是赚钱，赚100万元也是赚钱，不同的数字目标对应着不同的路径。如果连自己到底要赚多少钱都没有想明白，那就像发动了汽车却没有目的地一样，哪儿都可以去，但是大概率到不了我们想去的地方，因为我们没想好去哪儿。

所以，投资目标可以是概念性的，比如成为中国首富、财务自由、晚年幸福，但是这个目标一定得是一个量化的数字，不然其他一切都无从谈起。

这时候有人会问：那我应该设立一个什么目标？

每个人的情况不同、梦想不同、胸怀也不同，在这方面木大没有办法给出一个明确的建议，只能提供方法让大家找到自己的目标。当然，如果你已经知道自己的具体目标，则也可以拿这种方法来衡量自己目标的合理性。

首先，可以看看上面6个目标中，有没有跟你的目标很契合的，或者至少是类似的。

比如，我们虽然不想成为中国首富，但是想成为家族里最有经济实力的人，那么弄清楚现在的"家族首富"的身家有多少，他的净资产就是我们的奋斗目标。

或者，我们已经毕业5年，攒下了100万元，那么是不是可以试试在未来5年内再攒100万元的同时让原来的100万元翻倍，这样毕业10年后就可以实现净资产300万元？

又如，55岁实现财务自由太远，我们想50岁就实现财务自由，或者70岁体面的生活还不够，70岁要有足够的资金实现环游世界的梦想。

其次，如果上面的目标没有你喜欢的，但是你又想象不出具体的目标，那么你可以看看周围、媒体、平台。今时不同往日，现在是信息极度发达和大家表达欲极度膨胀的时代，各大视频App上会有各种各样的人努力地展示着自己的生活方式，总会有一种生活方式是你喜欢的。无论是在你的身边还是在短视频上，无论是普通人还是名人，这个人的净资产就可以是你的奋斗目标。

如果这样做依然没有让你找到自己的投资目标，那么木大会很诚心地建议你，在建立资产配置和投资计划之前，先想一个更为哲学和深刻也更关键的问题：我的人生目标是什么？

这毕竟是一本财经投资类的书籍，所以，上面的目标是直接跟钱挂钩的，哪怕是投资希望小学，也是直接连接到了钱上的。但是不可否认，还有一些人其实没有很强的赚钱欲望，对钱没有渴望，而是有着其他的物质或者精神层面的追求，可以思考这些追求是否有资金的需求。

目标当然可以随便设置，但是设置好目标后，就需要来衡量它的可实施性，毕竟一定要一箱汽油从北京直接开到拉萨是没有可操作性的。所以，在设置好具体的投资目标后，就需要梳理自身的财务状况，判断未来的收入情况，然后确定自己目标的可实施性。

注意，针对未来收入情况的梳理只建立在现实的、可预知的基础上。换句话说，工资收入、房租收入、基金的长期收入（以10年为期，年化收益率为7%）都属于可预知的现实收入，而彩票中奖、股票连续10天涨停、创业拿到风投等小概率事件就不用在这里计算了。如果你的目标中必须包含小概率事件才能实现，那么这类规划是没有意义的。

举个例子：张三本科刚毕业，大学期间打工加生活费攒下2万元，毕业后薪资到手为5 000元/月，年终奖为2万元，其他一概没有。

这样算起来，张三拥有存款2万元，可预知收入8万元/年。如果他定下的目标为毕业5年内挣到100万元，有没有可行性？

即便是5年不吃不喝，将工资全部存起来，张三的总收入不过40万元，加上2万元的存款，一共42万元，离100万元还有很大差距。即使立刻开始投资，最乐观的情况，2万元可以产生15%的年化收益，42万元可以通过定投产生10%的年化收益，5年以后也只有71.66万元，期间没有任何开销。

显然，对张三来说，即使是最乐观的情况，也无法实现5年100万元的目标，所以，这个目标对他来说是没有可实施性的。但是，如果要实现5年60万元的目标，或者对一个年薪15万元以上的人来说，那么这个目标是具有可实施性的。

这里也给出了判断投资目标可行性的方法，即在只考虑现有资产和可预知收入及其最好投资收益的情况下是否能在计划时间内超过设置的目标。当然，更保守的方法是从收入中减去日常开销，并且投资收益率只按7%的平均水平来计算。

为了方便计算，木大做了一张简单的表格，大家可以根据自己目前的财务状况，分为存量资金和增量资金，然后乘以对应年限的系数，就可以大致计算出自己所设置的目标是否合理。木大自己认为，7%比较保守，10%相对合理，15%比较乐观。表7-1为不同年化收益率下本金的增长倍数。

表 7-1　不同年化收益率下本金的增长倍数

年限（年）	收益率倍数		
	年化 7%	年化 10%	年化 15%
5	1.40	1.61	2.01
10	1.97	2.59	4.05
15	2.76	4.18	8.14
20	3.87	6.73	16.37
25	5.43	10.83	32.92
30	7.61	17.45	66.21
35	10.68	28.10	133.18
40	14.97	45.26	267.86
45	21.00	72.89	538.77
50	29.46	117.39	1 083.66

7.2　钱怎么管

设置好了目标，前面又讨论了各种各样的基金选择、买卖方法，现在是不是可以开始投资之路了？

别急，在开始投资之路之前，还要做一件事，即梳理手上的资产，然后规划未来的资产。

首先来了解一下资产都包含哪些。

除了大家都知道的现金、股票、基金、房产、车产，住房公积金、养老金、各类保险都是我们的资产，而如何将自己现有的资金和未来的收入分配到各类资产中，就叫作资产配置。

资产配置方法有很多种，这里简单介绍一下。

第一种方法是最有名的标准普尔家庭资产配置象限图，如图 7-1 所示。在这种方法中，把每个家庭的资产分为四个象限，分别是要花的钱、保命的钱、生钱的钱及升值的钱。

要花的钱，是指短期消费用的钱，包括 3~6 个月吃穿用度的钱，应该占整个家庭资产的 10%。

保命的钱，指的是出现意外或重大疾病时的自我保障，包括大病医疗的费用和因为大病而不能工作产生的收入亏空。

升值的钱，指定期存款、保本理财、教育/个人养老保险等，重点在于保本并取得一定的稳定收益。

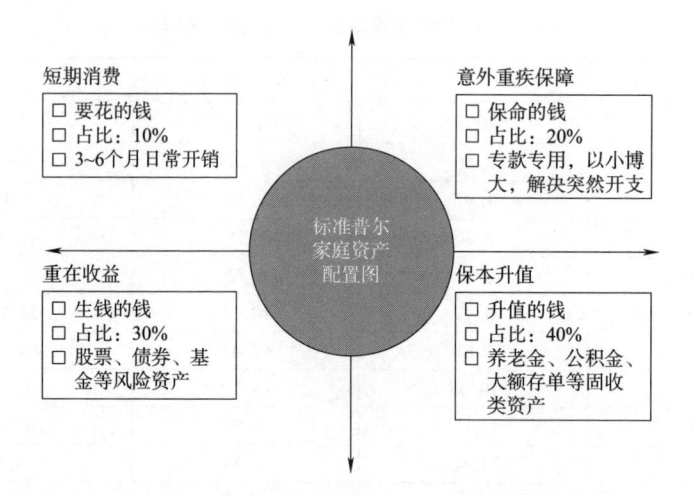

```
┌─────────────────┐              ┌──────────────────┐
│ 短期消费          │              │ 意外重疾保障       │
│ □ 要花的钱        │              │ □ 保命的钱        │
│ □ 占比：10%       │              │ □ 占比：20%       │
│ □ 3~6个月日常开销  │              │ □ 专款专用，以小博 │
│                 │              │   大，解决突然开支 │
└─────────────────┘              └──────────────────┘
              ╲          ╱
               ╲   ◯    ╱
                标准普尔
                家庭资产
                 配置图
               ╱        ╲
              ╱          ╲
┌─────────────────┐              ┌──────────────────┐
│ 重在收益          │              │ 保本升值          │
│ □ 生钱的钱        │              │ □ 升值的钱        │
│ □ 占比：30%       │              │ □ 占比：40%       │
│ □ 股票、债券、基   │              │ □ 养老金、公积金、 │
│   金等风险资产    │              │   大额存单等固收  │
│                 │              │   类资产          │
└─────────────────┘              └──────────────────┘
```

图 7-1　标准普尔家庭资产配置象限图

　　生钱的钱，这部分资产用于获取超额收益，以股票和偏股型基金为主，主要目的是创造收益，房产也被放在这个象限里。

　　第二种方法与标准普尔的概念类似，但是采用了金字塔的方式来表示，从金字塔底到金字塔顶风险逐渐增加，相应配置的比例就缩小，分别由低风险的现金账户、保障账户，到中风险的保值账户，再到高风险的投资账户组成，如图 7-2 所示。

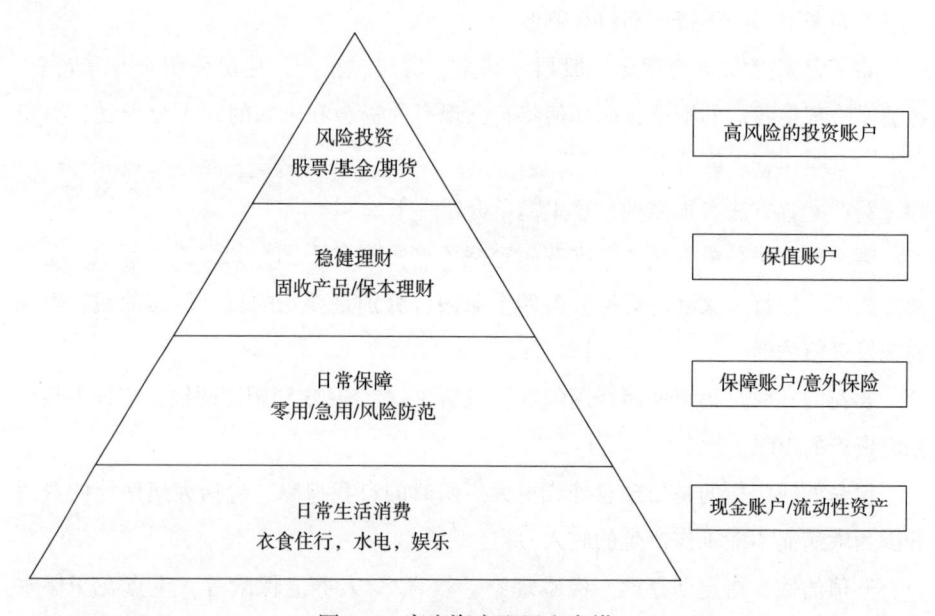

```
                    ╱╲
                   ╱  ╲
                  ╱风险投资╲                    ┌──────────────┐
                 ╱股票/基金/期货╲                │ 高风险的投资账户│
                ╱──────────────╲               └──────────────┘
               ╱                ╲
              ╱    稳健理财       ╲              ┌──────────────┐
             ╱  固收产品/保本理财    ╲             │   保值账户     │
            ╱──────────────────────╲           └──────────────┘
           ╱                        ╲
          ╱        日常保障           ╲          ┌──────────────┐
         ╱    零用/急用/风险防范        ╲         │ 保障账户/意外保险│
        ╱────────────────────────────╲        └──────────────┘
       ╱                              ╲
      ╱         日常生活消费             ╲       ┌──────────────┐
     ╱      衣食住行，水电，娱乐           ╲      │ 现金账户/流动性资产│
    ╱────────────────────────────────────╲   └──────────────┘
```

图 7-2　家庭资产配置金字塔

现金账户与标准普尔中的"要花的钱"类似，主要是未来一段时间家庭的日常开销，这部分以现金或者货币基金的形式配置，强调高流动性，随时可以支取。

保障账户与标准普尔中的"保命的钱"对应，主要由财险、重疾险、医疗险和寿险等保障类保险组成。

保值账户对应"升值的钱"，用于养老、教育等未来的必要支出，这类资金选择保本且有一定稳定收益的方式配置。

高风险的投资账户自然就是通过承担较高风险来创造额外收益的部分，也是随着年龄增长该逐步降低比例的账户。

第三种方法是 CMS 资产配置模型，如图 7-3 所示。这种方法把资产分为三个层级：核心资产、中场资产和卫星资产。

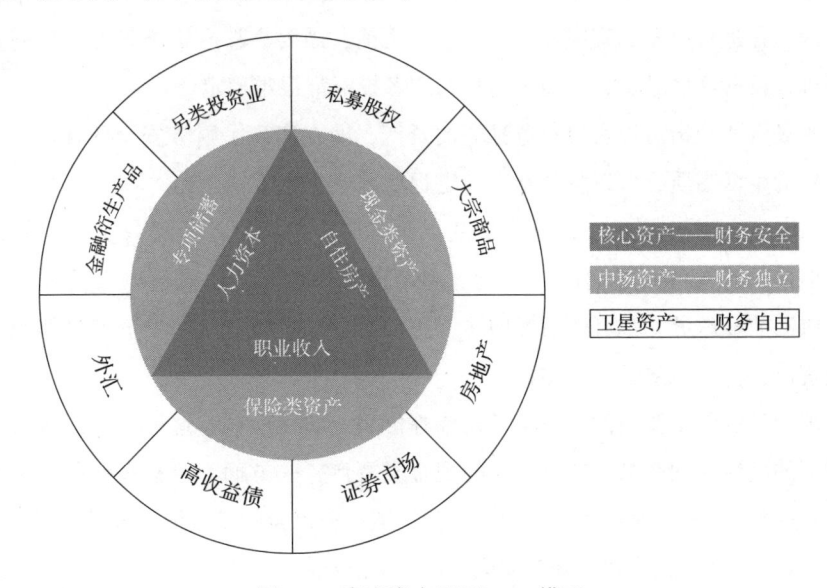

图 7-3　家庭资产配置 CMS 模型

核心资产重在保障家庭的财务安全。所谓财务安全，指的是在失业、经济下行、生老病死等极端情况下，我们是否有足够的资产来维持自己和家庭的基本支出，主要包括吃饭、房租、贷款等无法避免的支出。

这类资产主要依靠人力资本、房产和职业收入来实现。

人力资本指的是个人的学识和能力及健康保障，意味着个人持续创造收益能力的保持和提高，是核心资产里的核心。只要保证健康，人力资本就可以持续创造现金流，而稳定的现金流是对抗任何风险和周期的最有效的手段。所以，在任何阶段，第一要务都是保障家庭的人力资本。

房产指的是同时具有居住属性和金融属性的自住房产，不但为家庭提供了住所，不用每月支出房租，在关键时刻房产还可以用于抵押或者出售来提供紧急的资金支持。

职业收入则可以为家庭带来稳定的现金流。与上市公司一样，稳定的现金收入是衡量家庭财务状况的重要指标之一，稳定的收入不但可以帮助家庭对抗经济和产业周期，还可以为家庭提供较为可靠的信贷、负债能力。在A股每轮牛市末尾，都会听到某人辞职全职炒股的消息，这种决定就是忘记了职业收入的重要性，毕竟股票市场风云难测，实在不是一个能在短期内带来稳定现金流的场所，除非有足够大的资金量让你可以靠每年的股息生活。

守护好自己的核心资产，就是努力保护自己的健康，保住自己的工作和房子，因为在进行更多的理财甚至投资增值之前，需要靠核心资产来形成家庭资产的基础，没有这些基础，其他任何理财或者投资都很难稳定。

中场资产是指可以实现财务独立的资产，即在实现了财务安全的基础上，还有一定的生活品质，可以从容地在一定程度上享受生活。

核心资产用于保证家庭财务的基本盘，那么中场资产就具有了一定的进攻性，但是同时具备一定的防守性能。用足球来举例，就是既可以策动和发起进攻，协助前锋球员，也可以后撤回防，协助后卫球员防守。中场资产具体包括现金类资产、商业保险、专项储蓄。

现金类资产主要指的是现金及现金等价物，如货币基金这种当天或隔天就可以提现的高流动性产品。拥有一定的现金类资产，一方面，给家庭财务结构提供了临时过渡和保护；另一方面，也是一些短期投资机会的资金池。这部分资产的收益率不重要，重要的是可以随时支取和足够覆盖未来6~12个月的家庭日常支出。

商业保险主要起到防范可预见且危险性较高的风险的作用。大病、意外、伤残，甚至死亡，都是可预见且危险性较高的风险，一旦发生，将会对我们核心资产中的人力资本产生短期甚至长期的负面影响，进而影响到职业收入甚至房产，动摇整个核心资产。所以，通过商业保险对上面这些可预见的高风险、小概率事件进行防范，可以提高核心资产的稳定性。

专项储蓄偏向对未来的资金准备，教育、养老、置换房屋都属于可预知时间甚至可预知金额的事项，比起车到山前必有路的做法，尽早开始对这些事项进行资金准备，可以让整个家庭在不可知的未来里多一点儿确定性。

在中场资产中就开始有了理财的概念，现金等价物是一种理财，专项储蓄也可以采用投资风险资产的方式来进行更高效率的利用。

卫星资产是指可以实现财务自由的资产，这部分资产用于实现高品质生活，在不用靠劳动时间来换取薪酬的同时过上梦寐以求的生活。卫星资产主要包括股票（含股票型或偏股型基金）、债券（含债券型基金、信托等）、大宗商品（黄金、石油）、金融衍生产品、外汇、另类投资等。

中场资产是进可攻、退可守的资产，相比于收益能力，更注重流动性和临时/规划性支取能力；而作为卫星资产，因为有了前两者提供的财务安全和保障，就用来获取高收益，可以接受较长的投资周期，也多数具有一定的暂时甚至永久损失的风险。

看得出来，标准普尔配置法也好，金字塔模型也罢，其核心理念是分散风险和多元投资，在使用的时候需要根据每个人、每个家庭的成长阶段来进行调整。而 CMS 模型更偏向木大在前面提到的以清晰的资产或者财富目标为导向，针对不同的财富目标来进行资产配置，逐步实现财务安全、财务保障和财富自由。

每个家庭都有自己的财务状况，而且这些模型也只是一个参考，具体应该如何分配还需要根据自己的实际情况来进行调整，但是，无论在哪种配置方式里，风险资产（股票、债券、期货、大宗商品、稀有金属等）都不是稳健的投资方式，而是在实现基本储蓄（日常支出）之后才开始考虑的选项。换句话说，只有在本身的财务状况可以承受一定的风险后，才考虑风险资产。

7.3 应该赚多少钱

本章内容的主要意义并不是给每位读者提供资产配置的建议，相反，如果真正要做家庭的资产配置规划，则应该找专业的人和机构来针对家庭的具体情况来进行规划，毕竟对大多数人来说，毕生积蓄都不该随意处置。可是，明明是毕生积蓄，很多人却没有任何规划地全部投入股票或者基金市场里，期望发一笔"快财"，然后从此走上财务自由之路。

我们总能听到类似的故事，某某某靠炒股赚了几套房，谁谁谁靠买基金实现了财务自由，这些故事能传播开，恰好证明了它的罕见，所以，可以引起人们猎奇的心理。相反，买股票和基金亏掉几年工资的事情不是不发生，而是太常见了，已经激不起人们讨论的兴趣了。

从纸面上看，炒股赚钱是非常容易的事情，按照一个月 10% 的收益率来计算，一年就能让本金上涨 300%，三年就可以实现 30 倍的收益，五年就可以做到

304 倍的收益。这意味着，初始投资 5 万元，三年 154 万元，五年 1 522 万元，都只是时间问题。如果赚钱这么简单，那么为什么大多数人会选择朝九晚五地上班而不是在资本市场上一展拳脚？如果赚钱这么简单，那么又怎么会有人去追求指数 7% 左右的平均年化收益率？

这里的想法是给大家提供一种思路或方法来配置自己和家庭的资产，方法不一定适合每个人，但是这种配置的意识，特别是每种方法里包含维持现金流和保险的意识，在某种程度上比选择基金、股票要重要得多。正如在三种资产配置方法里都看到的，股票之类的高风险投资往往保证了日常开销，也保证了在突发情况下财务的安全，还为子女教育等留出了资金，在一切都做好准备和规划的基础上，才会选择用剩余的资金来做高风险投资去赚取高额收益。原因很简单，高风险投资都有永久损失本金的风险，不能为了赚取超额收益而让家庭的所有资产都暴露在高风险下，对绝大多数家庭来说，财务状况的安全、稳定和收支平衡才是最重要的事情。

7.3.1 三个小目标

说了这么多种方法，到底应该用哪部分钱来投资基金呢？

这个问题的答案取决于不同人生和家庭阶段，有多少钱和需要花多少钱。在博多·舍费尔的《财富自由之路》一书中，他提出了用三个阶段来对自己的资产进行规划，分别为财务保障、财务安全和财富自由。

财务保障意味着即使在突然失业的情况下，手上也有 6~12 个月的个人或者家庭最低必要开支来支撑自己找到下一份工作。

比如大学刚毕业的张三每个月的开支是 3 000 元（含房租），节衣缩食可以降低到 2 500 元，那么他的财务保障目标就可以是 2 500 × 6 = 15 000 元或者 2 500 × 12 = 30 000 元。

又如李四一家三口每个月的开支是 9 000 元，节衣缩食可以降低到 7 000 元，加上 4 500 元的房贷、2 000 元的车贷，以及孩子一学期幼儿园的学费 8 000 元，那么李四家的家庭财务保障目标就是（7 000 + 4 500 + 2 000）× 12 + 16 000 = 17.8 万元。之所以要留足 12 个月的开销，是因为李四已经人到中年，找工作的难度高于青壮年时期，所以，需要更保守的策略。

当然，这只是基本支出，在这个阶段，除了需要对突然失业做好准备，还需要对疾病做好准备，特别是那种可能会影响工作能力甚至威胁到生命的严重疾病，治疗本身就费用高昂，还可能因为患病而暂时甚至长时间不能工作。这些小概率事件可能不需要像教育和养老专项存款一样特地拿出一笔钱来，但确实需要考虑如何应对，最好的方式就是保险，包括强制的医保、补充医疗保险，还有大病险和重疾险。

储蓄和保险是财务保障的核心任务。在这一阶段，除了流动性强的无风险产品（如货币基金、保本理财等可以当日或者次日支取的产品），不应该拿这笔钱进行任何方式的投资。对于财务保障资金来说，目的就是应急，所以，保本和灵活性才是最重要的。

但是，这并不代表在达到财务的最低标准前完全不能投资。前面也说过，我们需要为未来必然要发生的一些事情提前做准备，比如5年后买房的首付，7年后的毛坯房装修，30岁后孩子的养育、教育基金，50年后自己的补充型养老金等，简单来说，就是5年及5年以上必然要花的大额支出。

这类支出因为知道确切的时间是在5年以上，而且基本知道大概金额是多少，所以，当为这类资金做准备时，就可以考虑投资股票型或者偏股型基金。

大家会有疑问，明明上面刚说过在实现财务保障前不应该参与风险投资，怎么这里又说可以投资与股票相关的基金？

这里需要讲解一下风险资产的定义。

根据法律定义，风险资产指的是商业银行及非银金融机构资产结构中未来收益不确定且可能招致损失的高风险资产，比如股票和金融衍生品，具有罚没、偿债、分割、缩水等风险。

显然，股票作为上市公司所有权的凭证，可以买卖、转让，可以分享公司的利润和成长，但是很多人忘记了，拥有股票也意味着要承担公司运作错误所带来的风险，所以，持有单个公司股票是具有相当大的风险的。

但是正如本书前面内容所讲，当不去选择个股，而是选择持有全国最优秀的一批公司的股票（持有指数基金）时，这个行为本身就规避了大部分上面所说的"运作错误风险"。如果选择了指数基金而不是主动基金，就进一步规避了因为基金经理本身决策错误而产生的风险。

在指数基金部分强调过，以10年为周期来看，持有沪深300的年化收益率在7%左右，如果进行一些额外操作，则可以把收益率提高到10%。这里的7%并不仅仅是对过去收益的刻舟求剑，而是从全社会的整体生产效率和资本投资回报率的角度来讲的，7%是在当前的生产方式和生产效率下必然产生的一个投资回报率。

因此，只要不出现改变历史进程的事件，长期投资优质指数基金的收益就具有很强的确定性。事实上，即使经历过大萧条、两次世界大战、冷战，美股两百多年的年化收益率依然保持在7%左右。

只要保证足够长的投资周期，由全国最优秀的一批公司的股票组成的指数基金也具有类似的确定性，波动风险只作用于短期，投资周期越长，波动性会逐渐被时间熨平，趋近于合理的投资回报率。

财务保障的资金为家庭提供了对抗短期风险的6~12个月流动性，保险为家庭提供了小概率事件发生时的财物保护，这样的组合方式让家庭具有了较强的抗风险能力。在此基础上，其他的长期资金如教育、医疗和养老基金，都可以考虑采用基金的形式配置，因为它们不太会被突如其来的支出需求而扰乱投资节奏。

舍费尔建议的通往财富自由之路并没有就此终结，第二步是财务安全。

上一步的财务保障已经让家庭有对抗一次失业风险的准备，而财务安全则可以长期对抗失业风险，这意味着我们需要一份稳定的投资收益。

回到前面张三和李四的例子，如果要靠投资来支撑他们的每月开销，就意味着张三需要每月3 000元（每年36 000元）的收益，李四需要每月9 000元（每年108 000元）的收益，按照7%的平均年化收益率，张三需要51.43万元来获得能覆盖每月开销的收益，李四则需要120万元。如果按照10%的平均年化收益率来计算，那么张三需要36万元，李四需要108万元。当然，前面提到的保险和未来大额支出的每年存续也要算入支出里。

对于这部分资金，由于已经有了财务保障部分和保险来保证短期流动性和安全性，所以，这部分钱就可以用于风险投资，通过股票、债券等形式来获取7%~10%的投资收益。

这部分钱的主要来源依然是职业收入，日积月累达到目标。

第三步就是财富自由。

这个阶段就脱离了基本生活保障和支出标准，而是家庭的财富可以支持自己和家人实现所有的物质梦想。把所有的物质梦想都加起来，如果采用分期付款的形式，每年需要多少钱，再除以7%或者10%，就是我们能够实现财富自由的"自由数字"了。

显然，比起财务安全，财富自由的标准要高许多。如果说财务安全是可以勉强做到不工作而保障基本生活，那么财富自由就是在不工作的前提下可以过上梦想中的生活。

这里做一个简单的计算：假设张三和李四两个家庭的支出都是收入的60%，那么张三家每个月收入5 000元，李四家每个月收入15 000元，在这样的收入水平下，他们需要多久才能实现三个财务目标？具体如表7-2所示。

表7-2　不同收入情况下的各阶段财务目标的实现时间

财务保障			财务安全			财务自由		
总金额（万元）	方式	耗时（年）	总金额（万元）	方式	耗时（年）	总金额（万元）	方式	耗时（年）
3.0	储蓄	1.0	84.7	储蓄+7%收益风险投资	15.5	300.0	储蓄+7%收益风险投资	30.0
8.4	储蓄	0.9	120.0	储蓄+7%收益风险投资	10.5	900.0	储蓄+7%收益风险投资	29.0

实现财务保障相对简单，最多一年的时间，就可以以现有的收入水平先保住家庭财务的安全底线。财务安全实现的时间较长，但是相比财务保障而言已经基本具备了"不工作"的条件，所以，本身就是一个较高的标准。事实上，财务安全已经比财务保障的门槛提高了不少，在保障家庭正常开支的情况下分别通过15.5年和10.5年，赚取了14.12倍和6.67倍的年收入。到财务自由阶段，这一点体现得更为明显，由于财务安全和财务自由是相互叠加的，所以，在实现财务保障后的30年后就可以实现财务自由，而且总金额分别达到年收入的35倍和50倍。

为什么可以在保证正常开销的同时通过30年和29年得到35倍和50倍的年收入？答案是时间带来的复利。

如图7-4所示，本金和投资收益的差距随着时间的推移逐渐拉大，而且投资收益所带来的"复利效应"也越来越大，最初一年只有7%，10年以后已经达到50%左右，18年后已经在本金的基础上翻倍，27年以后两倍，而从两倍到三倍只用了短短7年的时间。

图7-5为三种年化收益率投资35年所带来的累计收益率。在投资10年时，年化5%、7%、10%的累计收益率分别为163%、197%和259%；在投资15年时，累计收益率分别为208%、276%和418%；在投资20年时累计收益率分别为265%、387%和673%。这意味着，即使只机械地投资指数基金，并且只取得了市场平均收益，10年持有期也可以获利翻倍，20年持有期也会获得387%的累计收益。重要的是，取得这样的收益除了前期的仔细考量，几乎没有额外的劳动付出，也不会影响家庭的正常支出，在某种意义上是真正的"躺着挣钱"。

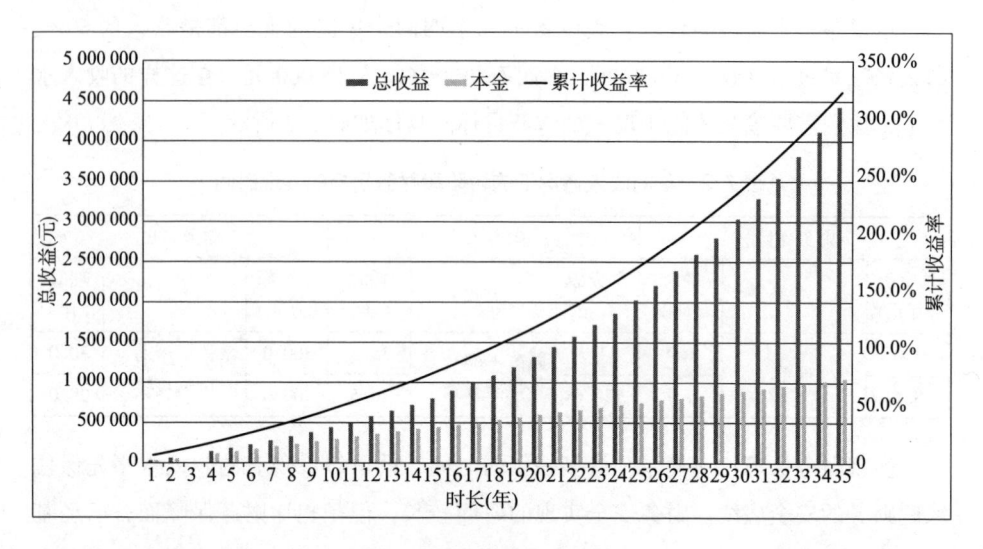

图 7-4 复利的"奇迹"

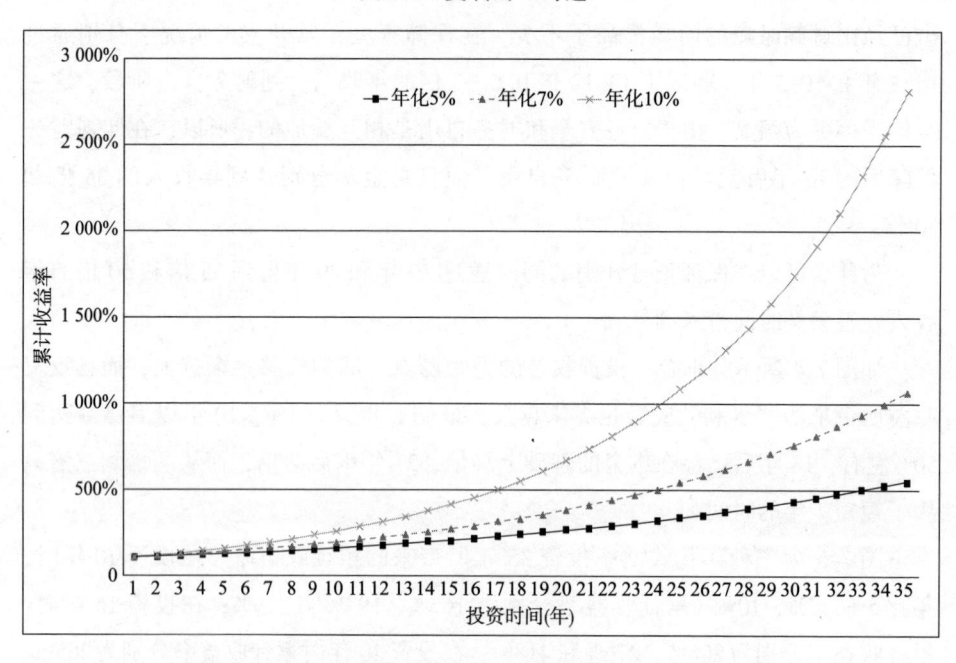

图 7-5 不同年化收益率投资 35 年所带来的累计收益率情况

当然，取得这样收益的大前提是持续投资、长期持有。

本部分内容的最大意义就是在合理的资产配置和规划下可以实现持续投资、长期持有，以真正达到年均 7% 的收益。大多数人难以做到长期持有，一方面，因为当市场大幅调整时心理上无法承受这样的波动，另一方面，因为前期没有仓位和资产配置方面的规划，临时需要从股市、基金那里获得流动性，不但打断了自己的持有期，而且很可能是以亏损本金的形式卖出的，得不偿失。

由于在上面的计算中没有考虑"买房首付""人生第一辆车""出国旅行"等额外支出，所以，真正达到财务安全和财务自由的时间可能还会因为这些支出而有所延迟。但是迟到不代表不到，简单计算所具有的意义是不会改变的，那就是通过详细的资产配置规划可以在保证家庭基本支出和一定抗风险能力的前提下帮助我们尽早实现财务方面的积累甚至财务自由，而且在复利的作用下，这种自由来得要比想象中快得多。

7.3.2 韩梅梅的小目标

韩梅梅（此为举例中的虚拟人物）出生于南方的一座小城市，凭借自己的努力考上了大学，并顺利地考上了本校的研究生，今年，刚过完 25 岁生日的她也迎来了人生的新阶段，走出校园，开始了新工作。

在本科和研究生在读期间，家里一直支持着她的学业，每个月会按时给她生活费，韩梅梅自己也做兼职，7 年下来，有了一笔 2 万元的小积蓄。

新工作的实习期是半年，实习期工资是 4 000 元/月，转正后基本工资是 5 500 元/月，加每个月 1 500 元的工作绩效和最低标准的五险一金，年终奖一般是 1~2 个月的基本工资。这就是韩梅梅未来一年的基本收入。

在支出方面，每个月的房租是 1 000 元，单位食堂供应午餐和晚餐，所以，每天支出 10 元左右解决早餐（300 元/月），周末偶尔出去吃一下，买点衣服、护肤品和化妆品，每个月 3 000 元左右。算下来，每个月支出 4 300 元。

这样一来，韩梅梅未来一年的收支情况就很清楚了：6 个月 4 000 元的实习工资，加上 6 个月 7 000 元的正式工资和工作绩效，还有半年的年终奖 5 000 元，第一年工作合计收入 71 000 元（半年实习工资，半年正式工资），转正以后每年收入变为 89 000 元；支出假设维持在每个月 4 500 元，则每年支出合计 54 000 元。

这样一来，第一年盈余 71 000 – 54 000 = 17 000（元），从第二年起每年盈余 89 000 – 54 000 = 35 000（元），可以据此来制定目标。

因为是刚毕业的第一年，适应生活和工作会耗费不少精力，所以，暂时只安排一个目标——实现财务保障，即手上有 6 个月的日常支出 2.7 万元。由于韩梅梅已经有学生时代的 2 万元存款，按照 4 500 元的月支出来计算，她将在转正后的两个月后完成财务保障目标。

财务保障是基础，在完成基本的保障后，恰好也工作半年有余，韩梅梅可以开始思考更复杂的财务问题，比如什么时候退休、要不要买房、要不要买保险。

首先，考虑退休问题。

什么时候退休，一方面，取决于国家法律规定；另一方面，取决于个人的财务状况。目前（2022年），虽然国家法律规定退休年龄仍然为男性60周岁、女性50周岁，但是很多地方已经有了延长退休年龄的通告，随着人均寿命的增长，退休年龄延后是大概率事件。退休年龄延迟的最大影响是养老金的支取，如果没有达到退休年龄而提前"自主退休"，则不能正常领取退休金。所以，如果要提前退休，就需要保证家庭的财务状况可以支撑家庭的日常开销，直到达到退休年龄可以支取退休金。

另外，即使是正常退休，还需要考虑退休金是否可以支撑家庭的日常开销。以韩梅梅为例，因为是按最低基数（大概3 000元）缴纳养老保险的，按照单位20%、个人8%的计算标准，每个月合计缴纳850元社保，再根据55岁退休，25年等额按月支取退休金，那么退休后每个可领取2 500元的退休金。

显然，2 500元/月的退休金连她现在的支出标准（4 500元/月）都不能满足，而且随着年龄的增长和组建家庭，支出标准肯定会提高，所以，即使正常退休可以领取退休金，这点钱也是不够的，需要提前安排额外的个人养老金。而且退休金只够支持韩梅梅到70岁，根据2021年我国人均寿命为78.2岁，她还需要8~10年的额外养老金。这样一来，以80岁为限，养老金需要至少支持韩梅梅25年每月4 500元的生活，共135万元，而退休金账户只有75万元，还需要自己支付60万元，投资时间为30年。

另外，由于韩梅梅现在已经成年，父母已经年迈，原生家庭的担子也慢慢开始向韩梅梅转移。像上面这样，她需要了解父母目前的退休金状况及存款状况，以便规划自己未来是否需要支持父母的养老。为了不让例子过于复杂，在这里假设韩梅梅父母的财务状况能够支撑自身的养老。

其次，考虑买房问题。

在完全没有父母支持的情况下，年轻人在一、二线城市买房的压力是非常大的，而且买房计划会极大地影响家庭的生活质量及财务稳定性，也会影响各种财务目标的实现。根据韩梅梅每年35 000元的盈余，30岁左右的盈余为17.5万元，就算省吃俭用，把一个月的花销降低到3 000元，到30岁的盈余为26.5万元，根据30%首付的规定，可购买房产的价格大概为88.3万元。

因此，根据目前的收入水平，韩梅梅不应该把独立买房作为长期目标，但可以针对买房单独划出一部分钱，用于未来的另一半共同买房或其他支出。

最后，还要考虑保险问题，这里指的是商业保险。

商业保险主要分为财险和人身险，前者负责保护财产，后者负责保护人身安全。由于财险主要涉及有车、有房后的保险，所以，在这里暂不涉及。人身险主要包括重疾险、医疗险、意外险和寿险四大险种。

重疾险属于提前给付型险种，只要患上合同约定的疾病或者达到合同约定的赔付条件，就会一次性将一笔钱打给参保人，用于治疗、康复或者因病造成的收入损失，一般一次性赔付 30 万~50 万元，保障期越长保费越高，如 30 岁男性的 50 万元赔付额度重疾险，10 年保障期为每年 1.1 万元（合计 11 万元），15 年为保障期每年 0.814 万元（合计约 12.2 万元），20 年保障期为 0.675 万元（合计 13.5 万元）（此处保险费用参考某保险公司的公开价格，实际或有偏差）。

医疗险的作用跟社会医保的作用类似，一般作为社会医保的补充，属于报销型保险，治疗合同约定内的疾病所花的钱可以凭借发票找保险公司按照比例报销，先付钱，后报销。常见的有百万医疗和小额医疗两种保险，前者针对大病（一般有 1 万元左右的免赔额），后者针对低门槛的小病小痛。由于韩梅梅自己有社会医保，所以，小额医疗就没有太大的必要，百万医疗每个月在 250 元左右。

如果说重疾险本身针对的是极端情况，那么意外险针对的是更小概率的事件，当投保人因为意外而造成残疾、失去劳动能力甚至死亡后进行赔付。由于是极小概率事件，所以，每年的保费较为低廉，50~100 元就可获得 10 万~100 万元的赔付额度。

寿险跟意外险不同的地方在于，意外险只保因为意外而造成的损失，而寿险是以寿命（生死）为界限来进行定义的。寿险一般分为三类：每年投保的一年期寿险、一定时长的定期寿险及保终身的终身寿险。以 30 年期限赔付 350 万元的定期寿险为例，30 岁女性每年需缴纳保费 600 元左右。

了解了各种险种及其费用标准，即使父母已经配置了相关保险，韩梅梅还是需要为自己选择保险。如果比较谨慎，那就配齐所有保险；如果比较乐观，则至少应该购买重疾险和意外险。配齐每年需支出 7 600 元，乐观配置每年需支出 6 850 元。

总结一下：为了保障退休后的正常生活，韩梅梅需要在 30 岁后开始支付自己 60 万元的养老金，同时需要额外积攒一部分资金用于 5~10 年后的购房（假设

5年10万元），每年还需要 7 000 元左右的保险支出。依然按照 7% 的年化收益率来计算，从 25 岁开始每年预存退休金 6 000 元（每个月 500 元），每年预存房款 13 000 元（每个月 1 083 元），每年支付 6 850 元的保险费用，每年共支出 25 850 元，具体如表 7-3 所示。

表 7-3 韩梅梅的年度收支情况

单位：元

收入	月薪	年终奖	养老保险	公积金	医疗保险	实发合计	合计
	7 000	7 000	850/月	400/月	120/月	91 000	107 440
支出	日常支出	保险	养老基金	购房基金	—	支出合计	合计
	4 500/月	6 850	500	1 083	—	79 846	79 846

看起来，韩梅梅每年能剩余的现金实际上只有 11 154 元。当然，每个月的购房和养老基金只是单独管理而已，也是每年的"剩余"，算起来，即使保持现在的收支水平，在实现财务保障以后，购买了足额的保险，每年仍然有 3 万元左右可以用于投资。不计算未来可能的升职等带来的收入增长，以每年 3 万元的投资水平和 7% 的年化收益率，韩梅梅要实现自己的财务安全目标（每年的投资收益可覆盖自己的年度支出），只需要不到 15 年的时间（40 岁），到 50 岁退休的时候，韩梅梅这些年的 75 万元本金已经变成了 203 万元。重要的是，在这 25 年期间，她基本保持着自己的消费水平，也不需要"开源节流"，并且一直有多种保险在避免意外情况的发生。

当然，在这里忽略了其他支出，也没有买房、买车，但同样忽略了升职加薪、奖金及婚后两个人合并的收入来源，所以，不算是精准的规划。但是，即使算上这些变化，这里的整体配置逻辑应该是一致的，只是数字和时间上的差异而已。

其实，可以看出，虽然目标仅仅是"退休以后可以有一点儿资金来补充退休金"，也是以这个为目标来进行每个月的养老和购房基金额度规划的（每个月不过 1 583 元），但事实上，在 7% 年化收益率的作用下，这笔钱在 25 年内变成了以前的三倍。即使没有这三倍，收益率没有达到预期目标，这 25 年攒下的本金 75 万元也完成了早期制订的"60 万元养老金目标"，养老无忧。

这个例子也告诉我们，在完成合理的资产配置的情况下再投资，即使收益率差强人意，自己的生活也不会受到太大影响；而收益率正常发挥，就能让我们过上富足的退休生活，如果收益率超水平发挥（15%），那么韩梅梅每年 3 万元的投资将在第 27 年的时候达到千万元级别，那时候的她也不过 52 岁。

第8章 手把手的实例教学

至此，我们已经完成了本书基金投资的理论知识部分的讲解，从股票和基金的历史，到合理的投资预期，然后介绍不同类型的基金如何选择，再讲述不同的投资方法，最后完成了资产配置的介绍。虽然知识摆在那里，但想必你也跟第一次看完理财、投资类书籍的木大一样，感觉自己确实学到了很多，却又好像不知道从哪里下手。

在学习阶段，木大几乎翻遍了主流的基金投资类书籍，很多作者不可避免地陷入了自己的专业中，写了一本充满专业词汇的工具书，但却让不是金融专业出身的人看得云里雾里，更别提学以致用了。

其实，这是很多书籍甚至很多所谓"教师"的误区，他们把自己的主要精力放在了怎么让自己看起来比别人懂得多上，却忘记了教学的重要意义不是体现专业性，而是将自身的专业性转化成对方能听懂的语言，真正理解自己要教的东西。当然，对于这种面向所有投资者的书籍来说，还有一个缺憾，那就是只讲理论，而不讲实际操作。

试想一下，本书在上一章就画上句号，是不是也算合理？毕竟，整个基金选择和投资的逻辑，包括资产配置的逻辑都已经讲完了，任务算是完成了。可是，如果就这样结束了，那么你也会跟当年的木大一样，拿着书的时候信心满满、斗志昂扬，要好好分析一番，结果放下了书又不知道该从哪里下手。

本章就是专门来解决这个问题的。就像那些优秀的理工科老师一样，不但要把公理和定理抽丝剥茧地讲明白，还要带着大家一起做几道练习题，只有这样，才算真正把知识教给了大家。所以，本章把前面讲的所有知识串联起来，用于实践，真正做到手把手地教会大家如何购买基金。

经过前面的讲解，可以把基金分为四类：指数型（指数、指数增强型）、主动型（偏股混合、主动股票型）、债券型（偏债混合、主动债券型）和货币型，在每个类别下又可以根据基金经理任职时间的不同进行分类，最后进行比较。

只有在经过这样的分类以后，不同基金之间才有了比较的价值，毕竟，股票型和混合型基金的仓位限制不同，偏股和偏债的投资重点不同，不同任职时间所处的市场环境不同，而这些都会对业绩造成很大影响，却又与基金经理本身的能力无关，因此，需要在比较的时候就避免这种"系统误差"。

8.1 几个问题

在开始讲解投资实例前，先说几个很容易混淆或者忽略的概念。

1. 短期和长期收益率

收益率是最容易误导投资者的地方。查看主流的基金平台就会发现，大多数平台更愿意告诉大家这只基金在过去一个月、三个月和半年里的收益率，却不轻易展示更长期的收益率。特别是在牛市后期，这种收益率的展示方式相当具有迷惑性，投资者看到的是该基金在过去半年里涨势喜人，最近一个月更是成绩斐然，然后陷入思维误区，认为过去半年涨了30%，那么未来半年也能有30%的涨幅，于是赶紧买入，坐等收钱。

在前面的内容中已经讲过，这种收益率对未来几乎没有任何保障作用，反而因为前期涨幅较大，可能存在较大的回调风险。更不利的是，这种"短期高收益＝基金销量好"的模式会反向传导给基金公司和基金经理，让他们把注意力放在如何追热点从而提高短期收益率上，然后就提高了换手率和交易成本，而长期收益率并不会因为多次操作而大幅提高，于是注定长期收益率下滑。

所以，收益率肯定是重要的收益指标之一，但是短期收益率完全不重要，需要关注的是长期收益率，如5年、7年、10年的收益率。同时，要警惕短期与大盘主要指数收益率差距过大的基金，仔细分析它们是怎么实现逆势大涨的，因为这里面往往蕴含着"孤注一掷"所带来的奖励和危机。

2. 基金经理任职时间和基金成立时间

基金成立时间可以很长，而基金经理任职时间可以很短，因为中途可以更换基金经理。如果根据基金成立时间来进行筛选，那么在某种程度上等于忽略了基金经理对基金业绩的决定性作用，好比让舒马赫从赛车上下来换上另一名车手，效果是完全不一样的。

虽然道理很简单，但却是很多人容易被迷惑的地方，因为多数平台把基金经理任职时间放在很不起眼的地方，甚至需要单击"详细资料"链接才能看到。这样做对基金公司来说好处很明显，即便新任基金经理的任职时间不足一年，乍一看也跟老牌基金无二，因为基金成立时间足够久，再看年化收益率，看起来也很高，投资者就这样做出了"买入"的决定。

因此，一定要注意基金经理任职时间和基金成立时间的区别，重点区分基金成立以来的年化收益率与现任基金经理任职期间的收益率，这是两个不同的概念。

3. 基金名称不等于投资标的

随着基金行业的快速发展，出现了基金名称跟基金持仓风马牛不相及的产品。比如基金名称是文体健康产业，理应持有文体健康主题相关股票不低于80%，但其持仓占比较大的却是市场热度较高的半导体、新能源；又如基金名称是蓝筹精选，其持仓却以中小盘的成长股为主，不一而足。

证监会一直在努力遏制这种风格漂移的问题，但确实不好下手。从基金经理自身的角度来说，市场风格和热点变化快，而部分基金公司的考核标准又侧重于短期收益率，这些都会驱使基金经理去追热点而不是坚守自己的投资风格。从监管的角度来说，基金持仓无法做到完全透明，公布周期跨度又相对较长，很难实施有效的监管，就更别提惩戒了。

因此，作为投资者，需要对基金名称及其投资风格是否匹配进行判断，如基金名称中带有"教育"二字的是否投资了教育板块，带有"创新成长"的是否投资了科技股，带有"农业板块"的是不是十大持仓只有新能源和芯片，这些都需要仔细甄别。

4. 小心"收费陷阱"

并不是所有基金都采用相同的收费方式。事实上，除了常规的买入、卖出及管理费、托管费，还有一部分基金会收取额外的费用。

一种方法是超额收益分成，意思是如果在某一段时间（比如一年、一个封闭期等）里基金收益较高，那么该基金将从当期的收益中抽取一部分费用作为超额收益的管理费，比例一般为10%~20%。如果按照7%的年化收益率和5%的"超额底线"来计算，那么该基金将收取额外的(7%－5%)×10%＝0.2%（20%对应0.4%）的管理费，虽然看起来不多，但实际上已经达到主动型基金管理费1.5%~2.5%的10%以上。

超额收益存在的逻辑是本大所不能理解的，基金取得超额收益是主动基金存在的全部意义，其本身的管理费就包含了"取得超额收益"的任务，如果基金经理表现优秀，则应该由基金公司从自己的收益中拿出一部分来奖励基金经理，而不应该由投资者来承担这部分费用。除非采用相同的逻辑，如果基金收益低于大盘平均水平，也根据同样的方式削减甚至取消管理费，否则对这种只有奖励而没有惩罚的机制木大是不认可的。

另一种方法是超额收益额外计提管理费。这种计费方式就比"超额收益分成"合理多了，如果超越基准收益一定比例，那么该基金将在1.5%的管理费基础上加收1.5%，也就是管理费提高到3%，直接翻倍。当然，这种方式算是奖惩分明，如果没有跑赢基准，那么费用不但不翻倍，还会放弃原来的1.5%，即免去当年的基金管理费。当然，是否公平，要看基金的基准是什么，如果基准是"沪深300+2%"，那么额外计提可以接受；如果拿"一年定期"或者"五年定期"等方式作为基准，那么基本上是以圈钱为目的了。

还有一种方法更为合理，即采用收益率分级收费的方式，比如收益率小于 -5%不收取管理费，收益率在 -5%~5%收取正常的管理费，收益率超过5%加收管理费。

无论是这几种特殊的收费方式还是常规的收费方式，在购买基金时一定要仔细阅读认购、持有及赎回的收费模式，可以为了取得高收益而被额外收费，但是要确保自己知道收费模式和收费标准，而不是事后才恍然大悟。

8.2 做好准备

开始自己的基金投资生涯，一共分为三个步骤：第一步，知道自己有多少钱；第二步，制定投资策略；第三步，选择基金。

1. 知道自己有多少钱

股市作为一个整体市场，其长期收益率（10年以上）具有一定的确定性，但是中、短期的涨跌几乎没有规律可言，更别提几个月甚至几周内的涨跌情况了。

在这样的市场规律下，毫无保留地将辛苦攒下的积蓄全部投入股市中，其实是在参与一场胜负概率几乎都为50%的"豪赌"。如果是参加一场掷硬币的赌局，正面可获得10%本金的奖励，反面会失去10%的本金，那么木大相信大多数人都不会参与，最起码不会拿出所有积蓄来参与这种完全随机的赌博。

为什么说这是赌博呢？

在短期内，甚至是一两年内，市场有可能完全被情绪主导，出现过分乐观或者悲观的情况。前面讲过估值中枢的概念，即从长时间看股票的估值将会围绕固定值上下波动。当运气不好时，可能正好赶上市场的"过分悲观期"，此时的市场已经失去理智，不计成本地抛售，进一步引发个人投资者的恐慌，也开始卖出和赎回基金，大额赎回又使得基金不得不卖出部分股票以应对赎回。在这样的恶性循环下，指数大幅回撤，权重股股价大幅下跌，市场一片萧条，对未来的预期前所未有的悲观。

这种情况很正常，在美股两百多年的历史中无数次地重复，但是，前文提到的投入所有积蓄的人却无法应对这种情况，因为他在市场最萧条的时候可能因为家庭变故需要现金，这时，即使打心眼里相信市场会重回繁荣，他也不得不认亏出局，吃下本金永久性损失的苦果，为自己的轻率买单。这并不是一个极端的例子，如果我们回顾2008—2022年的A股，可以看到，15年间可谓是"牛短熊长"，除了偶尔出现的大牛市，市场在大多数时间里呈缓慢下跌或者横盘的趋势，这意味着上面的例子不但不极端，而是一件大概率会发生的事情。

很多投资者喜欢强调股票投资的偶然性和运气成分，那么合理的资金准备和资产配置就是对抗"运气不好"的最佳手段。对于长期投资来说，控制风险的重要性甚至要超过获取超额收益的能力，因此，投资者需要在家庭财务和资金上都做好应对"运气不好"的准备。

梳理财务状况，就是要分析得出自己真正可以长期用于投资的存量资金是多少，以及未来可预知的收入即增量资金是多少，这样才有可能选出适合自己的投资策略和投资标的。

当然，梳理完财务状况，还需要解决一个问题，即投资的目标是什么？

前面也给出了不同的例子，如财务保障、财务安全、财富自由等，同时也强调了，投资目标必须是一个量化的并且相对可实现的数字。它可以是购买一套房子的首付，也可以是购买一辆心仪跑车的费用，还可以是送子女出国留学的全部费用，重点不在于目的，而是以这个数字为目标来开展自己的投资规划。

表8-1代表着年化收益率和时间所能带来的复利，收益率越高，时间越长，则可以获得更丰厚的回报。但是，除了可以看到复利的作用，还可以看到复利的极限。以15%为例，即使30年的时间可以做到平均15%的年化收益率，收入也只是本金的66.21倍，而且做到30年年化15%的人不一定能进入世界投资大师之列，但是在中国的投资界应该已经有他/她的姓名。这样的投资水平，经过30年的时间，也只能把1万元的本金变成66.21万元。自己的本金和增量资金是多少，自己的投资水平能做到百分之多少的收益率，那么长期投资的上限也就确定了，也就是上面所说的"可实现的目标"。

表8-1 不同年化收益率下本金的增长系数

年限（年）	收益率倍数		
	年化7%	年化10%	年化15%
5	1.40	1.61	2.01
10	1.97	2.59	4.05
15	2.76	4.18	8.14
20	3.87	6.73	16.37
25	5.43	10.83	32.92
30	7.61	17.45	66.21
35	10.68	28.10	133.18
40	14.97	45.26	267.86
45	21.00	72.89	538.77
50	29.46	117.39	1 083.66

所以，梳理好自己的财务状况，制订自己的投资目标，也就知道了自己需要多少年化收益率和多少时间来实现目标，就可以进入下一步。

2. 制订投资策略

现在我们知道了需要多少年化收益率才能在有限的时间里实现自己的投资目标，那么下一步就是根据我们的年化收益率目标选择合适的投资策略。

这个问题在投资策略部分已经讲得很全面了，也对比了不同投资策略的理论收益情况。简言之，如果从2011—2021年来看，那么收益率最高的投资策略是持有现金等待时机，在市盈率百分位低于过去10年市盈率百分位30%或者25%时全仓买入指数基金；收益率第二高的投资策略是根据市盈率百分位来调整指数基金和固收类基金（债券型和货币型）的比例；收益率第三高的投资策略是满仓买入指数基金；剩下的才是定投、股债平衡等策略。

参考表8-2，如果只考虑收益，则空仓等待+低位全仓买入策略（即25~85策略）的收益率是最高的，但是在这里还需要考虑概率的问题。这种策略的核心是等待大级别的下跌和调整，其中隐含的意思就是"未来一定会出现大级别的调整"。事实上，在2012—2022年这10年里，市场调整到市盈率百分位20%的时候只有一次，调整到25%的时候只有两次，调整到30%的时候有三次。如果在2017年选择了市场调整到市盈率百分位的25%的买入策略，那么在随后5年内是没有任何买入机会的，直到2022年4月才会出现买入机会，还是在极端事件导致的双重利空消息下出现的。所以，"逢低买入"策略的最大劣势就是因没有达到预期的低位而没有买入，如大盘只跌到市盈率百分位的31%就开始反弹，那么严格执行策略就会错失这波反弹，而且在此期间资金几乎不产生任何收益，如果未来10年都没有再出现市盈率百分位的30%或25%的低位，那么这种策略就成了一种完全失败的策略。要注意，在以上提到的所有策略中，虽然其他类型策略的收益率都不如"逢低买入"策略的收益率高，但是只有"逢低买入"策略存在"颗粒无收"的概率，其他类型的策略不可能出现空仓然后踏空的情况，因为其他类型的策略不会出现空仓的情况，最低仓位也保持在总仓位的10%。

表8-2 本章所有策略的收益及波动情况

策略类型	累计收益率%	年化收益率%	收益波动率%
满仓指数基金	224.61	7.63	44.08
指数+活期	207.02	6.84	37.77
指数+货币	222.42	7.53	42.01
指数+债券	231.71	7.94	44.17
股债平衡	209.10	6.93	34.98
30—80	441.31	14.45	104.50
25—85	473.62	15.19	113.58
20—90	330.69	11.49	80.25
月定投	200.00	6.50	—
周定投	200.27	6.52	—
周定投+90%卖出	175.73	5.26	—
智能定投	166.15	4.72	—

另外，除了潜在收益率，还需要根据自己可用于投资的资金的总量和增量来进行选择。梳理一下，在完成了财务保障（6~12个月的日常开销）、未来3~5年的大额支出以及足额保险的目标后，还有多少存量资金可以用于投资，未来又有多少增量资金可以用于投资。

那么，如何安排自己的存量资金和增量资金呢？

木大的建议是，放弃最高收益率的"逢低买入"策略，因为这种策略需要极大的耐心，且有长期踏空的可能，踏空后收益率为零。剔除了"逢低买入"策略，那么对于存量资金来说，可选择的方法就是满仓和拆成多份进行定投；对于增量资金来说，可选择的方法就是按时间定投或积攒成一定的存量资金进行满仓操作。

对于存量资金来说，可选的方法有四种：第一种是无视估值，全仓买入沪深

300指数基金并且一直持有；另外三种是根据当时沪深300的估值百分位配置股票类资产（包括股票类和混合类）和其他固收类资产（活期存款、货币基金、债券型基金），如沪深300处于估值百分位60%，则60%买入固收类资产，40%买入股票类资产。

需要注意的是，全仓买入的方法更适用于市盈率低于10年百分位50%左右的位置，超过80%不建议采用此种方法，回撤风险较大。活期存款的收益率太低，债券未来的收益和风险不匹配，所以，木大更推荐股票型基金＋货币基金的策略。

在增量资金方面，如果不希望花费额外的精力和时间，那么定投无疑是最简单也是最省心的方法，每个月或者每周在相同的时间买入即可。如果有额外的时间和精力，建议将每个月的钱先存入货币基金，然后等待下一个存量资金调仓节点，如沪深300市盈率百分位从60%降到50%，此时可以把增量资金也用于调仓，相当于本金规模增大了。

事实上，选择投资策略的目的虽然是获取更高的收益率，但实际上是在约束我们的人性。涨得多的时候想进一步加仓，生怕错过了更大的涨幅；跌得多的时候想全部卖出，生怕卖晚了没躲过明天进一步的探底。严格执行投资策略，就是在努力避免宏观环境、市场情绪及个人情绪对投资策略产生影响。

从整本书里大家可以看到，木大推崇的投资方式都是长期投资、长期持有，忽略上述的市场噪声，只进行基本逻辑的分析。长期投资者都应该相信中国经济一定会继续蓬勃发展。

3. 选择基金

在6.2节中我们详细地对比了主动和被动基金的收益率，包括扣除隐性成本前后的收益率差异。

在不计算持有和交易成本时，股票型基金（剔除了指数和指数增强型）的收益率在三个任期区间内都是跑赢其他三类的，混合型基金排在第二位，指数增强型基金排在第三位，而指数基金排在最后一位。但是，如果从收益里面扣除显性和隐性成本，收益率就变了模样。

因为过高的隐性成本，股票型和混合型基金的收益被大量吞噬，也因此失去了相对于指数和指数增强型基金的绝对优势，各类基金的收益率变得相对接近了，不过股票型基金依然保持着优势。

如果严格按照几位著名投资者的结论，那么无论是巴菲特还是约翰·博格，都会更推荐指数基金，因为他们意识到绝大多数主动基金经理无法战胜市场，却依然会付出比指数基金更多的交易成本，收取更高的管理费用，这对绝大多数投资者来说是不值得的。另外，很多研究也表明，把时间拉得足够长，并没有证据能够支持主动基金的收益率会高于指数基金的收益率，至少在美国股市里没有这样的趋势。

对于本身就年轻的 A 股来说，基金行业的发展时间更短，在 2015 年以后基金数量才出现"井喷"式的增长，所以，没有足够的时间让我们去验证美股的理论。只能说，在目前有限的时间和有限的样本里，主动基金即使扣除所有成本，平均收益率仍然高于指数基金的收益率。

前面我们详细讲述了如何进行资产配置，让我们可以"高枕无忧"地长期投资和持有，那么在这里要决定的就是我们要持有哪类或者哪几类基金。

如果你相信均值回归理论，即在经济周期和市场风格轮动的影响下，所有人的资产收益率最终会趋于平均值，那么你不应该浪费任何额外的管理费和交易费给主动基金，在你的基金组合里只需要指数和指数增强型基金。

如果你对均值回归理论将信将疑（毕竟还没能在 A 股市场上得到证实），那么你可以持有两只指数基金和 1~2 只长期优秀的主动基金。

如果你完全不相信均值回归理论，认为就是有人可以做到一直超越市场，而且你拥有找到这个人的能力、耐心以及失望的准备，那么你可以持有 3~5 只主动基金。

8.3　基金筛选实例

木大讲的方法，大家或多或少都有所耳闻，真正实践起来却发现无从下手。市面上很多基金投资类的书籍缺少的就是这种实例，这里，我们就把前面讲的所有知识都付诸实践，真正地从几百只基金中找到那只适合自己的基金。

8.3.1　筛选指数基金

筛选指数基金分两步：首先选择合适的指数，然后选择合适的指数基金。

尽管在指数基金里充分肯定了沪深 300 的意义和全面性，但是也不能否认，近年来在 A 股市场上崛起了另一股"科技势力"，也就是当沪深 300 和上证 50 集体沉默时表现十分出彩的科创板。

曾经，如果要说可以跟沪深 300 相互搭配形成互补关系的指数，那一定是中证 500，因为中证 500 无论是在行业上还是在规模上都跟沪深 300 有着很强的互补性，沪深300以大盘价值和传统行业龙头为主，中证500以中小盘成长、传统行业二线及新兴行业龙头为主。

但是，在木大眼里，中证500有一个先天的缺陷，那就是太受经济周期影响，里面占了大头的能源行业的盈利能力在很大程度上取决于全世界的货币周期和能源周期。因为行业属性的存在，投资者很难靠自己的努力打败周期。

科创50则不同，在某种程度上，登上科创板的企业代表着我国科技的发展方向，而这些方向是我国产业结构从劳动密集型转向技术密集型的希望所在，可以说是国家大力扶持、资本高度关注的行业。而科创50则从这些科技型公司里选出了最优秀的50家，毫不夸张地说，它们代表着我国实现"中国式"现代化的希望。所以，相比于"沪深300+中证500"指数组合，木大更推荐"沪深300+科创50"指数组合。这样一来就确定了指数——沪深300和科创50，需要各找一只指数基金作为参考，在这里同时再各找一只指数增强型基金。

截至2022年12月，在公募基金中共有2 029只被动型指数基金，其中上证50相关基金29只，沪深300相关基金124只，中证500相关基金85只，中证1000相关基金15只，科创50相关基金71只，其他指数还包括沪、深两市其他官方指数、恒生指数、海外指数、行业指数及一些策略型指数（如红利、低波等）。下面对几个主要指数的相关基金进行筛选，作为指数基金筛选的案例。

1. 沪深300

先拿出沪深300中的143只基金进行筛选。

首先剔除非纯沪深300的指数，比如沪深300金融地产、沪深300低波、沪深300非周期等以沪深300为基础但是有行业偏向或者额外策略的基金，然后剔除同一基金的不同类别（A、C、R、ETF联接等），最终剩下40只基金。

在这40只基金中，有4只基金的在管时间超过10年，8只基金的在管时间超过5年，7只基金的在管时间超过三年，三年以下的不予考虑。

接着，在10年和5年以上在管时间的基金中各选取2只收益率最高的，在5年以下在管时间的基金中选取1只收益率最高的，就得到5只基金，具体如表8-3所示。

表8-3　沪深300指数基金筛选结果

基金名称	基金经理	基金规模（亿元）	任职年限（年）	年化收益率（%）
华泰柏瑞沪深300ETF	柳×	817.2	10.5	4.55
农银沪深300指数A	宋××	9.0	10.2	6.19

续上表

基金名称	基金经理	基金规模（亿元）	任职年限（年）	年化收益率（%）
广发沪深300ETF联接A	刘×	301.0	8.6	7.82
工银沪深300指数A	刘××	75.8	8.0	6.54
长盛沪深300指数（LOF）	陈××	15.2	3.1	8.05

其实，从目前的情况来看，收益率较高、基金经理任职年限较长且基金规模较大的广发沪深300ETF联接A可以成为本次筛选的结果，因为筛选的目的就是找到基金经理任职年限长、收益率高的指数基金，该基金301亿元的规模也说明其长期得到市场认可，相比于成立10年而规模仍只有9亿元的农银沪深300指数A，其规模优势很明显。

当然，如果遇到没有明显优势的情况，则还可以利用显性和隐性成本来进行筛选，在后面的筛选中会有具体的例子。

2. 科创50

科创50指数基金共有71只，剔除同一基金的不同类型后剩余29只。这里需要注意的是，科创创业50指数基金一般还会细分为两类：上证科创创业50和中证科创创业50。由于科创板位于上海证券交易所，所以上证科创50选取的是科创板中的50只股票，而中证科创创业50则在科创板和创业板中一起筛选了50只股票，最大的区别就是前者只包含科创板中的股票，而后者包含了科创板和创业板中的股票。

当科创板存在以后，创业板的存在就没有那么必要了，所以，在这里进一步剔除所有"中证科创创业"类的基金，最终剩下12只基金。

由于科创板本身开板时间较短（2019年6月13日），所以，无法苛责基金经理的任职时间，但是可以针对基金经理的管理年限来进行筛选。经过查询，8位基金经理的管理年限均超过3年，其中6位超过10年，1位超过5年，只有1位不足5年。

跟上面类似，这次采用基金经理管理年限来对这些基金进行考量，然后在每类中选取收益率相对较高的基金。由于管理年限不足5年的基金经理在管时间也小于一年，没有收益率，所以，本次直接根据年化收益率选取5只基金，具体如表8-4所示。

表 8-4 科创 50 指数基金筛选结果

基金名称	基金经理	基金规模（亿元）	任职年限（年）	年化收益率（%）
华泰柏瑞上证科创板 50 成分 ETF	柳×	140.46	2.1	-14.18
华夏上证科创板 50 成分 ETF	张××	293.46	2.1	-14.17
工银瑞信上证科创板 50 成分 ETF	赵×	41.60	2.1	-14.47
易方达上证科创板 50 成分 ETF	林××	123.49	2.1	-14.41
华安上证科创板 50 成分 ETF	许××	1.43	1.5	-25.76

大家不用对任职年化收益率的不同感到惊讶，因为华安这只基金的基金经理任职年限只有一年多，而其他 4 只基金的基金经理任职年限均超过两年，而 2022 年科创 50 的回调幅度较大，因此新上任的基金经理在收益率的计算上自然落于下风。

这样 5 只基金，有两种方法进行筛选。

一种方法是过往业绩筛选法。由于都是从业年限较久的基金经理，虽然新基金业绩不明，但是可以观察他们过往所管基金的业绩表现，特别是管理时间最久的基金在同一时间段内的业绩表现。

通过这样的比较，就可以筛选出过往业绩较好的基金，如表 8-5 所示。而易方达的林伟斌从业年限相对较短，且该基金经理出于某种原因管理每只基金的时间都不足 5 年，不予考虑，筛选出赵栩所管的指数基金收益率更高。

表 8-5 科创 50 基金经理其他基金任职期间收益情况

基金经理	基金名称	管理年限（年）	年化收益率（%）	同类收益率排名
柳×	华泰柏瑞上证红利 ETF	10	11.87	122/203
张××	华夏沪深 300ETF 联接 A	10	11.95	136/203
赵×	工银深证红利 ETF	10	18.24	43/203
林××	易方达沪深 300 发起式 ETF	4.2	22.08	84/206
许××	华安上证 180ETF	10	11.39	132/203

另一种方法是成本筛选法。但由于本次筛选出的 5 只基金均为 ETF 型，费率一样，所以这里不做展开，在后面会讲解具体的例子。

3. 指数增强

目前在公募市场上共有指数增强型基金 494 只（含同一基金的不同类型），其中上证 50 相关的增强型基金有 11 只，沪深 300 相关的增强型基金有 129 只，中证 500 相关的增强型基金有 149 只，暂无科创 50 相关的增强型基金，但科创创业 50 相关的增强型基金有 6 只，这里从沪深 300 和中证 500 相关的增强型基金中进行筛选。

沪深 300 指数增强型基金

剔除同一基金的不同类型及多位基金经理共同管理等情况后，真正有效的可选沪深 300 指数增强型基金共有 47 只，再剔除基金经理任职不足一年无法比较的，还剩 41 只。

在这 41 只基金中，现任基金经理任职超过 10 年的有 3 只，任职超过 5 年的有 9 只，任职超过 3 年的有 16 只，剩下的均为任职不足 3 年的。由于任职不足 3 年的较多，所以这里在 10 年期中选取 1 只，在 5 年期中选取 2 只，在 3 年期中选取 2 只，在不足 3 年的里面也选取 1 只业绩最好的基金，筛选结果如表 8-6 所示。

表 8-6　任职 10 年、5 年、3 年及不足 3 年的沪深 300 指数增强型基金

基金名称	基金经理	基金规模（亿元）	任职年限（年）	年化收益率（%）
兴全沪深 300 指数（LOF）A	申×	42.4	12.0	6.02
景顺长城沪深 300 指数增强 A	黎××	46.7	9.0	10.55
富国沪深 300 指数增强 A	方×	61.2	7.9	10.43
泰达宏利沪深 300 指数增强 A	刘×	4.5	3.8	11.82
创金合信沪深 300 指数增强 A	董×	2.0	3.9	9.03
中泰沪深 300 指数增强 A	邹×	0.5	2.6	8.60

规模小于 5 亿元的基金一般不予考虑，所以，可直接剔除下面三只基金，在前面三只基金中进行挑选。由于三者的收益率统计时间不同，所以需要把收益率调整为同一时间再进行比较，结果如表 8-7 所示。

表 8-7　剔除规模较小的基金后的筛选结果

基金名称	基金经理	统计时间	年化收益率（%）
兴全沪深 300 指数（LOF）A	申×	2011—2021 年	11.71
景顺长城沪深 300 指数增强 A	黎××		17.93
富国沪深 300 指数增强 A	方×		11.81

比较很简单，在相同时期内，景顺长城沪深 300 指数增强 A 的收益率远高于其他两只基金的收益率，在收益率方面胜出。

在费率方面，可以将申购和赎回费率摊销给 10 年（申购、赎回费用除以

10），加上管理费、托管费、指数使用费及每年的隐性交易费用，整体成本如表8-8所示。

表8-8　表8-7中各基金的持有成本

基金名称	申购费	赎回费	管理费	托管费	指数使用费	平均交易费用	合计
兴全沪深300指数（LOF）A	1.20%	1.50%	0.80%	0.15%	0.02%	0.20%	1.44%
景顺长城沪深300指数增强A	1.20%	1.50%	1.00%	0.20%	0.02%	0.84%	2.33%
富国沪深300指数增强A	1.20%	1.50%	1.00%	0.18%	0.02%	0.69%	2.16%

虽然景顺长城的收益率相对较高，但是无论是管理费用还是交易费用都是三只基金中最高的，相比较而言，兴全沪深300指数（LOF）A的费率要大幅低于另外两只基金的费率。

看得出来，从不同的角度进行筛选，最终结果会不同。如果单纯从收益率的角度考虑，那么景顺长城这只基金更好；如果单纯从成本的角度考虑，那么兴全这只基金更好。但是，如果我们考虑均值回归理论，那么成本最低的基金优势最大。

8.3.2　筛选主动基金

比起指数基金，主动基金的筛选更加困难，因为主动基金除了"股票型"和"混合型"，没有明确的分类标准。当然，可以根据投资风格分为"价值型"和"成长型"，但事实上很多基金经理都采取价值和成长兼顾的均衡配置策略，但根据这两者很难将主动基金区分开来。

不大有一种比较简单的区分方法——根据基金的业绩比较基准来进行区分。如果基金的业绩比较基准以沪深300和上证180为主，则认为是价值型；如果基金的业绩比较基准以中证500、中证800和中证1000为主，则认为是成长型。显然，这不是一种精准的分类方式，还会漏掉很多以其他指数为业绩比较基准的基金。但是请大家注意，基金筛选就是一个做大量减法的过程，在大多数情况下追求的都是"模糊的正确"而不是"精准判断"。说到底，任何一种投资产品的选择都是基于过去猜想未来的，而未来只有在未来才能被验证，所以是无法证伪的。对于投资者来说，重要的不是这种方法有多精准或者细致，而是是否能说服你，让你承认它的内在逻辑，然后认真地去执行。只有在理解了内在逻辑后才会认可，只有在认可以后才可能坚持。对于长期投资来说，方法可能有很多种，但是能够长期坚持下来的人寥寥无几。

为了选出一只价值风格的主动基金，我们筛选出业绩比较基准以沪深 300 和上证 180 为主的股票型、偏股混合型、平衡配置型和灵活配置型基金。

由于主动基金的数量较多，所以在这里根据基金经理任职时间将基金分为任期 10 年以上、7~10 年、5~7 年和 3~5 年。

剔除同一基金的不同类型，基金经理任期 10 年以上的基金有 22 只，7~10 年的有 150 只，5~7 年的有 284 只，3~5 年的有 479 只，分别筛选出上面各任期内收益率前 10 位的（10 年以上的筛选前 5 位）进行进一步分析，结果如表 8-9 所示。

表 8-9 任期 10 年以上、7~10 年、5~7 年和 3~5 年的高收益主动基金

基金名称	基金经理	基金规模（亿元）	任职年限（年）	年化收益率（%）
任期 10 年以上					
富国天惠成长混合 A/B（LOF）	朱××	294.5	17.0	17.72
景顺长城核心竞争力混合 A	余×	16.3	10.9	16.15
诺安先锋混合 A	杨×	40.9	16.7	14.69
中欧新蓝筹混合 A	周××	111.3	11.4	13.77
鹏华盛世创新混合（LOF）	伍×	2.5	10.8	13.21
任期 7~10 年					
建信健康民生混合 A	姜×	18.5	8.6	23.67
建信改革红利股票 A	陶×	11.7	8.5	21.79
财通价值动量混合	金××	38.3	7.9	20.64
民生加银策略精选混合 A	孙×	21.1	8.3	20.35
万家品质生活混合 A	莫××	30.4	7.2	20.32
华商新趋势优选灵活配置混合	周××	57.7	7.5	19.88
兴全合润混合（LOF）	谢××	252.6	9.8	19.87
交银阿尔法核心混合 A	何×	61.5	7.1	19.47
华富价值增长混合	陈××	8.5	8.1	18.60
国泰聚信价值优势灵活配置混合 A	程×	27.5	8.9	18.51
任期 5~7 年					
信澳新能源产业股票	冯××	116.4	6.0	25.44
中融产业升级混合	甘××	6.1	5.4	23.46
广发创新升级混合	刘××	84.6	5.3	21.96
中信建投智信物联网 A	周××	4.0	5.4	21.52

续上表

基金名称	基金经理	基金规模（亿元）	任职年限（年）	年化收益率（%）
任期5~7年				
万家新兴蓝筹灵活配置混合	莫××	16.2	6.8	20.68
国富深化价值混合	刘×	93.8	5.7	19.83
建信鑫利灵活配置混合	陶×	5.3	5.0	19.78
海富通改革驱动混合	周××	117.8	6.5	19.76
工银物流产业股票A	张××	22.8	6.7	19.65
平安策略先锋混合	神××	38.6	6.0	19.61
任期3~5年				
大成新锐产业混合	韩×	95.8	3.8	43.12
国投瑞银先进制造混合	施×	43.6	3.6	42.84
万家汽车新趋势混合A	李××	1.9	3.0	41.61
泰信国策驱动灵活配置混合	吴××	1.9	3.3	40.35
平安新鑫先锋A	张××	5.4	3.4	37.11
易方达供给改革灵活配置混合	杨××	100.0	3.5	36.07
长盛创新驱动灵活配置混合	孟×	6.3	3.4	35.44
泰信竞争优选混合	徐××	11.0	3.2	34.91
中融竞争优势	柯××	2.9	3.8	34.58
易方达瑞恒灵活配置混合	王××	41.1	3.9	34.52

之前讲过，主动基金要注意规模，木大认为20亿~50亿元的基金规模是适合当前A股市场的，除非该基金有投资中国香港和海外市场的资格，否则规模超过100亿元的基金在木大眼里是有一定"规模劣势"的。不过，在本次分析中不会计入这一劣势，将一视同仁地进行分析。

初筛已经能看到一种有意思的现象，即从基金名称来看，不少基金其实是有明显的投资方向的，比如改革红利、健康民生，有的甚至把投资行业写在名称里，比如新能源产业、物流产业。奇怪的是，无论起什么样的名字，它们都选择以沪深300作为业绩比较基准，而没有选择医疗健康指数或者新能源指数，在某种程度上，这也证明了沪深300的核心地位。

进一步分析，依然从两个层面，即排名的变化和基金的费率。表8-10为各基金的持有成本情况。

表8-10　各基金的持有成本情况

基金名称	年化收益率（%）	平均排名百分比（%）	交易费率（%）	持有成本（%）
任期10年以上				
富国天惠成长混合A/B（LOF）	17.72	42.72	0.72	2.30
景顺长城核心竞争力混合A	16.15	38.07	0.43	2.30
诺安先锋混合A	14.69	54.76	0.87	2.30
中欧新蓝筹混合A	13.77	35.09	0.92	2.30
鹏华盛世创新混合（LOF）	13.21	43.02	0.77	2.30
平均	15.11	42.73	0.74	2.30
任期7~10年				
建信健康民生混合A	23.67	29.92	2.05	2.30
建信改革红利股票A	21.79	29.12	2.03	2.30
财通价值动量混合	20.64	36.56	1.22	2.30
民生加银策略精选混合A	20.35	35.00	1.50	2.30
万家品质生活混合A	20.32	28.93	1.47	2.30
华商新趋势优选灵活配置混合	19.88	31.14	1.46	2.30
兴全合润混合（LOF）	19.87	31.12	0.63	2.27
交银阿尔法核心混合A	19.47	34.95	2.29	2.30
华富价值增长混合	18.60	34.63	0.68	2.30
国泰聚信价值优势灵活配置混合A	18.51	28.90	3.40	2.20
平均	20.31	32.03	1.67	2.29
任期5~7年				
信澳新能源产业股票	25.44	11.37	2.07	2.30
中融产业升级混合	23.46	26.84	1.60	2.30
广发创新升级混合	21.96	29.92	1.53	2.30
中信建投智信物联网A	21.52	32.44	1.68	2.20
万家新兴蓝筹灵活配置混合	20.68	24.71	0.90	2.27
国富深化价值混合	19.83	47.78	0.95	2.30
建信鑫利灵活配置混合	19.78	39.70	2.19	2.30
海富通改革驱动混合	19.76	25.27	2.56	2.30
工银物流产业股票A	19.65	14.98	4.08	2.30
平安策略先锋混合	19.61	37.69	7.58	2.30
平均	21.17	29.07	2.51	2.29

续上表

基金名称	年化收益率（%）	平均排名百分比（%）	交易费率（%）	持有成本（%）
任期 3~5 年					
大成新锐产业混合	43.12	34.15	7.58	2.30
国投瑞银先进制造混合	42.84	1.37	3.24	2.30
万家汽车新趋势混合 A	41.61	3.81	1.40	2.30
泰信国策驱动灵活配置混合	40.35	47.42	6.69	2.30
平安新鑫先锋 A	37.11	43.88	2.19	2.30
易方达供给改革灵活配置混合	36.07	38.28	2.81	2.30
长盛创新驱动灵活配置混合	35.44	34.26	2.99	2.30
泰信竞争优选混合	34.91	13.12	3.16	2.30
中融竞争优势	34.58	39.19	1.04	2.30
易方达瑞恒灵活配置混合	34.52	29.73	0.28	1.11
平均	38.05	28.52	3.14	2.18

由于各基金的持有成本都相差不多，所以，根据年化收益率、平均排名百分比和平均交易费率进行筛选，三者均小优于者至少有两个指标优于平均值的基金会是木大的选择。如 10 年以上任期中的景顺长城核心竞争力混合 A，三个指标均高于平均值，还有 7~10 年任期中的财通价值动量混合、5~7 年任期中的信澳新能源产业股票、3~5 年任期中的万家汽车新趋势混合等。

平心而论，无论是平均排名百分比还是交易费率，计算的都是一段时间内的平均水平，因此，任期越长其有效性越强。任期 3~5 年的基金虽然收益率很高，但是其业绩并没有经过长时间的检验，很多成绩都是在大盘本身走势较高的基础上拿到的，所以，没有很强的代表性。相反，任期 10 年以上的基金中的优秀者是真正经历了至少两轮牛熊的考验后拿到的成绩，其含金量显然要高于其他几类。

因此，如果只选一只主动基金，那么木大会从任期 10 年以上的基金中挑选一只。

针对成长型基金，也采用相同的策略，筛选出业绩比较基准为中证 500、中证 800 和中证 1000 的主动基金，去掉同一只基金的不同类型，然后根据任期间隔进行分类，选出每个任期间隔内收益率较高的基金。由于整体数量较少，且没有任期 10 年以上的基金，因此在这里只选择任期 7~10 年、5~7 年及 3~5 年的基金，并从各区间中选出 5 只收益率较高的基金进行进一步筛选，结果如表 8-11 所示。

表8-11 任期7~10年、5~7年、3~5年的高收益成长型主动基金

基金名称	基金经理	基金规模（亿元）	任职年限（年）	年化收益率（%）
任期7~10年					
易方达新经济混合	陈×	69.7	7.7	19.02
工银战略转型股票A	杜×	44.5	7.7	18.32
银华中小盘混合	李××	42.2	7.3	16.49
景顺长城优选混合	杨××	49.7	8.0	16.02
华安智能装备主题股票A	李×	4.9	7.3	14.78
任期5~7年					
银华盛世精选灵活配置混合发起式A	李××	49.6	5.9	18.37
工银新趋势灵活配置混合A	何××	6.3	6.8	17.63
广发新兴产业混合A	李×	26.7	6.8	17.61
宝盈互联网沪港深混合	张××	8.8	6.1	17.15
鹏华研究精选混合	梁×	13.9	5.1	16.90
任期3~5年					
华商智能生活灵活配置混合A	高×	33.5	3.2	46.18
华安制造先锋混合A	蒋×	10.7	3.8	39.51
华安大安全主题混合A	舒×	1.8	3.9	34.79
华泰柏瑞基本面智选A	牛×	3.8	3.4	33.93
易方达新丝路灵活配置混合	祁×	41.3	3.9	31.34

在这里可以看到跟价值型基金类似的趋势，任职时间较长的基金收益率相对普通，而任职时间较短的基金收益率目前还处于较高的位置。跟上面一样，对不同基金的平均排名情况、交易费用及整体费用进行统计，结果如表8-12所示。

表8-12 各基金持有成本情况

基金名称	年化收益率（%）	平均排名百分比（%）	交易费率（%）	持有成本（%）
任期7~10年				
易方达新经济混合	19.02	30.79	0.87	2.30
工银战略转型股票A	18.32	16.70	0.68	2.30
银华中小盘混合	16.49	28.73	1.39	2.30
景顺长城优选混合	16.02	31.00	0.41	2.30
华安智能装备主题股票A	14.78	34.59	2.45	2.30
平均	16.93	28.36	1.16	2.30

续上表

基金名称	年化收益率（%）	平均排名百分比（%）	交易费率（%）	持有成本（%）
任期 5~7 年				
银华盛世精选灵活配置混合发起式 A	18.37	28.56	0.88	2.30
工银新趋势灵活配置混合 A	17.63	26.00	1.43	1.80
广发新兴产业混合 A	17.61	27.21	0.76	2.27
宝盈互联网沪港深混合	17.15	21.30	0.89	2.30
鹏华研究精选混合	16.90	26.86	0.90	2.30
平均	17.53	25.99	0.97	2.19
任期 3~5 年				
华商智能生活灵活配置混合 A	46.18	42.54	1.13	2.30
华安制造先锋混合 A	39.51	12.93	0.76	2.30
华安大安全主题混合 A	34.79	25.69	2.05	2.30
华泰柏瑞基本面智选 A	33.93	7.27	2.90	2.30
易方达新丝路灵活配置混合	31.34	34.98	0.44	2.30
平均	37.15	24.68	1.45	2.30

与价值型基金一样，选取各参数优于平均值的基金，并更偏向小规模、长任期的基金。

8.3.3 筛选行业基金

除了以主要指数为业绩比较基准但名称上带有明显行业偏向性的基金（如新能源、科技、健康等），还有一类专门针对某个或某几个行业的基金，在这里称为行业基金，里面包含行业指数基金和行业型主动基金。

行业指数基金是指跟踪某个行业指数的基金，仍然属于被动型指数基金，只不过相比于宽基指数，其覆盖面比较窄，因此，也被称为窄基指数。行业型主动基金则把选股范围聚焦在某个行业或者某个产业链上。相比于其他基金的分散风险，行业基金的特点就是集中持股押宝单个行业，优点是如果押对了上涨速度一般远快于指数的上涨速度，缺点是如果押错了下跌的速度也超乎想象。

目前，在公募基金中场内 ETF 型行业基金有 326 只，场外（含 LOF）行业型指数基金有 272 只，里面的行业分布如表 8-13 所示。

表8-13 行业指数基金分布情况

单位：只

场内 ETF		场外 ETF 联接及 LOF	
传媒	10	传媒	7
电力设备	34	电力设备	33
电子	64	电子	47
房地产	4	房地产	4
非银金融	17	非银金融	25
钢铁	1	钢铁	4
公用事业	5	国防军工	10
国防军工	6	机械设备	3
机械设备	5	基础化工	9
基础化工	8	计算机	14
计算机	31	家用电器	3
家用电器	4	建筑材料	3
建筑材料	3	建筑装饰	5
建筑装饰	4	煤炭	5
交通运输	4	农林牧渔	6
煤炭	3	汽车	3
农林牧渔	9	食品饮料	16
汽车	4	通信	5
社会服务	2	医药生物	39
食品饮料	21	银行	18
通信	1	有色金属	13
医药生物	55		
银行	17		
有色金属	14		

木大整理了主要行业中规模最大的指数基金，如表8-14所示。

表8-14 行业指数基金的具体情况

行业	分类	基金代码	基金名称	基金规模（亿元）	成立年限（年）	年化收益率（%）	最大回撤（%）
电子	场内	588000.SH	科创50ETF	293.5	2.2	1.21	-45.80
		159995.SZ	芯片ETF	178.0	2.9	33.61	-49.60
		588080.SH	科创板50ETF	123.5	2.2	1.08	-45.83
		512480.SH	半导体ETF	122.3	3.6	35.07	-51.56
		512760.SH	芯片ETF	112.5	3.6	40.90	-51.65
	场外	008887.OF	华夏国证半导体芯片ETF联接A	27.4	2.5014	31.90	-47.85
		011608.OF	易方达上证科创板50成分ETF联接A	23.3	1.8	—	-43.95
		008086.OF	华夏中证5G通信主题ETF联接A	20.5	3.0	12.21	-49.05
		011612.OF	华夏上证科创板50成分ETF联接A	20.0	1.7	—	-43.74
		011614.OF	工银科创ETF联接A	12.2	1.7	—	-43.70
医药生物	场内	512170.SH	医疗ETF	157.9	3.5	36.69	-54.18
		512010.SH	医药ETF	110.4	9.2	15.88	-53.10
		159992.SZ	创新药ETF	43.5	2.7	-9.90	-49.52
		512290.SH	生物医药ETF	40.7	3.6	22.22	-57.96
		162412.SZ	医疗基金LOF	36.3	7.5	11.37	-71.28
		161726.SZ	生物医药LOF	118.0	7.5	14.77	-54.75
	场外	501009.SH	生物科技LOF	17.6	5.9	23.07	-51.96
		001180.OF	广发医药卫生联接A	12.7	7.6	7.66	-51.36
		501011.SH	中药基金LOF	11.4	5.9	8.03	-39.82
		501005.SH	精准医疗LOF	10.1	6.9	14.42	-54.11
新能源（电力设备）	场内	515790.SH	光伏ETF	128.9	2.0	50.24	-44.21
		515030.SH	新能源车ETF	93.3	2.8	41.96	-45.40
		515700.SH	新能车ETF	54.5	2.9	77.30	-45.08
		516160.SH	新能源ETF	23.0	1.9	—	-44.36
		159755.SZ	电池ETF	20.1	1.5	—	-45.75
	场外	013195.OF	招商中证新能源汽车指数A	1.4	1.3	—	-43.05
		011966.OF	招商中证光伏产业指数A	2.9	1.5	—	-41.23
		160225.SZ	新能源汽车LOF	23.7	7.3	19.24	-46.67
		161028.SZ	新能源车LOF	88.2	7.7	21.05	-62.10
		501057.SH	新能源车LOF	80.3	4.5	61.49	-43.71

续上表

行业	分类	基金代码	基金名称	基金规模（亿元）	成立年限（年）	年化收益率（%）	最大回撤（%）
计算机	场内	159998.SZ	计算机 ETF	17.4	2.7	-0.63	-48.84
		159819.SZ	人工智能 ETF	13.3	2.4	8.33	-43.15
		512720.SH	计算机 ETF	9.0	3.4	12.02	-47.44
		515070.SH	人工智能 AIETF	6.1	3.0	15.25	-49.22
		517050.SH	互联网 50ETF	5.2	1.9	—	-55.61
	场外	161631.SZ	人工智能 LOF	4.5	5.6	16.51	-44.61
		001629.OF	天弘中证计算机主题 ETF 联接 A	3.5	7.4	1.51	-54.92
		165523.SZ	信息安全	3.2	7.4	-1.19	-63.67
		161628.SZ	云计算 LOF	1.5	7.4	-0.41	-58.14
		160137.SZ	互联基金	0.8	7.4	6.95	-45.00
食品饮料	场内	159928.SZ	消费 ETF	103.5	9.3	26.42	-43.40
		512690.SH	酒 ETF	102.3	3.7	61.15	-43.01
		159736.SZ	饮食 ETF	72.9	1.2	—	-36.52
		515170.SH	食品饮料 ETF	40.4	1.9	-12.06	-45.12
		515650.SH	消费 50ETF	17.2	3.1	28.50	-51.42
	场外	161725.SZ	白酒基金 LOF	609.8	7.5	44.03	-42.45
		160222.SZ	食品 LOF	60.8	8.1	30.51	-44.16
		000248.OF	汇添富中证主要消费 ETF 联接 A	49.2	7.7	27.06	-41.36
		160632.SZ	酒 LOF	37.4	7.6	38.19	-46.32
		001631.OF	天弘中证食品饮料 ETF 联接 A	16.1	7.4	27.82	-42.26
银行	场内	512800.SH	银行 ETF	90.7	5.4	3.64	-27.83
		515290.SH	银行 ETF 天弘	72.2	2.0	-0.97	-27.56
		510230.SH	金融 ETF	32.7	11.7	12.10	-43.34
		512700.SH	银行 ETF 基金	24.8	5.4	7.44	-27.57
		159940.SZ	金融地产 ETF	18.9	7.7	5.14	-43.26
	场外	001594.OF	天弘中证银行 ETF 联接 A	18.3	7.4	4.93	-29.19
		161723.OF	招商中证银行指数 A	13.7	7.5	7.41	-34.98
		161029.SZ	银行龙头 LOF	12.6	7.6	6.74	-34.81
		161121.SZ	银行 LOF 易方达	11.5	7.5	7.69	-33.76
		001469.OF	广发中证全指金融地产 ETF 联接 A	10.5	7.4	3.61	-32.36

续上表

行业	分类	基金代码	基金名称	基金规模（亿元）	成立年限（年）	年化收益率（%）	最大回撤（%）
非银金融	场内	512880.SH	证券ETF	289.3	6.4	5.31	-45.68
		512000.SH	券商ETF	215.9	6.3	5.61	-46.05
		512900.SH	证券ETF基金	78.7	5.7	9.61	-44.92
		159841.SZ	证券ETF	45.7	1.8	—	-35.72
		512070.SH	证券保险ETF	38.6	8.4	1.90	-53.82
	场外	167301.SZ	保险主题LOF	52.5	7.3	7.10	-43.02
		161720.SZ	证券基金LOF	22.3	8.1	-3.85	-70.79
		501016.SH	券商基金LOF	18.1	5.6	9.90	-43.29
		163113.SZ	申万证券LOF	16.2	8.7	-5.01	-70.77
		004069.OF	南方中证全指证券ETF联接A	14.3	5.7	10.24	-43.03
有色金属	场内	512400.SH	有色金属ETF	27.6	5.3	15.35	-49.49
		562800.SH	稀有金属ETF	6.7	1.2	—	-41.64
		561330.SH	矿业ETF	5.1	0.1	—	-6.44
		510410.SH	资源ETF	4.5	10.7	5.34	-57.56
		159715.SZ	稀土ETF易方达	2.5	1.3	—	-45.32
	场外	160620.SZ	资源LOF	1.7	10.2	6.55	-53.37
		160221.SZ	有色金属LOF	17.5	7.7	10.79	-60.75
		165520.SZ	有色LOF	14.5	9.3	14.28	-58.94
		690008.OF	民生中证内地资源主题指数A	1.4	10.7	4.41	-54.79
		161217.SZ	国投资源LOF	2.6	11.4	8.00	-53.13
传媒	场内	512980.SH	传媒ETF	44.8	4.9	-1.11	-53.21
		159869.SZ	游戏ETF	6.4	1.8	—	-43.00
		516010.SH	游戏ETF	3.8	1.8	—	-42.64
		159805.SZ	传媒ETF	1.7	2.7	6.54	-46.54
		516770.SH	游戏动漫ETF	1.0	1.8	—	-41.93
	场外	004752.OF	广发中证传媒ETF联接A	13.5	4.9	7.30	-50.80
		160629.SZ	传媒LOF	6.4	8.0	1.14	-79.68
		164818.SZ	传媒基金	1.7	7.5	-9.85	-83.01
		012768.OF	华夏中证动漫游戏ETF联接A	1.0	1.3	—	-40.99
		012728.OF	国泰中证动漫游戏ETF联接A	0.4	1.4	—	-38.67

续上表

行业	分类	基金代码	基金名称	基金规模（亿元）	成立年限（年）	年化收益率（%）	最大回撤（%）
农林牧渔	场内	159865.SZ	养殖ETF	36.1	1.8	—	-29.54
		159825.SZ	农业ETF	19.1	2.0	-0.81	-32.74
		159867.SZ	畜牧ETF	5.7	1.8	—	-30.46
	场外	015878.OF	富国中证农业主题ETF联接A	5.5	0.3	—	-16.17
		012724.OF	国泰中证畜牧养殖ETF联接A	2.6	1.4	—	-20.63
		010769.OF	天弘中证农业主题A	2.1	1.9	—	-28.03
化工	场内	159870.SZ	化工ETF	9.3	1.8	—	-41.69
		516020.SH	化工ETF	3.3	1.8	—	-42.27
		516120.SH	化工50ETF	2.1	1.8	—	-42.12
	场外	004432.OF	南方有色金属ETF联接A	5.7	5.2	14.77	-43.85
		257060.OF	国联安上证商品ETF联接A	1.3	12.0	4.31	-61.60
		010990.OF	南方有色金属ETF联接E	1.2	2.0	32.34	-41.09
军工	场内	512660.SH	军工ETF	105.6	6.4	13.08	-45.56
		512710.SH	军工龙头ETF	40.6	3.4	43.60	-39.28
		512680.SH	军工ETF龙头	30.7	6.3	14.18	-44.63
	场外	161024.SZ	军工LOF	51.0	8.7	9.56	-70.44
		160630.SZ	国防LOF	40.8	8.1	11.26	-72.90
		164402.OF	前海开源中航军工指数A	16.1	7.7	7.66	-59.95

行业指数基金的数量在某种程度上代表了该行业近两年的市场热度。电子行业由于近几年我国芯片被封锁以及全世界范围内的"缺芯"问题而备受关注，光伏等新能源设备设施（包括燃料电池）等在"碳中和、碳达峰"的宏伟目标下也成了市场宠儿。传统高热度板块食品饮料和大金融的指数基金数量也较多。

有关行业指数怎么选的问题，木大不打算在这本书里展开描述。事实上，行业的选择涉及很多方面的考量，有宏观政策、全球产业发展、产业结构、行业趋势、行业各领域的利润率/产能/现金流/负债等一系列情况，然后才有可能做出较为合理的选择。很多投资行业指数基金的投资者并没有经过上面的考量，在很多情况下仅仅因为"国家政策支持"或者"最近市场热度高"就赶忙买入，涨得差不多就卖出，这与咱们的长期投资和长期持有理念是相悖的。

在木大眼里，行业指数基金的投资是更进阶的投资方法，风险也更高，近几年的教育、互联网及创新药行业都曾因为偶然事件而突然以50%甚至90%的幅度下跌，没有 3~5 年的基金投资经验，不建议轻易碰行业指数基金。

行业主动基金比行业指数基金更具有"迷惑性"，因为除了少数行业基金把"消费""医药""低碳环保""新能源"等词加入基金名称中，其他基金名称中不会有这种指向性的词，投资者需要根据基金经理过往的持仓风格来判断他/她的投资行业。对于指向性比较明确的基金，木大并不推荐，因为这类基金的收费与其他主动基金的收费没有区别，但事实上大多数单个行业中的上市公司远没有多到需要一个专业人士来筛选的程度。这意味着该行业的指数基金已经完成了这个筛选任务，同行业的主动型基金经理可以进行优化，但是效果如何实在很难判断。这类主动基金还有另一种风险，就是当规模过大时，在之前提到的"双十"限制下根本无法进行调仓操作，投资者最终可能花了购买主动基金的钱却买了一只只能复制行业指数的"高价基金"。

在某种程度上，每位基金经理都存在自己的"能力圈"，即基金经理个人及其研究团队更为擅长和了解的领域或行业，比如基金经理是做消费行业研究员出身的，或者有过医药行业的研究或者从业经验，那么他对该行业的理解自然要超过其他人对该行业的理解。但是，在木大眼里，所有投资者，包括以基金经理为主的机构投资者，第一要务不是每年找到几只"翻倍"的股票，而是如何控制风险，也就是巴菲特所说的"永远不要亏损"，这也是格雷厄姆投资体系的核心。然而，行业基金是将基金高度集中在同一个行业中，无论是政策转向还是供需关系被打破，都会对行业产生重大影响，产生极大的风险，而这种风险是行业型基金经理几乎无法避免的。选择主动基金其实在向基金经理支付两笔费用：一笔是用他的能力来获取超额收益；另一笔是用他的能力来进行分散投资，从而规避一定的风险。从这个角度来说，行业型主动基金从设定上就摒弃了"分散投资"这个原则，也就意味着投资者支付的管理费有一半是白白浪费的。

8.3.4 筛选境外基金

读者应该注意到了，本书里几乎所有的案例和分析都基于投资 A 股的基金，既没有恒生指数，也没有全球投资的合格境内投资者类的 QDII 基金。

木大认为，专注于自己的能力圈是投资中十分重要的事情。巴菲特说过，能力圈代表着一个人判断企业经济特性的能力，聪明的投资者会画出一条厚厚的边界，并全心关注于他们能够理解的公司。如果把这个概念扩大，则也代表着一个人判断一个市场或者国家经济特性的能力，哪怕不能判断这个国家的经济走势，至少也要做到能够理解这个国家的基本经济情况。而大多数人还未能理解本国的经济情况，就更别说理解其他国家的经济情况了。

2020—2022年，海外市场的情况相对有吸引力。美股在经历了10天内4次"熔断"后继续上涨，一直到2022年初，在通货膨胀、加息警告和地缘冲突阴云的影响下才开始调整，期间，纳斯达克指数、道琼斯工业指数和标普500都在不到三年的时间里实现翻倍。越南胡志明指数在两年内翻倍，韩国综指翻倍，印度指数的涨幅达到143.58%。表8-15为全球各大指数的年化收益率情况。

表8-15 全球各大指数的年化收益率情况

排名	证券代码	指数名称	年内涨幅（%）
1	ATX.GI	奥地利ATX	148.8
2	SENSEX.GI	孟买Sensex30	143.58
3	IXIC.GI	纳斯达克	134.05
4	RTS.GI	俄罗斯RTS	130.65
5	KS11.GI	韩国综合指数	126.75
6	SPX.GI	标普500	114.38
7	TWII.GI	台湾加权	113.40
8	AEX.GI	荷兰AEX	104.79
9	399006.SZ	创业板指	98.42
10	DJIA.GI	道琼斯工业平均	97.93
11	FCHI.GI	法国CAC40.	96.45
12	GDAXI.GI	德国DAX	92.75
13	MIB.GI	富时意大利MIF	89.08
14	JKSE.GI	雅加达综指	86.57
15	N225.GI	日经225	85.29
16	BFX.GI	比利时BFX	74.64
17	MXX.GI	墨西哥MXX	71.73
18	399005.SZ	中小100	71.35
19	AS51.GI	澳大利亚标普200指数	67.82
20	399001.SZ.	深证成指	64.7
21	000300.SH	沪深300	64.51
22	PSI.GI	马尼拉综指	62.27
23	NZ50.GI	新西兰NZ50	59.53
24	SSMI.GI	瑞士SMI	59.21

续上表

排 名	证券代码	指数名称	年内涨幅（%）
25	FTSE.GI	英国富时100	54.51
26	STI.GI	富时新加坡海峡时报	54.24
27	800000.EI	东方财富全A	50.71
28	HSI.HI	恒生指数	43.27
29	000001.SH	上证指数	39.67
30	KLSE.GI	富时马来西亚KLCI	38.11

如果按照涨幅来排名，那么全球主要指数中的涨幅前10跟我们都没有关系，即使拉出前20，A股的涨幅也只能排在末尾，恒生指数和上证指数更是几乎垫底。那这是不是说明我们应该转而投资其他市场？

其实，虽然看起来是不同的涨幅，但表8-14中绝大多数翻倍的涨幅都基于同一个原因，那就是美联储自2020年以后大幅增发美元所造成的全球资产价格上涨。对于绝大多数国家来说，美元资本可以自由进出，因此，只要美元泛滥，就可以造就全世界大多数股市上涨，跟通货膨胀是一个原理。然而，当美联储开始加息收割的时候，又有哪几个国家可以逃脱被收割的命运？

如果投资者具备很强的全球经济和产业经济分析能力，既可以分析出越南、泰国、印度等国家在产业转移下真正的经济腾飞机会，也可以预判这些国家如何摆脱美元资产定价的影响，真正形成自主的货币权，那么投资一个类似20世纪八九十年代的中国的发展中新兴国家是非常具有前瞻性的，而且这类基金没有那么多选择，几乎不需要筛选就可以找到符合要求的基金，选择规模较大、持有成本较低的基金就好。

当然，无论投资哪国市场，我们的目的是获取收益，而不是学习国际政治。木大的观点是，从长期投资的角度来讲，除了以世界第一大经济体为锚的美股和以世界第二大经济体为锚的A股和港股，老欧洲也好，东南亚新星也罢，长期投资的价值都比不上中国和美国。

因此，这里只简单地聊一下如何挑选与港股和美股相关的指数基金，以及具有投资海外资格的主动型QDII基金。

首先来讨论一个问题：为什么港股自2018年以后开始下跌，中间虽然在2021年有一波比较不错的反弹，但是以2021年三季度开始继续下跌，甚至创下了10年内的新低？

因为2018年的特殊情况，后期又迎来美联储的货币紧缩周期，全球资金流动性收紧，让港股跌回了2011年的水平。

需要解释一下港股的特殊性。

由于港股是以港币作为计价货币的，所以，会受到港币的汇率影响。由于港币不是主权货币，所以，采用了联系汇率制，将港币兑美元的汇率固定在7.75~7.85的范围内。当美元进入加息升值周期时，港币就会"被动"升值和加息，抽走了市场上的流动性，造成流动性匮乏。屋漏偏逢连夜雨，本来在港股中唱主角的国际资本看到美国国债收益率（无风险收益率）上升，就会回流美国去赚取无风险的收益。由于国际资本在中国香港是自由流动的，逃跑的国际资本进一步抽走了市场上的流动性，于是港股应声下跌。事实上，前文所说的美联储用来收割全世界资产的镰刀在很多时候就是这么操作的。

另外，港股又是早年部分内地新兴公司上市融资的唯一选择。部分互联网和教育企业因为股权构架或者盈利能力问题无法满足A股较高的上市要求，而部分房地产企业因为政策原因无法在A股上市融资，于是它们都选择在港股上市。结果2020年迎来了互联网平台监管，2021年又迎来了在线教育的整顿和楼市政策调整，港股在这样的货币环境和政策环境下创下10年新低，一点也不意外。

港股还有另外几个特点，如实行上市注册制、机构占比高、T+0（买入当天可以卖出）、允许做空及不限制涨跌停。

所谓上市注册制，跟A股目前的核准制形成对比，其特点就是发行审核机构只对注册文件进行形式上的审查，而不对企业的具体情况进行考察，考察的任务交给券商来做，然后加强对券商的管理。这样一来，上市和退市的门槛都大幅降低，形成了快进快出、优胜劣汰的市场机制，但是对投资者的判断能力要求更高了。

由于市场本身建立时间较久，加上注册制导致很多上市圈钱的"老千股"和"仙股"爆炒后迅速退市的"恶名"，导致港股的个人投资者较少，其机构投资者比例甚至比美股的机构投资者比例还高。

简单总结一下：港股因为其地位和制度而比较特殊，它既会受到宏观经济的影响，也更容易受到美联储货币政策的影响，加上没有涨跌停和T+1的限制，所以即使港股的机构投资者比例较高，但事实上其波动甚至高于A股的波动。

虽然与A股的制度有很多不同点，但是港股依然有其投资价值。

因为资本自由流动且没有限额，加上沪港通、深港通及互联互通机制的建立，给境外投资者提供了更多通过港股来投资A股的方式，因而对国际资本有着很强的吸引力。

另外，由于注册制在 A 股中一直未能全面落地，加上早年 A 股的上市门槛较高，因而以互联网企业为主的新兴企业多选择在港股和美股上市，近两年很多在美股上市的企业也开始回归港股。从这个趋势来看，未来港股将会承接更多在美股上市的企业，包括互联网企业、新能源新势力等，想投资这些企业只能通过港股。

所以，短时期的受挫并不影响港股的长期投资价值，在上面所说的多重因素的作用下才造就了 2022 年的港股 10 年新低，当这些因素开始出现反转时，港股将重新体现出其投资价值。

在港股的主要指数中包含两个老牌指数和一个新兴指数。老牌指数之一是历史甚至超过 A 股本身的恒生指数，成立于 1969 年，里面包含了港股中市值最大及成交量最活跃的股票，截至 2022 年 12 月 31 日，恒指成分股有 76 只。老牌指数之二是 1994 年成立的恒生中国企业指数，跟恒生指数相比少了如汇丰、友邦等企业。一个新兴指数是 2020 年 7 月成立的恒生科技指数，跟踪在港股上市的市值最大的 30 家科技型企业，主要包括互联网、数码、智能化、芯片和生物医药企业。

投资港股的指数基金大致可以分为两类：一类是只投资港股的股票型基金；另一类是可同时投资 A 股和港股的沪港深型指数基金。最早的沪港通机制也是在 2014 年以后才成立的，因此，相关指数基金的成立时间并不长，加上近 5 年的波动，使得此类基金的业绩都不太好看。但是，正如上面所说，业绩不好更多是由于宏观环境和政策变动，不影响港股的长期投资价值。

由于成立时间相对较短，又不是主流的投资标的，所以，每种指数的相关基金远没有 A 股那么丰富，除了上述三大指数，也跟 A 股一样存在各类行业型或者策略型基金，其筛选标准与 A 股的筛选标准没有区别，这里不再赘述。表 8-16 列出了成立时间一年以上、规模超过 3 亿元的港股相关指数基金。

表 8-16　成立时间一年以上、规模超过 3 亿元的港股相关指数基金

基金代码	基金名称	成立年限（年）	基金规模（亿元）	年化收益率（%）
513330.SH	恒生互联网 ETF	1.9	204.6	—
159920.SZ	恒生 ETF	10.3	147.7	3.1
513180.SH	恒生科技指数 ETF	1.5	103.9	—
513130.SH	恒生科技 ETF	1.5	60.6	—

续上表

基金代码	基金名称	成立年限（年）	基金规模（亿元）	年化收益率（%）
000075.OF	华夏恒生ETF联接现汇（QDII）	10.3	45.1	2.8
000076.OF	华夏恒生ETF联接现钞（QDII）	10.3	45.1	2.8
000071.OF	华夏恒生ETF联接（QDII）A	10.3	45.1	2.8
513060.SH	恒生医疗ETF	1.7	44	
012348.OF	天弘恒生科技指数（QDII）A	1.4	30.6	
513010.SH	恒生科技30ETF	1.5	25.5	
110032.OF	易方达恒生中国企业ETF联接现汇（QDII）A	10.3	11.2	−1.2
110033.OF	易方达恒生中国企业ETF联接现钞（QDII）A	10.3	11.2	−1.2
110031.OF	易方达恒生中国企业ETF联接（QDII）A	10.3	11.2	−1.2
159740.SZ	恒生科技ETF	1.5	9.9	—
513580.SH	恒生科技ETF基金	1.5	6.4	
159742.SZ	恒生科技指数ETF	1.6	6.1	
159850.SZ	恒生国企ETF	1.8	4.8	
013171.OF	华夏恒生互联网科技业ETF发起式联接（QDII）A	1.2	4.3	
501021.SH	香港中小LOF	6.4	4.2	9.5
013402.OF	华夏恒生科技ETF发起式联接（QDII）A	1.2	4.1	
012804.OF	广发恒生科技指数（ODII）A	1.3	3.2	—

在美股方面，与港股类似，在公募市场上也有很多不同类型的产品，但同一指数的产品远没有A股那么丰富。木大的建议依然是先选择主流指数如标普500或者纳指100，然后选择规模较大和成立时间较久的基金。表8-17列出了成立时间一年以上、规模超过3亿元的美股相关指数基金。

表8-17 成立时间一年以上、规模超过3亿元的美股相关指数基金

基金代码	基金名称	成立年限（年）	基金规模（亿元）	年化收益率（%）
159941.SZ	纳指ETF	7.49	106.15	22.04
513500.SH	标普500ETF	9	71.37	14.4
270042.OF	广发纳指100ETF联接人民币（QDII）A	10.31	49.68	22.19
513100.SH	纳指ETF	9.62	46.54	21.3
001481.OF	华宝标普油气上游股票（QDII）美元A	7.47	28.25	4.1
040046.OF	华安纳斯达克100指数（QDII）	9.35	22.21	20.74

续上表

基金代码	基金名称	成立年限（年）	基金规模（亿元）	年化收益率（%）
040047.OF	华安纳斯达克100指数现钞（QDII）	9.35	22.21	20.61
040048.OF	华安纳斯达克100指数现汇（QDII）	9.35	22.21	20.61
013425.OF	博时标普500ETF联接美元汇（QDII）A	1.24	17.59	—
050025.OF	博时标普500ETF联接（QDII）A	10.48	17.59	15.07
160213.OF	国泰纳斯达克100指数（QDII）	12.61	15.14	19.58
000834.OF	大成纳斯达克100（QDII）	8.06	14.15	20.59
006679.OF	广发道琼斯石油指数（QDII-LOF）美元现汇A	3.85	11.73	28.95
513300.SH	纳斯达克ETF	2.12	11.08	23.05
003722.OF	易方达纳斯达克100美元汇（QDII-LOF）A	5.45	7.72	25.35
161130.SZ	纳斯达克100LOF	5.45	7.72	24.11
003721.OF	易方达标普信息科技美元汇（QDII-LOF）A	5.98	4.84	28.1
161128.SZ	标普信息科技LOF	5.98	4.84	25.7
003718.OF	易方达标普500指数美元汇（QDII-LOF）A	6.01	4.66	15.96
161125.SZ	标普500LOF	6.01	4.66	13.92
003720.OF	易方达标普生物科技美元汇（QDII-LOF）A	5.98	3.12	13.09
161127.SZ	标普生物科技LOF	5.98	3.12	10.65
013404.OF	大成标普500等权重指数（QDII）美元	1.24	3.08	—
096001.OF	大成标普500等权重指数（QDII）人民币	11.71	3.08	12.89

境外主动基金的选择比指数基金的选择更为困难，因为不同基金之间除了同属于"QDII"基金，几乎没有共同点。有的基金以全球各个市场的成长股为主，有的基金以美国的消费股为主，还有的基金专注于全球市场的互联网企业，相互之间除了规模和收益率，确实没有什么可比性。而且实际上因为市场不同，收益率的对比也几乎毫无意义。在这里，木大只能建议大家选择任职期间（或之前）投资收益率较高、业绩排名靠前的基金经理和规模较大的基金。

8.3.5 筛选债券型基金和货币基金

在选基原则中总结过，债券型基金是避险资产，适合市场估值过高时用于避险，但不是获取投资收益的最佳方式。美国近100年的债券收益率在3.5%左右，我国过去10年间债券型基金的年化收益率为6.09%，但是自2017年以来收益率已经下跌到4.64%，由此可以看出，债券型基金的收益率已经进入下降通道。

前面提到，债券的收益率在很大程度上会受到市场利率的影响，市场利率虽然在表面上由市场供需关系来决定，但实际上在很大程度上取决于央行的宏观调控是偏紧还是偏松，具体方式包括降低存款准备金（降准）、降低基准利率（降息）、购买有价资产以及放宽信贷条件和规模。

在偏紧的货币政策下，货币稀缺，融资成本上升，新发债券的票面利率也会上涨，这就让存量债券相对的低利率不那么吸引人，于是只能通过降低价格来补上这一部分利差，从而导致债券价格下跌。相反，在偏松的货币政策下，新发债券的票面利率下滑，存量债券相对的高利率就更有吸引力，使得债券价格上涨。

从2010—2020年来看，我国的融资成本一直是偏高的。美国自2000年以来，除了金融危机，一直维持着低利率，在金融危机后更是多次通过量化宽松来刺激经济，自2010年以来很长一段时间都处于零利率附近。欧元在经历了金融危机和欧债危机后利率也基本维持在1%以下，而我国自2016年以后利率才下降到4.75%，在此之前一直在5%以上波动。这个高利率是由当时的经济高速发展和房地产的火爆共同支撑的，而高利率意味着无论是政府部门、企业还是个人都承担着极高的资金成本，截至2015年底，我国全社会的杠杆率高达249%，在这样的负债率下，负债主体已经很难偿还本息，甚至利息本身就足以压垮负债人。这也是2016年我国开始宏观降杠杆行动的原因。无论是从社会负债率、经济增速放缓的角度还是从消费疲软的角度来讲，我国都已经进入了需要低利率的时代。通过低利率降低企业的融资成本，刺激居民将存款转化为投资和消费，政府也借此机会解决过去留存下来的城投负债问题，所以在未来很长一段时间内，我国的利率都会处于下行或者低位运行状态。

有了这个判断，那么未来债券的收益率大概率会低于2010—2020年的6%以上，也很可能会低于2016—2021年的4.5%左右，木大自己判断，债券型基金的收益率会在3%~4%波动。加上指数型债券基金1%左右的持有成本，实际收益率其实只有2%~3%。换句话说，在低利率环境下，持有债券型基金这种中低风险投资品种的收益率其实与无风险的定期存款的收益率相差无几。因此，债券型基金只能作为一种避险资产来与股票市场形成对冲，不适合作为一种长期配置的固定收益资产，从风险收益的角度来讲，货币基金更适合。

当然，即使在偶尔避险时配置，也需要进行筛选，筛选方法与指数基金和股票型基金的筛选方法类似，先根据基金经理的任职年限、任职期间收益、过去几年业绩排名来进行初步筛选，再根据显性成本和隐含交易成本来进行进一步筛选。综合来看，木大更推荐成本较低的指数型债券基金，因为它的综合持有成本最低，对收益率本来就比较低的债券型基金来说，成本的考量更重要。

货币基金也采用类似的筛选标准，在收益率差别不大的情况下，优先考虑费率较低的基金。

8.4 基金买卖实例

选好了要投资的指数，也选出了计划投资的基金，下面就迎来了基金筛选的最后一步，也是基金投资的第一步——基金的买入。

做好了资产配置，也解决了后顾之忧，这时我们已经知道手上未来 3~5 年可以长期用于基金投资的钱有多少，下面就要解决这笔钱如何用、按什么比例分配的问题。

这个比例分为两层：第一层是在以股票为主的基金中如何分配；第二层是股债或者股货如何分配。

先说相对简单的第一层，即以股票为主的股票型和混合型基金的比例，简称股票组合。

在木大眼中，股票组合可以有三种分配方式：纯指数、指数+主动、纯主动。

纯指数的组合因为持有成本最低，是木大最推荐的方式，而纯指数的比例可以考虑沪深 300+科创 50、沪深 300+中证 500、沪深 300+科创 50+中证 500 的形式。

这种组合的重点不是选哪个指数，而是兼顾价值和成长，根据大盘的整体估值情况来调整比例，价值风格时侧重沪深 300，成长赛道风格时侧重科创 50，通货膨胀和强周期风格时增配中证 500。

对于初级投资者来说，判断大盘风格有点困难，木大的建议是直接采用 50∶50 的均分形式，即沪深 300 和科创 50 各一半。

指数+主动的组合原则类似，可以考虑指数配置沪深 300，主动基金配置成长型，或者沪深 300+均衡配置型主动基金，依然采用 50∶50 的均分形式。

纯主动的组合是木大不建议的，除了少数聚焦某个行业或者方向（如科技、新能源、医药）的基金经理，大多数价值类或者成长类的基金经理持仓多少都有重叠，如果按每只基金中包含 100 只股票来计算，那么可能 4~5 只主动基金的最后持仓与沪深 300 的持仓区别不大，反而要花比沪深 300 指数基金高很多的持有成本，得不偿失。木大建议纯主动基金组合选择 3 只左右风格偏差较大的基金，投资比例依然是均分。

当然，可以由此衍生出更为复杂的组合，比如以沪深 300 为基础叠加行业指数基金的纯指数组合、以价值型主动基金为基础叠加行业偏向型主动基金的纯主动组合、兼顾二者的沪深 300 加行业主动型基金的组合等。但是，木大的建议是，如果你自觉对股票市场和大盘风格的判断没有那么敏感（绝大多数投资者都没有这种能力），那么请不要把自己的投资组合搞得太过复杂，因为结果大概率和沪深 300＋科创 50 组合的收益率差别不大。

木大回测了 2019—2022 年不同组合的收益情况，供大家参考。由于科创板在 2020 年才成立，所以，组合中没有包含科创 50。

沪深 300 指数基金使用目前华泰柏瑞沪深 300ETF，中证 500 使用南方中证 500ETF，价值型主动基金使用富国天惠成长混合，加上第二部分内容中优选出的景顺长城核心竞争力混合和工银战略转型股票。表 8-18 展示了四种策略的收益率回测情况。

表 8-18 四种策略的收益率回测情况

组合	沪深 300＋中证 500	沪深 300＋富国天惠	中证 500＋富国天惠	富国＋景顺＋工银
年化收益率	8.64%	15.74%	17.60%	20.21%

第二层的选择更复杂一些，涉及股票、债券、货币三种基金应该如何分配、如何调整。

让我们再看一次不同策略下的年化收益情况，如表 8-19 所示。

表 8-19 不同策略下的年化收益情况

策略类型	累计收益率（%）	年化收益率（%）	收益波动率（%）
满仓指数基金	224.61	7.63	44.08
指数＋活期	207.02	6.84	37.77
指数＋货币	222.42	7.53	42.01
指数＋债券	231.71	7.94	44.17
股债平衡	209.10	6.93	34.98
30－80	441.31	14.45	104.50
25－85	473.62	15.19	113.58
20－90	330.69	11.49	80.25
月定投	200.00	6.50	—
周定投	200.27	6.52	—

续上表

策略类型	累计收益率（%）	年化收益率（%）	收益波动率（%）
周定投+90%卖出	175.73	5.26	—
智能定投	166.15	4.72	—

在这些策略中，如果按照管理的"消极程度"来排序，那么排在第一的是满仓指数基金，排在第二的是股债平衡策略。

之前在策略的举例中使用了沪深300，在这里可以单纯地理解为拿所有资金买入刚才选出的股票组合，忽略当前的市场估值，忽略未来可能产生的波动，享受市场整体上涨带来的收益。

这种方法的最大好处是后续完全不需要对存量资金进行操作，甚至不用关心大盘的涨跌，长期持有，增量资金比如工资或者额外收入继续用来买入，从回测的收益率来看，并不比高频率的操作收益率差，甚至高于部分操作频繁的策略的收益率。缺点就是缺少了操作的"参与感"和"社交"，其他投资者在买入基金后可以每天跟同事和朋友交流心得，而这种完全不操作的方式就缺乏讨论的话题和兴趣。当然，在木大眼里，这种"缺点"对赚钱是没有任何影响的。

有人会觉得，这种满仓操作能获得较高的收益率是因为恰好买在了低点，事实上，买入时间是2011年第一个交易日，此时沪深300的市盈率处于10年百分位的73.44%，非但不是低点，反而是一个相对高点。即使买在了2015年6月8日这种2008年以后的最高点，持有到2021年底，收益率也有3.8%。因此，对于不打算操作和管理的"消极"投资者来说，只要市场估值百分位（参考沪深300估值）不高于75%，那么直接满仓的问题就不大。如果想追求更高的收益，则可以从75%估值百分位开始分2~3份来进行满仓，比如在估值百分位70%处投入本金的三分之一，在60%处再投入三分之一，在50%处投入最后的三分之一，比如有30万元本金，就在估值百分位70%处投入10万元，在60%处投入10万元，在50%处再投入10万元，然后长期持有。

如果还想再主动一点，则可以设置一个卖点，分别在估值百分位达到85%、90%和95%时卖出三分之一，等泡沫破裂后再次按策略买入。

比直接满仓更积极一点的管理方式是股债平衡法，这种方法也基本忽略了市场的波动和估值情况，只在每年年末进行一次再平衡，确保股债比例是50∶50。跟满仓策略一样，其缺点是缺少了话题性和所谓"操作的乐趣"，但是这两点与赚钱几乎毫无关系。

指数＋活期、指数＋货币、指数＋债券是同一类策略，都是在股票组合的基础上配置另一种与股票市场无关或负相关的中低风险产品，在市场估值较高的时候调整一部分仓位到低风险产品里，等市场估值回归正常后再逐步买回股票组合。这种策略的资金利用效率最高，可以说每时每刻你的投资都在发挥作用。而且这种策略需要适度地对指数走向和市场行情进行关注，然后根据估值变化对持仓比例进行调整，所以是一种比较积极且具备操作性和话题性的策略。

比起全时满仓＋调仓策略，等待市场低估再出手的策略更像是一个隐忍的猎人，以极大的耐心等待着最佳的出手时机，当时机来临时毫不犹豫地大手笔满仓买入，然后静待市场有一天把泡沫再次吹起来。显然，这种策略在所有的策略中收益率最高，毕竟是在估值低位全仓买入的，成本是所有策略中最低的。但是，这种策略需要极大的耐心来等待操作时机，可能明年就会出现，可能四五年都不会出现，买入之后也未必会立马上涨，可能还会经历更长的一段时间才会出现卖点。从过去10年的数据来看，这种策略可能3~5年才会有一次操作机会，如果像美股一样出现10年甚至20年的"慢牛"，那么可能等待10年也没有出手机会，白白看着指数一点一点涨上去，自己却永远在空仓。

定投是针对增量资金的策略，也基本忽略了估值和市场波动，持续买入并长期持有就好。

木大不认为有完美的策略，因为所谓的"完美"都是在已知过去行情的前提下回测出来的结果。面对未来未知的行情，与其追求必胜的策略，不如放平心态，选择相对简单、容易执行的策略。就像减肥一样，市面上较为有名的方法在某个阶段都是有效的，对大多数人来说，方法并不是他们减肥路上最大的障碍，而是如何百分之百地执行这种方法。投资策略也是如此，比起完美的策略，找到一种自己能认真执行并且长期坚持的策略才是最重要的。

后　记

作为一名长期日更的财经博主，又有过撰写硕士论文和博士论文的经历，因此，写作对木大来说不是一件困难或者痛苦的事情，在某种程度上，每天写点儿什么已经成为一日三餐一般的习惯。

然而，由于长期从事自媒体的写作工作，行文也好，思维方式也罢，都会偏向短期，在插科打诨间加入一小部分希望大家理解和掌握的投资知识，既要顾及阅读的趣味性，还要偶尔加入能引起讨论的争议性话题，知识方面反倒处于次要地位。另外，由于篇幅往往较短，很难通过一两千字形成系统的内容，所以，即使有知识，也是非常零散的、碎片化的知识，有时木大自己甚至怀疑这样的日更是否真的对读者有益。

这本书的写作终于给了我一次机会，把基金投资这件事用一种系统的方式梳理出来，每一部分就像一块展板，木大则是站在展板旁边的讲解员，将展板上的内容讲给各位读者听。

写作本身不难，难的是写作过程中的思考。

与自媒体的碎片化阅读不同，拿起这本书的人可能是想要认真学习基金投资知识的投资新手，也可能是希望重新梳理自己投资框架的资深投资者。如木大自己一般，当我拿起一本知识类书籍时，我希望自己能够深度学习，能真正学到点什么，而不是像自媒体那种在地铁上花 5 分钟快速浏览的"快餐知识"。

所以，每一部分，每一章，每一节，甚至是每一段和每一句话，木大都会仔细推敲，是不是服务了这本书的主题，是不是在这一部分的框架内，是不是与前一部分内容有很好的衔接，最重要的是，是不是对读者有帮助。

木大阅读过很多投资类书籍，但是总感觉差了一点。

"投资大师"如巴菲特、约翰·博格教给我们的大多是投资的理念，偏向战略，可是对于只身拼杀在投资这个"战场"上的我们来说，战术也不可或缺。

这本书承接了很多"投资大师"的战略，然后用木大自己的经验重新组织，把它们变成了更容易理解和操作的战术，不能保证完全和准确地表达了他们的投资理念，但是正如木大在书中反复说的那样，这里提供的是一种投资的思考方式。

水平有限，能力一般，书中难免有疏漏和错误之处，还望各位海涵。

木　大
2023 年 1 月 27 日于武汉